日下部文夫著作選

生きた
コトバを
つかまえる

日下部文夫

Ikita kotoba o tukamaelu

くろしお出版

目　次

まえがき..vii

第1章　日本語教育と国語教育──その間から──................................1

第2章　語頭の音節形成通鼻音について................................**5**

  0.　まえおき..5

  1.　音節末のイ・ウ表記..6

  2.　語頭の鼻音表記..9

  3.　語頭の「イ」の消滅..13

  4.　沖縄の語頭通鼻音節..14

  5.　声門破裂音の意義..19

  6.　結び：語頭の音「ン」..23

第3章　沖縄北部方言における一音節名詞アクセントについて................**29**

  1.　まえおき..29

    1.1　音節の長短..29

    1.2　沖縄方言における一音節名詞..30

    1.3　複雑・多様なアクセント..30

  2.　第一類・第二類の別..31

    2.1　第一類「身」と第二類「葉」──（附）「櫓」と「毛」──................31

    2.2　第三類「根」と第三類「木」──（附）「巣・歯・竿」──................34

  3.　高低・昇降..36

    3.1　新しい類：「豚」と「棒」..36

    3.2　一音節名詞と二音節名詞のアクセントの照合（沖縄）................37

    3.3　三類対立型アクセント体系..38

    3.4　四類対立型アクセント体系──縮約形の動き──................39

    3.5　与論（奄美）における一音節アクセント体系

        ──「声・きょう」類の動き──................41

    3.6　「豚」「きょう」「棒」の配置（その一：沖縄北部で）................42

i

3.7　「豚」類・「きょう」類・「棒」類の位置（その二：奄美諸島で）　43
　　　3.8　一音節名詞と二音節名詞のアクセントの照合（奄美諸島）　44
　4.　一音節名詞アクセント諸例　45
　5.　二音節名詞アクセントの体系　45
　　　5.1　アクセントは語形に与えられる──アクセント観──　45
　　　5.2　「風・冬」と「水・夏」とが対立する　48
　　　5.3　低平調「山」類と上昇調「孫」類の指標　49
　6.　アクセント核の導入　49
　　　6.1　高い核と低い核　49
　　　6.2　アクセント核のきまり──「核」の姿（実現）について──　50
　　　6.3　核のつくるアクセント──五類対立があるか──　51
　　　6.4　韻律格とアクセント核──やはり四類対立──　52
　　　6.5　「水・夏」類の配置例　54
　7.　まとめ　55
　　　7.1　アクセント体系に音節数は関わりがない　55
　　　7.2　一音節名詞と二音節名詞のアクセント体系の組みあわせ　57
　　　7.3　わかったこと　59
　　　7.4　中世のアクセントについて　60

第4章　東京語の音節構成　63

　0.　はじめに　63
　1.　音節のありかた　64
　2.　付属（あと）モーラ　68
　3.　相関束　72
　4.　付属部の構成　77
　5.　音節図式　80
　6.　おわりに　87

第5章　現代世界の文字──比較文字論──　91

　1.　文字は語を表記する　91
　2.　文字は音を伴う　91
　3.　基本的機能から見て　92
　4.　社会的機能について　93
　5.　字形の識別について　94
　6.　技術的要素として　95

目　次

7.	国際性について	95
8.	地域性について	96
9.	宗派性について	97
10.	人類共有の体系として	97

第6章　日本のローマ字　99

1.	ローマ字と日本	99
	1.1　日本でいう「ローマ字」	99
	1.2　社会における現状	99
	1.3　字母文字としての機能	100
2.	ローマ字つづり方の前史	101
	2.1　キリシタンのつづり	101
	2.2　オランダ式と蘭学式のつづり	103
	2.3　ドイツ式つづり	104
	2.4　フランス式つづり	104
	2.5　英語式つづり	105
3.	ローマ字国字論とつづり方	106
	3.1　国字論の発生	106
	3.2　ローマ字運動の出発	108
	3.3　ローマ字文の実践	109
4.	国際交流とつづり方	111
	4.1　昭和初期――臨時ローマ字調査会――	111
	4.2　戦後――国際社会への復帰――	113
	4.3　現在――文献資料の国際規格――	114
5.	理論的開発	115
	5.1　つづり方	115
	5.2　分かち書き	119
	5.3　語彙、その他	120
6.	実務のローマ字	120
	6.1　索引検索とローマ字	121
	6.2　テレタイプとタイプライター	121
7.	ローマ字の諸条件	122
	7.1　語を書く	122
	7.2　ローマ字教育	125
	7.3　ローマ字文をめぐる量	125
	7.4　表記の基準	128

iii

第7章　ローマ字論者の言いぶん　133

1. アルファベットを知っているか　133
2. では、「国語」を知っているだろうか　135
3. 結び　137

第8章　現代日本語における助詞分類の基準　139
　　　　──助詞の相関──

0. まえおき　139
1. ひとつの形にいくつかの機能　140
2. 位置関係を示す助詞　144
3. 「が」「は」「も」　149
4. 活用体系にならって　154
5. 解決できること・できないこと　159
6. むすび　163

第9章　北をミレ　南だけをミサセルな　167

第10章　平良市（宮古島）における所の呼びかた　171

0. まえおき　171
　0.1　報告の目標　171
　0.2　調査体制　171
1. 概念的空間　172
　1.1　上下　172
　1.2　間取り　174
　1.3　邸内　175
　1.4　方位　175
　1.5　隣り近所　177
　1.6　街区　178
　1.7　村・海・島　181
　1.8　綱引きの組別け　182
　1.9　ツナプク綱引きの表　182
2. 個別的空間　183
　2.1　町筋の呼び名　183
　2.2　「荷川取」　188

目　次

2.3	「西仲宗根」	188
2.4	「西里（ニッサトゥ）」	189
2.5	辻の呼び名（1）	190
2.6	辻の呼び名（2）	194
2.7	同所異名	194
2.8	同名異所	195
3.	まとめ	196
3.1	固有名詞の相関体系	196
3.2	固有名詞の分布形態	197

第11章　空間関係をあらわすことば　199

0.	まえおき	199
1.	住居の間取り	200
2.	表・裏	201
3.	上座・下座	202
4.	住居の前後	204
5.	集落内の位置関係	205
6.	むすび	207

第12章　パラオとヤップの語彙に現われる方位のずれ　211
「パラオとヤップの空間──語彙記述的研究──」の第一篇

1.	パラオ諸島	211
2.	マルキョクにおける村長の邸	213
3.	東に帰る	218
4.	ヤップ諸島	219
5.	水路の両岸	224
6.	天に帰る道	225
7.	方位名のずれの傾向	227

第13章　語彙に構造があるか　229
──相関体系をめぐって──（抄）

1.	相関	229
2.	アガル・ノボル	231

v

第14章　沖縄のことば　235

1. 沖縄の孤絶　235
2. 琉歌　235
3. 三母音　236
4. エーとオー　237
5. 子音のねじれ　238
6. 東北なまり　238
7. 語形の短縮　239
8. 語頭のツメ音　240
9. 語頭のハネ音　240
10. 京風のアクセント　241
11. 琉球語と呼ぶこと　241
12. 言語の豊庫　242
13. 現在唯一の姉妹語　243
14. 極限の語形　243
15. 風土化した語彙　244

第15章　言語と社会環境——歴史的・巨視的見地から——　247

1. 方言蔑視　247
2. 文書階級　248
3. 女・子ども　250
4. 多産の言語　252
5. 明治の遺産「国語」　253
6. 東アジアから西ヨーロッパへ　256
7. 共通語時代　257
8. 精神的風土　259
9. 子どもにとって　260

業績一覧　263
日下部文夫 履歴　271
あとがき　281
人名索引　283
事項索引　285

まえがき

　日下部文夫先生は 1917 年 2 月に金沢に生まれ、2014 年 2 月に東京で亡くなられた。享年 97 歳だった。

　言語学者であられた先生は、亡くなられる十数年前から「ユビキタス」と題する論考を書き溜め公刊されるおつもりがあった。その志を受け、当初はご遺族が出版を考えられたが、それはインターネットで公開することにした。本書は、100 を超える先生の論文から、専門的になりすぎないものを選んでまとめたものである。ただし、音声学関連のものは、専門知識がないと読みにくいと思われる。私は、1977 年から 2 年間、東京外国語大学の大学院で先生の指導を受けた。今回この本に載せる論文を選ぶために、ご家族とともに先生の論文に目を通したが、ここでは、その際に感じた二つのことを特に挙げておきたい。

　一つは、先生の研究領域の幅の広さである。言語学といっても、音韻論、表記法、語彙、文法研究、さらに沖縄、奄美大島、ミクロネシアでの方言調査と多岐にわたっている。しかし、先生は常にことばに思いを寄せておられたから、先生の中ではいろいろな分野に関心があったのではなく、一続きのものであったろう。先生の東京帝国大学言語学科卒業時の論文タイトルは、「文字の分布と変遷の関係」というもので、先生の出発点と言えるだろう。先生ご自身が書かれた概要には「世界における文字の分布とその発達の歴史を跡づけて、一定の文字体系が異なる系統の言語に適用されることによって、順次音節文字、字母文字へと進化したことを述べる」とある。ことばを考えるときのこの視野の広さはどこから来るのだろうか。

　先生の論文を拝見して今回強く感じたもう一点は、ローマ字論者としての先生である。先生のお話では、父上が田丸卓郎の影響でローマ字論者であり、子ども時代、家には早川桂太郎の『Momoirono Sinzyu』(1925) という絹張りの立派な詩集があったそうで、年季の入ったローマ字論者と言える。第八高等学校時代には「八校ローマ字会」に入って、一級下の生涯親交を結ばれた柴田武氏とともに活動されている。今回先生の論文を改めて見ていく中で、『Kibô no

vii

Miti』（平井昌夫、田中敏夫両氏との共著）と題する 1949 年発行の中学生用教科書に出会った。この小さい本を手にした時の感動は今も忘れない。紙も乏しい時代と想像されるが、緑と赤を使った表紙にはさえずる小鳥がとまった道路標識が描かれ、標識には Kibô no Miti と書かれている。中には物語だけではなく自然科学などさまざまな分野のローマ字で書かれた読み物がつまっている。奥付には「文部省検定済」とあった。外国人への日本語教育に携わってきた私は、留学生がせっかく日本語を学ぼうとしながら漢字でつまずくことを見てきているので、日本人もこうしてはじめからローマ字で文字を学んだら、心のびやかに学んでいけるのだ、とローマ字のすぐれた点を実感した。先生は、世間で使われる表記にも、また、海外とやり取りするにもアルファベットがなくてはどうにもならないのに、それを人々が自覚していないことを嘆いておられたが、遅まきながら先生の日ごろのお考えに納得した。先生は、戦後 1948 年から行われたローマ字実験学級のプロジェクトに関わられている。このプロジェクトは、小学校の国語科以外の教科でもローマ字を使って読み書きを指導し、「漢字とかな」のみが使われたクラスの学習結果と比較したものである。

　先生のご興味は言語哲学にあったというだけに、先生の論文は読みやすくはない。しかし、戦前、戦中、戦後と考察を深められた先生の論考は、含蓄に富んでいる。ことばについて深く考え、同時に、今のことばの使い様から問題意識を遊離させることはなかった。そして、現代の社会のありようについて思索されるとともに、国、時代を超えて物事の根元をとらえることの大切さを説かれた。真に学者と呼ぶべき方を失ったと感じる。本書を多くの方に読んでいただくことを心から願っている。

　以下では、本書に取り上げた論文について簡単に紹介する。文中の「」内は、原文からの引用。

「日本語教育と国語教育―その間から―」1981
　同じ日本語を対象にしながら、日本人には国語教育がなされ、外国人には日本語教育がなされている。この問題を取り上げて、1981 年に雑誌『日本語教育』の巻頭に掲載された論文である。国語学会は、2004 年に日本語学会と名前を変えたけれども、先生の言われる「用語の相互乗り入れ、互換性の確保、

viii

まえがき

円滑な交流」がなされているとは言えない。たとえば、動詞の活用について、日本の学校教育では古典を読み解くための文法が相変わらず教えられている。また、先生は、文内、文間、文外の照応の積み重ねによって文の成立が完結すると述べられているが、文内、文間の研究はあるけれども、文外の照応の研究はこれからだと言える。短い文章だが、示唆と含蓄に富んでいる。

「語頭の音節形成通鼻音について」1966

　同じものをさして、ウバラ‐イバラ‐バラという語が日本の各地に並立していることから、語頭の音節が古くは通母音だったことを論じている。私たちも馬「ウマ」を発音するとき、「uま」とは言わず、「mま」と言っている。このmが通母音（軟口蓋鼻音）である。論文では、まず奈良朝からの音の変化をたどり、次に語頭の通鼻音の例が多くみられる沖縄語を観察する。そして、古い日本語にはンバラという語形があり、室町をすぎてその「ン」が母音の「イ」あるいは「ウ」になっていったことが示されていく。さながら言葉の推理小説を読んでいるかのような気がする。

「沖縄北部方言における一音節名詞アクセントについて」1984

　先生は、1960年9月から1年間沖縄の大学に招聘されたが、以後も数回にわたって、沖縄、奄美地方で方言調査を行っている。本論文は、1962年、1963年の沖縄の北部方言調査、1966年の奄美諸島での調査の成果を踏まえたものとこの論文のあとがきにある。

　本論文では、語形ごとにひとつだけ一定の音節に置かれるアクセントの焦点を核と呼び、それが高低の二通りしかないこと、型としては下降調、高平調、上昇調、低平調の四通りが考えられることを一音節名詞と二音節名詞について具体的に論じている。筆者はこの方面に疎く、論の妥当性は判断できない。しかし、まえおきに書かれた一音節のことばについての記述に打たれた。ヒトはもっとも短くことばの音を区切って言う時にも、どうしても二拍分の長さになってしまうという指摘である。先生は名詞を取り上げておられるが、一音節の終助詞にも同じことが言えよう。我々は「いいね」という文字に引きずられてしまうが、この「ね」は実際には「ネッ」と発音されている。話されていることばへの観察力が必要だと感じる。

「東京語の音節構成」1962

　この論文は 1962 年に書かれたが、1980 年に出版された『日本の言語学』全八巻のうちの「第二巻　音韻」に採録された。第二巻のはしがきには、「方法論的な新しさ」「モニュメンタルな論文」であることを基準に掲載論文を選んだとある。

　本論文は、東京語の音節がどのように構成されているかを論じている。音節には必ずイリとデがあり、「イリは子音、デは母音あるいは母音に子音を添えてできている」と考える。そこで、どんな音節も 2 拍の量を要求する。たとえば、「ある」は、母音の前にコエで言う r がそなわっているので ralu となる。連母音の末にあるイは、「j」と解釈されるので、「はい」は haj、音節のイは je と解釈するので、「見る」は mjelu と表す。先生の音節表記は、こうした現実の音声構造から出発した独自のものである。

「現代世界の文字—比較文字論—」1969

　ことばは民族を結集するが、「文字は、文明の所産として、諸民族間に共有されるもの」であることをもとに据える。そして、文字の発達史を背景に、文字は語を単位として表記すること、音を伴うこと、その地域性と国際流布性が説かれる。

「日本のローマ字」1977

　この論文は、岩波講座日本語の「文字」の巻に掲載された。日本のローマ字についてどう書き進めるか迷うところだが、先生は文字の歴史の中にローマ字を位置づけるとともに、日本のローマ字が「日本の近代化のひとつの指標である」ことを明らかにしている。

「ローマ字論者の言いぶん」1968

　本論文は、『思想の科学』に掲載された。雑誌の性格からか、この論文ではタイトルどおり、ご自身の主張が明確に述べられている。すなわち、日本語の国際流通性はローマ字書きではじめて保証されるということだ。ローマ字は、日本語の正書法の代替物ではなく、正書法である。たとえばヨーロッパで東京を Tokio と綴ってもかまわないが、日本人が東京の、正式な一つのローマ字つづりを持たなくては世界に通らないと述べている。論文ではさらに、かなや漢

まえがき

字によって覆い隠されて気づかない日本語の意味や形式のつながりがローマ字書きによって見えてくることが説かれている。

「現代日本語における助詞分類の基準―助詞の相関―」1988

　本論文は、助詞の分類を論じたものだが、先生の分類は、同じ語形を細かく解釈的に分けるのではなく、原理的な特徴を意味論の観点から構造的に明らかにしている点に特徴がある。たとえば、「made」は、「e」と到達点と指向線（方向）という違いを持つが、出発点の「kara」とは近づくか遠ざかるかという関係にある。さらに「皮 made たべる」「好きなもの kara たべる」と並んで、「ごはん dake たべる」は、限定するという点で、made、kara の間で固有の意義を持つ。こうして助詞を、品詞分類にとらわれず意味論的に分類していくと、助詞が相互に関係しあいながら立体的な体系として見事にとらえられていく。論文では、さらに、助詞の相関が活用体系に重なってくることが論じられている。

「北をミレ　南だけをミサセルな」1982

　可能のミレルのように、「人びとが知らずに新しい秩序をつくりだし」、ことばは変わっていく。一方で、人は自然な言い方があるのに、「お取替えさせていただきます」のサセルのようなもってまわった言い回しをする。このサセルには、「できるだけ遠回しにして本心をはぐらかそうとする語り手の弱よわしい姿勢が感じ」られるという。短いエッセーだが、「述べることがらを語り手の意欲が支えてしかるべき」という考えが伝わる。

「平良市（宮古島）における所の呼びかた」1973

　この論文は、1971 年と 72 年に沖縄の宮古島平良市で行われた語彙調査をもとにしている。平良市の民俗方位が自然方位と時計回りに 45 度ずれていること、南北が風と日の出入りを基準にして呼ばれていること、それが地名の呼びかたに現れていることが観察される。すなわち、俗称の地名は、固有名詞ではなく、一般の語彙の体系と結び付いている。また、町筋の呼び名は、個々人の生活歴、住んでいるところを中心に違いが生まれることが具体的なデータによって示される。調査時から 50 年近い月日がたち、ことばの記録としての価値も大きい。

「空間関係をあらわすことば」1982

　この論文では、先の宮古島の調査に、1979年の奄美諸島（奄美大島瀬戸内町、沖永良部島、喜界島）の調査結果を加えて、空間の位置関係を示す語彙を観察している。奄美諸島では、これらの語彙が多様な展開を見せていることが示される。

「パラオとヤップの空間—語彙記述的研究—」1982

　この論文は、1974年のヤップにおける予備調査、77年のパラオとヤップにおける調査をもとにしている。パラオとヤップの群島は、東北から西南に展開していて、この傾きが方位の軸の設定にくるいをもたらすという。バベルダオブ島の東の村の最高首長アリクライの邸の向きが、実際は西を向いているのに、「北向きの家」と呼ばれる理由が、人々にとっての東が自然の東より北のほうにずれていることから明らかにされていく。

「語彙に構造があるか—相関体系をめぐって—」1980

　先生は、助詞や母音体系を説明するのに、よく六面体を使われる。基本的な語や音声は、対立を持ちつつ一定の構造を成していると考えられるから、こうした体系化によって、構造が視覚的にとらえやすくなるという利点がある。この論文は、語彙についてそうした体系化を試みたものである。ここに掲載した2節では、アガル、サガルといった一連の動詞について対立を重ね合わせていき、一つ欠けた位置にノッカルという日常のことばが探し当てられる。

「沖縄のことば」1972

　沖縄のことばが、たとえば東京のことばと同じ起源を持つのか、この誰しも抱く疑問に答えている論文。沖縄のことばが古代日本語の純粋な別れであることを、東北のことば、京都のアクセントなどと比較しながら説いていく。また、沖縄のことば自体にも、気候風土がもたらした多様な方言があることが示される。

「言語と社会環境—歴史的・巨視的見地から—」1961

　この論文は、最初になぜ方言蔑視が起こるかを説いて、最後に、内に階層性と排他性を含む共通日本語の環境の中で、「それに打ち勝つものは、方言と共

まえがき

通語との協力による言語の再発見でしかない」ことを論じている。子どもにとって言葉の学習がどうあるべきかを説いた節は秀逸である。

　100 編を超える先生の論文からここにあげた 15 編を選ぶ作業は、ご家族が中心に進められた。先生は、百科事典類にも執筆されている。今のようにインターネットで情報が得られない時代、百科事典の記述は、私たちの知識のよりどころであったと思う。執筆する側にも、それなりの強い思い入れがあっただろう。いずれの記述も現代でも古びないすぐれた内容だが、本書には含めなかった。本書に興味を持たれた方には、ぜひ先生の他の論文にも目を通していただきたい。なお、論文リストの作成では、本多由美子氏（現一橋大学博士課程）のお世話になった。

2017 年 10 月　　三枝　令子

第1章
日本語教育と国語教育
──その間から──

　一口に言って、「ニホンゴ」と「コクゴ」とがひとつになってほしいのである。外向けと内輪を機能的に使い分けるにしても、原則的な事実認識と概念設定に関して、一貫性があってほしい。

　伝統的な文法用語も生かしながら、今日の現場から生まれた新しい認識を進んで取り入れ、国語教育界と日本語教育界との間で、用語の相互乗り入れ、互換性の確保がはかられ、同時に実質的に円滑な交流がなければならない。言語の実体のおさえ方について共通の基盤ができ、日本語の統一された映像が結ばれるようになってほしい。

　日本語教育に啓発された現代日本語研究の成果は、国語教育における言語項目を実質的に強化するであろうし、内外の国語像が分裂状態を脱して相互の協力交流が容易になるであろう。そこに国語史と現代口語との連続性を失わず、一般言語理論と国語学、また記述文法と実践文法とのかけ離れのない映像が確立できるはずである。

　二、三の例を挙げれば、まず音節である。「音節」を1拍においてのみ認めるのではなく、音声上も音韻論的にも長短いずれの場合もあることを認めるべきであろう。

　現代語において、本来音節末音であるべきいわゆる特殊音節が「拍」とからんで設けられて、「音節」の概念を乱しているといえるが、そればかりではない。奈良朝の甲乙二類の仮名の示す音節の成立過程に連母音の存在がまつわり、平安朝の多様複雑なアクセント体系の成立に長音節の存在がかかわっていることは、今日すでに明らかになったことと思われる。

　長音節の存在を認めることによって、国語史の実態がより明らかになり、そ

1

れが一般言語学的知見と整合するのである。

　さらに五十音図は、拗・直と清・濁を合わせて「百音図」に増補改訂すべきであろう。現代音についてはいうまでもないが、上代仮名における書き分けが90音足らずであったことを考えれば、この100という音節数が歴史的に溯れないものでもないのである。

　形態論について見れば、たとえば動詞の語幹である。動詞語幹に子音語幹と母音語幹という区別が立てられることは、今日だれも疑わない。動詞語形の形態的成分として、概念部と機能部を合理的に抽出するためにも、子音語幹を立てることが必要である。

　ようやく究明の行き届いてきた、文成分の前後照応・相互承接の実相を考えれば、宣長説の「係り結び」の原義に立ちかえり、その拡充普遍化をはかる方向が、おのずから構文の一般理論につながることがわかってくるであろう。日本文の示唆するところが一般理論に貢献することが多かろうと自信を持つべきである。

　叙述の段階の照応を重ね、陳述の段階の照応がおおいかぶさる姿を浮きあがらせる、小詞や間投詞の発達が日本語ではいちじるしい。また、一文内の前後照応にあずかる、例えば「係り助詞」に、さらに文間照応や文外照応の働きも見られる。これら文内、文間、文外の照応の積み重ねによって文の成立が最終的に完結するのであろう。

　いずれにせよ、日本語教育界が国語教育界からかけ離れた独自の領域に閉じこめられないように、また国語学の諸概念が一般言語理論につながらない特異な枠取りによって制限されることのないようにあってほしい。

　日本語のイメージは、在外邦人子弟や海外の日本研究者や世界の経済的・文化的諸活動まで視野に入れた、しかも国内の国語国文研究などの専門分野に門戸の開かれた、広い基盤の上においてつくられなければなるまい。

　国語教育界と日本語教育界の間での交替流通が教授者についても学習者についても、基本的には開放的に実現するであろう。

　そして、それらを支える社会文化的、行政制度的背景として、国籍法、出入国管理、諸機関における外国人雇傭などに見られる各種の差別や、外国籍日系人、在外邦人子弟の教育文化に現れる断絶現象からの解放も達成されなければなるまい。

　そうした達成のシルシは、国語教員免許に至るまで国籍を問わないようにな

第 1 章　日本語教育と国語教育

ることだが、そこまですべての実質が備えられ、しかるべき好ましい環境が展
開するのはいつになるであろうか。

第2章

語頭の音節形成通鼻音について

0. まえおき

0.1

　　道の辺の宇万良のうれにはほまめの

　　　　　からまる君を別かれか行かむ　　4352

　これは万葉集に載っている防人の歌だが、道ばたの茨の枝先にはいまつわる
つる豆のようにとは、その妻のからまりついて離れがたい有様をよく表わして
いる。そして、そのまつわりつく感じは、茨に棘があることを知っているか
ら、なおさらなのだ。

0.2

　この茨の棘をトゲと言うのは、東京を中心とする東に限られ、中央の近畿地
方ではハリ、瀬戸内を含む西ではおよそイゲ・イギ・イガと言って、トゲ・ハ
リ・イゲ（イギ・イガ）が全国を三分している[1]。

表1

	バ　ラ　（イ　バ　ラ）	
西	**中**	**東**
イゲ（イギ・イガ）	ハ　　　リ	ト　　　ゲ
グイ（クイ）	バ　　　ラ	

---

[1]　棘をトゲというのは：佐渡を除いた新潟県、長野県、愛知県から東。ハリというのは：

5

別に、南九州から瀬戸内にかけてグイ・クイ・クッがあり、南の太平洋岸と北の日本海岸に飛び離れてバラまたはイバラがある[2]。

0.3

棘をハリというのは、京阪を中心としてひろがりはじめた、最も新しい言い方だろう。そして、東のトゲ、西のイゲに対して、東西ともにバラが、（西ではグイとともに）更に古いものと思われる。

ということは、バラとバラの棘とが同じ名で呼ばれるところがあり、古くはそれが普通だったことになる。現にいまも、どちらのこともイゲあるいはグイと呼ぶところがある。

要するに、バラといい、イゲといい、グイといっても、すべてバラ（イバラ）には、その棘が名を与えたのだった。

バラがイバラから出た名だということは、改めて述べるまでもなかったし、雅語としてウバラが通用していることも周知のことだ[3]。このような、ウバラ——イバラ——バラの併立はなにを意味しているのだろうか？　その語頭（ウ——イ—— 0）に着目して考えてみよう。

1.　音節末のイ・ウ表記

1.1

日本語の音節末の鼻音は、調音がその環境に応じいろいろ変わるが、共通の性格として持続性があり、普通一音節として取り立てられている[4]。そして、

佐渡、淡路、四国東端を含む近畿地方。イゲ、イギ、イガというのは：九州の北部と西部や中国地方。

[2]　グイ系の地域は：四国の西北部、瀬戸内海諸島、広島県東半、岡山県西半、島根県中部。バラ系の地域は：四国の南半と中央、紀伊半島、東海地方を伊豆までの太平洋岸と能登、糸魚川地方、佐渡、秋田県海岸地方、青森県の一部などの日本海岸。

[3]　「大言海」でも「広辞苑」でも、バラ、イバラ、イバラ（バラ）、ウバラ、ムバラと、いつつの見出し語が見られる。ウバラが古い形。

[4]　音節末通鼻音、つまり撥ね音「ン」は、促め音「ッ」、引き音「ー」、連母音の「イ」とともに、付属モーラでしかない。しかし、普通一モーラを一音節と同等に取り扱って、「ン」を音節形成音と認める。その意味で、この撥ね音を母音性のものとする考えもある。亀井孝1956「音韻の概念は日本語に有用なりや」『国文学攷』15、金田一春彦1958「はねる音・つめる音」『国語と国文学』を見よ。一方、全国の方言には、撥音などがモーラとしてさえ独立できないものも多くある。柴田武1962「音韻の項のうち、2、シラビーム方言とモーラ方言」

6

第２章　語頭の音節形成通鼻音について

つねにかな「ン（ん）」ひとつで示される。しかし、それも奈良朝にはまだ独自のかなの一字を持っていなかった。だから、漢字音を示す振りがなでも、字訓を示すかなでも、

表２

┌─────────────────────────────────────┐
│　（ン）は，あるべきンが書いてないことを示す。 │
│   │
│ａ．字音について   │
│　　　　ヮ（ン）＝（ン）   │
│　　　和邇吉師　　　　　　　　（王仁記）   │
│   │
│　　　煩ホ（ン），攀ハ（ン）　（勝道歴山瑩玄珠碑）│
│   │
│　　　鉛エ（ン）　　　　　　　（願経四分律）   │
│   │
│　　　論ロ（ン）　　　　　　　（地蔵十輪経）   │
│   │
│ｂ．字訓について   │
│　　　　　　　キ　スイ　ト   │
│　　　葳蕤　サカ（ン）ナリ　　　（三蔵法師表啓） │
│   │
│　　　已ヲハ（ン）ヌル　　　　（地蔵十輪経）   │
└─────────────────────────────────────┘

ここ表２に示したように、発音上あるべき「ン」を書き表わしていないことなども不思議ではない[5]。

1.2

「ン（ん）」が造られてからも、それが字音について用いられたのは、窄音つまり歯茎音 n と唇音 m とに当ててで、寛音つまり軟口蓋音 ŋ は別に狭母音字「ウ」または「イ」によって示されている。観智院本類聚名義抄には、このかな「ウ」の右肩に符号「∨」点を付けて、積極的にそれが鼻音だということを示した例がある[6]。

また、鎌倉の唐音では、当時の浙江音が寛音の一部を窄音に変えていたと推定されるのを受けて、それに「ン」を当てた（清、明、灯、通）のに、寛音

『方言学概説』pp.138-143 を見よ。ここでは、音節形成音としておく。

[5]　とにかく、今日の「ン」の音価は基本的には、喉頭あるいは咽頭音に属し、m、n、ŋ のいずれでもない。中田祝夫 1951「中古音韻史上の一問題」『国語学』6。

[6]　大野晋 1953「日本書紀の清濁表記」『上代仮名遣の研究』123 ページで通鼻音の表記について見ることができる。∨は、濁点にも用いられた。表３の a、b を見よ。

にとどまったものは母音字「ウ」を当てた（上^{ジャウ}、堂^{タウ}、方^{ハウ}、雙^{サウ}）ことで見ても[7]、この「ウ」が軟口蓋通鼻音を表わしていたことが疑えない。和名抄に見る「利宇古宇(林檎)」の第二字は、元来のmが日本化したあげく軟口蓋通鼻音に成ったものを示したものだろう。

表3

a. 観智院本類聚名義抄の例
恭クウ﹀
b. 西大寺本金光明最勝王経の例
損ソイ，繩テイ
c. 唐音（浙江音）
亭チン，瓶ヒン，鈴リン，普請フシン
（以上：寛音ィ＞窄音ン）；
通トン，銅トン，竜リン，提灯チャウチン
（以上：寛音ウ＞窄音ン）；
章シャウ，上ジャウ，良リャウ，堂タウ，光クゥウ，方ハウ（ホウ）；
雙サウ　　　　　（以上：寛音ウ）
d. 和名抄の例
利宇古宇（林檎^{リムゴムのところを}）
e. 音便の例
病ウテ　　（ヤンデ）　　　石山寺大般涅槃経
呼ウテ　　（ヨンデ）　　　香薬抄
頼うた　　（タノンダ）人　狂言
あきうと　（アキンド）　　諸本

---

[7]　唐音の実状については、奥村三雄 1955「撥音ンの性格——表現と音価の問題——」『国語学』23、を見よ。その中で「臨済唐音の輸入された鎌倉時代において、我国中央語におけるンの音価はまだnだった」また、「臨済唐音資料にみられた、梗曽摂韻尾のン表記は、ng韻に対応するのでなく、n韻に対応するものである。つまり、この資料では、ng韻は、すべてウで表記される」といわれている。歴史的資料の中で「ウ」が、明らかに寛音を意識して、そ

第2章　語頭の音節形成通鼻音について

　訓では、狂言に見る「頼うた人」のように、当然撥音便つまり通鼻音化と連濁とを生んでいるはずのところに「ウ」表記が用いられている例が多く見られる [8]。当時の「ウ」が少なくとも通鼻音に当てられたことが知られる。

1.3

　この「ウ」表記と並んで、「イ」表記も明らかに寛音（音節末軟口蓋通鼻音）に当てられた。表3cにも挙げた漢字「請、瓶、亭、鈴」あるいは「清、正、明」などの漢音表記が「イ」で終わるのは、それが通鼻音ではあっても、寛音だったことを示すのであって、それは、ちょうど唐音の場合、それらが寛音だったら「ウ」で書かれただろうということと同様なのだ。

　では、「イ」と「ウ」の違いはなんだったかといえば、音節主音の相違に応じた音色の差異を示したものだった。中心母音が前よりで、比較的狭い場合に、それに続く軟口蓋通鼻音〔ŋ〕の音色も自然前舌狭母音〔i〕に近づいたから、それを母音字「イ」で写したのだろう。他方、奥舌や中舌、それに広母音は、それに続く〔ŋ〕に母音〔u〕に近い音色を与えたと思われる [9]。こうして、漢字音の音節末に置かれたかな「イ」と「ウ」は、どちらも当初、寛音つまり軟口蓋の通鼻音そのものを示していたことになる [10]。

2.　語頭の鼻音表記

2.1

　通鼻子音に先立つウ表記が、今日次のように通鼻音で言われることは、よく知られている。そして、逆行同化の現象とされている。

れに当てて用いられていることは重要だ。表3のcを見よ。

[8]　浜田敦 1954「音便——撥音便とウ音便との交錯——」『国語国文』23、にくわしい。なお、古く、あぜち（按察使）、あない（案内）、かざみ（汗衫）；新しく、うどん（饂飩）、たどん（炭団）のように「ン」の表記を落として、しまいに発音も忘れたものもある。表3のd、eを見よ。

[9]　漢音で梗摂のものは、エ列音のかなに「イ」を添えて示した。それも、呉音では「ウ」で終わった。

[10]　落窪物語に見る「ほうほう（ポンポン）」「ひう（ヒン）」や、今昔の「ケイケイ（ケンケン）」のような擬声語の表記も「頼うた」に類するものとして思い合わされる。

9

表4

a.	ウマ	[mma]	「馬」
	ウメ	[mme]	「梅」
	ウマレ	[mmare]	「生まれ」
b.	ウガイ	[ŋŋai]	「嗽い」
	ウグイ	[ŋŋɯi]	「うぐい（魚）」
	ウゴク	[ŋŋokɯ]	「動く」
c.	ウナギ	[nnaɲi]	「うなぎ（魚）」
	ウナジ	[nnaᵈʒi]	「項」
	ウネリ	[nneɾi]	「（波の）うねり」

　「馬」「梅」は、かつて平安中期からは「ムマ」「ムメ」とも書かれて、「ウ」の実際の音価が[m]だったことを示している⁽¹¹⁾。

2.2

　このようなことは、有声両唇閉鎖音[b]に先立っても認められ、「ウベ（郁子あるいは宜）」は歴史的に「ムベ」とも書かれている。ウバラもまた「ムバラ（類聚名義抄）」とも書かれている。ウバラはまた「ウマラ」でもあり、「ムバラ」でもあったが、いずれにせよ、これらの語頭の「ウ」が本来、通鼻音[m]だったことを疑わせるものはない。古くは、いずれかの時代にmbaraという語形があったことが確かであり、また今日ウバラを[mbara]と言っても誤まりとは言えないだろう。

⁽¹¹⁾　有坂秀世 1955『上代音韻攷』（pp.690-695）によると、「ウマ（馬）ウマゴ（孫）ウマシ（旨）ウマラ（ウバラ、茨）ウメ（梅）ウバフ（奪）ウベ（宜）等の第一音節は、凡そ新撰字鏡の頃までの文献では必ずウ（宇類）の仮名を以て写されてゐるのであるが、その後はムであらはされることが多くなった。」そして、この「ム」の音価を{m}としている。のちの音曲玉淵集でも、「ウ喉ン舌ム唇の三つの事尤喉舌唇の分ち有といへども三字とも通用なり。頭字よりはねて唱ふべきを直に唱ふ未練の至りなり」といっていることを指適し、他方、奈良朝の「ウ」表記を{u}と考えている。防人歌に「牟麻ムマ（馬）」のあることに注意のこと。

10

第 2 章　語頭の音節形成通鼻音について

2.3

ウバラはまた「イバラ」とも言われる。このイバラの形は、室町以後一般に
なったようで Pagés の辞書にも、天草版平家物語にも、見えるが、ウバラと同
一語なのだし、この語頭の「イ」が「ウ」と同じように通鼻音を示していたの
だろう。音節末の通鼻音としての性格は、もともとが「イ」と「ウ」とともに
同じ寛音 [ŋ] だったのだし、さらにそれらが音節末通鼻音の一般的性格を獲得
して「ン」と一致していたとするならば、なおさらこの「イ」も「ウ」も同じ
ように、続く子音に限定されつつ、通鼻性を示したに違いない。

「イ」や「ウ」が通鼻音でありえた条件としては、それに続くのが、有声音、
特に鼻音、閉鎖音だということがある [12]。室町期までは、まだ濁音（有声閉
鎖音 mediae）の帯鼻音性は顕著に残っていたし、今日でも東北地方はもちろん、
四国の南海岸から淡路島へかけても軽い帯鼻音が認められている [13]。そうし
て、鼻音あるいは帯鼻音子音に先立つという条件は、通鼻音音節の存在にいか
にもふさわしい。かつての「イバラ」は、やはり mbara だっただろう。

2.4

ウバラとイバラのように「ウ」と「イ」の表記が昔と今とで入れかわってい
るものに次のようなものがある（次ページ）。

これらの「ウ」あるいは「イ」も通鼻音を通じて交替できたものだろう。

ウモ——イモには、その語頭音を落として「モ」になった語形はないが、ウ
バラ——イバラも、ウダク——イダクも、どちらも語頭を落として、「バラ」
や「ダク」という形ができていることが注目される。次の濁音が帯鼻音だった
時期に、語頭が通鼻音であれば、その両者の同化と、一方への収縮が起こるの
は、ごく自然な現象だっただろう。

---

[12]　今日の東北方言に見るように、清音から濁音を区別するのは、その帯鼻音性であり；そ
のような鼻音性は、先立つ母音を鼻音化する傾向を持っている。また一般に連濁に先行する撥
音「ン」の自然さを思い出してみることができる。濁音と鼻音との深い関係については、さら
に注 15 を見よ。

[13]　柴田武 1962、音韻の項『方言学概説』、161 ページの注 (7) を見よ。そこでは、高知方
言の [ᵑg] について、さらに徳島県などの [ⁿd] について指摘したうえ、すでに「抱く」と「いづ
（出）」の古音について推定が述べられている。わたくしが、1961 年秋、高知市その他の高知
県内で観察した結果でも、[ᵐb] [ⁿd] [ᵑg] の存在がはっきり認められた。

11

表5

ウバラ（伊勢物語）―――イバラ	
ウモ（万葉集）　　　―――イモ	
ウグイ　　　　　―――イグイ（雅言集覧）	
ウダカレ（万葉集）―――イダカレ……ダカレ	
ウダク（万葉集，高知県方言でオダクとも）[14]―――イダク……ダク	

　しかも、奈良朝から室町にかけては、濁音が帯鼻音だったと推定されるのだ[15]。

　このことを逆に考えると、平行してそれの落ちた形のある語頭の狭母音字（「イ」あるいは「ウ」）は、かつての通鼻音をそれによって表わしているとしてよかろう。つまり、音節末の狭母音字（「イ」あるいは「ウ」）が、かつて通鼻音を示す場合があったように、語頭の狭母音字も通鼻音を示すことがあったことになる。

---

[14]　藤原与一 1962『方言学』によると、［udaku］は高知一般、［odaku］高知でまれに、［udzumu］愛媛、高知の一部など。この高知の［udaku］の分布はもっと広く、かつ頭音は通鼻音である可能性がある。またこれらのほかにウゴクを俗にイゴクとも言い、ウゴク―イゴク―イノク―（ノク）という系列が考えられる。

[15]　前出の大野晋、日本書紀の清濁表記によると、d を頭音とする万葉仮名には、n を頭音とする弩（ヅ）や尼（ヂ）が使われている。b に対しては、m を頭子音とする磨（バ）、謎（ベ）が用いられ；dz に対しては、nz を頭子音とする耳、弐（ジ）、茹（ゾ）が用いられ；g に対しては、ŋ を頭子音とする我（ガ）、呉（ゴ）が用いられる。このように時に鼻音で表記されたということは、奈良朝の濁音がすでに帯鼻音だったことを示している。このことは、濁音であるべきものを清音仮名で示す異例の直前または直後に鼻音音節を見出すという大野氏の指摘によって、さらに確実になる。つまり、その現象は濁音の本質の中に帯鼻音ということがあり、その帯鼻性が一語形に重出することを避けたために起こったという解釈ができる。濁音あるいは鼻音の重出を避ける傾向は今日の東京方言にも、東北方言にも見受けられる。観智院本類聚名義抄では、通鼻音の記号∨を清音仮名の右肩に記して、濁音に当てている。例えば、餓 .カ∨、罪サ∨．イ、鼻ヒ∨．さらにキリシタン物では Nangasaqui（長崎）、Firando（平戸）、Yamambuxi（山伏）としている。細川幽斎伝伊勢物語二条家清濁読曲密訣では、サ行のず・じには普通の濁点、タ行のづ・ぢには三角符号を加えて、そのタ行濁音符号を〈鼻ニ入テニゴルシルシ也〉としている。

第２章　語頭の音節形成通鼻音について

3.　語頭の「イ」の消滅
3.1
　語頭に「イ」表記が現われたり、消えたりすることが知られている語は、イ
ダク――ダクのほか次の通りだ。

表６⁽¹⁶⁾

イヅク（イヅコ）	――ドコ
イヅレ	――ドレ
イダス（イヅ）	――ダス（デル）
イノル	――ノル
イマス	――マス
イマダ	――マダ

　このうち、ｄやｎのような歯茎音を次に控えているのが多く見受けられるが、
それは歯茎音と前舌母音との調音の近さが、「ウ」よりも「イ」を選ばせたも
のだろう。

3.2
　ところが、同じように濁音に先立って狭母音字が置かれていても、それが落
ちる語形を用意しない場合がある。
　まず近代になってみると、一体に「イ」よりも「ウ」の方が残っている。ウ
マ、ウメもそうだが；ウマレル、ウガイ、ウグイ、ウゴク、ウナギ、ウナジ、
ウネリなど、どれをとっても、この「ウ」は現に通鼻音として生きているせい
もあるのだろう、これを落として通用する語形はない。
　そしてまた、「イ」を語頭に置いているとしても、次のような２音節語では、
その語形がさらに短くなることはなかった。

---

(16)　ザ行音の前の「イ」が出入りする例は、ほとんどないようだが、もしザリガニのザリが
動詞イザルの連用形であれば、この例になる。なお、有坂秀世、『上代音韻攷』409 ページを
見ると、そこで指摘してあるように、万葉集にすでに、伊麻須（イマス）―麻佐（武）（マサム）、
伊陀須（イダス）―太須（ダス）などの例があり、その頃は、伊豆（イヅ）―豆（ヅ）のように短か
くなるものさえあった。

13

表7

イガ	イナ		ウバ
イゲ（イギ）	イネ	cf.	ウド
イボ	イマ		ウジ

　これは、おそらく、語形の基本的な量が 2 モーラ分を必要とするという一般
的傾向から理解することができよう。

3.3

　「イ」が実際の通鼻音を示したのは、室町時代を過ぎて終わり、そうなると
とともにその表わしていた音の存在そのものも消え、母音としても残らなかった
のだろう。それは、字音の音節末の「ウ、イ」が通鼻性を失いながら、中心母
音と同化して長母音をつくっていったのや、あるいは濁音の帯鼻音が消えて
いったのと、その時期をひとつにしているものと思われる。
　そして、イダク、イダス、イヅレなどの「イ」が近代語でそろって落ちてい
るのは、d の帯鼻音がほか（b、g）より早くなくなったことを意味している。
　帯鼻音が落ちるにつれて、語頭狭母音字が必要でなくなったということは、
つまりその「イ」が通鼻音を表わしていたことの決定的な証拠だ。そして、い
ま母音の[i]を発音している形は、文字言語の綴り字発音として、のちにでき
たものなのだ。

4.　沖縄の語頭通鼻音節
4.1

　沖縄語（首里方言を代表にとる）[17]では語頭の通鼻音の例が多く見られる。

---

[17]　国立国語研究所編、『沖縄語辞典』1963 による。その音韻表記では、語頭と音節末の通
鼻音を N で表わし、それの発音は次の子音に同化する。なお、z は[dʒ]、c は[tʃ]、s は i、e の
前で[ʃ]：ɀ は[dz]、ç は[ts]、ş は[s]を音価とする。

14

第２章　語頭の音節形成通鼻音について

表８

「馬」	ウマ	ʔ<small>N</small>ma
「梅」	ウメ	ʔ<small>N</small>ma
「芋」	イモ	ʔ<small>N</small>ma
「稲」	イネ	ʔ<small>N</small>ma

のような二音節語は、語頭をとどめているのに対して、

表９

「どれ」	イヅレ	ziru
「まだ」	イマダ	naada (maada)
「命」	イノチ	nuci (ʔinuci)
「抱く」	イダク	dacu<small>N</small>

のような元来の三音節語は、その語頭を落とす傾きがある。

4.2

dacu<small>N</small>「抱く」は、語頭を落としているけれども、次のように動詞は一体に語頭の通鼻音を保存している。

表10

「動く」	ウゴク	ʔ<small>N</small>zucu<small>N</small> (ʔwiicu<small>N</small>)
「生まれる」	ウマレル	ʔ<small>N</small>mariju<small>N</small>
(「孫」	ウマゴ	ʔ<small>N</small>maga)
「うめる」	ウメル	ʔ<small>N</small>beeju<small>N</small>
「出だす」	イダス＞ダス	ʔ<small>N</small>zasju<small>N</small>
(「出づ」	イヅ＞デル	ʔ<small>N</small>ziju<small>N</small>)

これらの語頭の ʔ<small>N</small> が、やはり「イ」あるいは「ウ」に対応していることが注意される。

4.3

以上のような沖縄語の語頭 ʔɴ は、次のように、

表11

「湯葉」	ʔɴba
「孫」	ʔɴmaga
「うなぎ」	ʔɴnazi
「項（背縫い）」	ʔɴnazi
「熟れる」	ʔɴnuɴ
「去る（連体語）」	ʔɴzaru

必ず有声子音に続かれているのに対して、別に語頭の通鼻音には、ʼɴ があり、次のようで、

表12

「いや！」	ʼɴba	「土」	ʼɴca
「どれ！」	ʼɴda	「むく」	ʼɴcuɴ
「モー！」	ʼɴmoo	「昔」	ʼɴkasi
「皆」	ʼɴna	「（いや！）」	ʼɴpa
「胸」	ʼɴni	「みそ」	ʼɴsu
「乱れる」	ʼɴzarijuɴ	「御衣」	ʼɴsu
「にがい」	ʼɴzasaɴ		
「（とげ）」	ʼɴzi		
「溝」	ʼɴʐu (ʼɴɴʐu)		

これには、ここに見る通り有声だけでなく無声の子音も自由に続いている。

前の ʔɴ が、それに接続する有声子音との関連のもとに成立する、——もともと「イ」あるいは「ウ」で表記された——特殊な音であれば、あとの ʼɴ は、元来自由に独立した——「ミ」や「ム」に由来する——音節なのだ。

16

第2章　語頭の音節形成通鼻音について

4.4

　もっとも、前の ʔNba の場合は「ユ」から一旦「イ」を経たとして、元来の通鼻音に類推して成立したものだったろう。「去る」ʔNzaru は本土方言で「往にたる」に対応する。

　あとの 'N には、「ミ」や「ム」のほかに「ニ」に由来する、「にがい」'NzasaN もあり、また 'Nzi は、「とげ」の西部方言、「イゲ」に引き当てるべきものだろう。そうすれば、イゲは ʔNzi となっているべきだから、その 'N の由来が説明しにくい。かといって、これを「ノギ」に当てるにも「ノ」に無理があり、意味内容にも「ノギ」らしい限定がないので、やはり 'Nzi を「イゲ」に当てることにする。このことについては、あとでも述べる。

4.5

　また、沖縄で語頭の「イ」や「ウ」が有声子音に先立てば、必ず通鼻音に発音されているというのでもない。例を挙げれば、

表13

a	ʔizu	伊集（さざんかの一種） 口語は ʔNzu	'inuci	元気
	ʔibi	えび		(cf. ʔinuci＞nuci 命)
	ʔimi	忌, 夢	'ida	枝 ('juda)
	ʔiʐai	いさり		
b	ʔudi	腕	'ugami	祈願
	ʔuguisi	うぐいす	'unai	をなり
	ʔumi	海	'uzasaa	をぢ
	ʔuʐunuN	うずめる	('utu	をっと)
	(ʔusi	牛)		

　この通り、母音のままの場合があって、有声子音の前で、語頭の「イ」や「ウ」が自動的に通鼻音であったとは言えなくなり、だからこそ、こんどは、沖縄の語頭の通鼻音を本来のものと取り扱ってよかろう。もちろん、個々の語形ごとの通鼻音について、その歴史の限度を疑わない限り、とすべきだけれ

17

ど[18]。

　たとえば、「さざんか」の一種 ʔizu を口語では ʔNzu と言うなど、ʔNzu の方が本来の形だろうとも言えるが、また新しい借用語として ʔizu がまずはいってのち、ʔNzu が発達したのかも知れない。ここでは、そのような歴史を深く追究せず、ʔNzu の形がより本来的だと判断するにとどめよう。

4.6

　節 4.1 で見たように、語形が短かくさえなければ、語頭の「イ」はよく落ちている。そして、節 4.2 で見るように ʔN には、ほとんど「ウ」が当たっている。そのうちで「イ」に当たるべきものが残っているが、その語頭の「イ」に続いている子音が、ʔNzasjuN イダスのように、z になっている。

　とすると、ʔNzi「とげ」の語頭は、やはり「ノ」どころか、「ヌ」でもないように思われる。もっとも、奄美では「ばら」をニギボタンというというから、ʾNzi はニギを通じてノギ「芒」につながるのかもしれない。ところが、沖縄に隣る九州でイゲは棘；イゲバナ（五島）、イゲのままで（石見・山口）、またイゲボタン（九州）で「ばら」をさす。また、中国筋でイギが棘；イギボタンが島根・山口で「ばら」の意味を持っている。となると、ニギ（ʾN）とイゲ（仮定の ʔN）のどちらが原形かわからないが、どちらかが他方から誤って出たものに違いない[19]。

---

[18]　個々の語の歴史は異なっていることがあるから、一括してとり扱うのは、大雑把だ。例えば、ʔizai が z という子音を持つのは、それが改めて本土からもたらされたためかも知れない。また、ʔudi や ʔumi の ʔu は本来の「ウ」として、ʔibi や ʔimi の ʔi が必ずしも本来の「イ」でないことにも注意される。それぞれの語形の過去がどのような射程を持っているかは、別に詳しく考えないと、確かな結論にはならない。とにかく、あとで節 6.1 で触れるように、有坂説では、これら有声子音に先立つ語頭の「ウ」（「イ」）が鼻音化するのは、その子音のあとの母音が広い時に限り、あとの母音が i, u と狭いときは、鼻音化を起こさない（『上代音韻攷』p.695）とする。このような考えは注目すべきだが、では、ʔizai のようなものがある半面、音声的な現象をよく反映する口語で ʔNzu という形のあることなどをどう説明したらよいだろうか？　ʔudi では鼻音でないのに、ʔNzijuN では鼻音が現われているのはどういうわけだろうか？　古く有声子音に帯鼻音性があったならば、その先行音への影響はつねに存在したのではなかったか？

　注 16 に見るような伊豆—豆（出づ）のような例は、同じように鼻音が存在したとして始めて理解できると思われる。

[19]　Pagés によれば、室町当時 Ighe が九州方面に、Ighi が京都方面に行なわれていた。

　トゲはト（利）＋イゲ（棘）か？　ト＋ンゲ＝トゲは考えやすい。しかし、ʾNzi をイゲに結び付けるには、なお疑問が残る。

第2章 語頭の音節形成通鼻音について

5. 声門破裂音の意義

5.1

ここで問題にされているのは、有声子音に続かれている語頭の狭母音（そのうち特に「イ」またはイと置き換え可能な「ウ」）なのだ。そのような狭母音が沖縄語の通鼻音に当たっている場合、そのほとんど全部（'ɴzi「とげ」が例外だ）が、その語頭のさらに語頭として、必ず通鼻音に先立つ声門破裂音を持っていることに注目しなければならない。

沖縄におけるこの声門破裂音は、本土諸方言のように臨時的な音声現象ではなく、その有る無しが、次の例のように、語を区別する、音韻論上有意味なものなのだ。

表14

ʔoozi◎	扇	:	'oozi①	王子
ʔjaa①	おまえ	:	'jaa◎	屋，家
ʔwaa◎	豚	:	'waa◎	広さ，巾

5.2

この声門破裂音の現われる環境をある意図で配列してみると：

表15

ʔaa	泡	ʔee	藍	ʔii	はい！	ʔoo	青	ʔuubi 帯 （ʔɴni稲）
'jaa	屋	'jee	八重	'ii	絵	'joosaɴ	弱い	'juu 夜
'waa-	私の	'wee	わあ！	'wii	柄	'oo	王	'uu 緒
ʔjaa	おまえ	——		——		ʔjooii	幼な児	ʔjuɴ 言う
ʔwaa	豚	ʔwee-	親	ʔwii	上	——		——

（'ɴni胸）

（糸芭蕉）

第一行には、いわゆる母音音節を、第二行には、ヤ行音節を、第三行には、ワ行音節を、それぞれ配列したことになる。第四と第五の行には、またヤ行とワ行の音節を並べたには違いないが、沖縄語を語る人の意識では、ヤ行音節に先立っては「イ」、ワ行音節に先立っては「ウ」があることが重要だ。

19

5.3

ʔoo「青」がオー (o) で、'woo がなく、'oo「王」がヲー (wo)；また ʔee「藍」がエー (e) で、'ee がなくて、'jee「八重」がイェー (ye)、に当たる。ということは、声門破裂音 ʔ のあとは、そのまま単純母音なのに対して、声門破裂音がない場合は、いきなり母音が始まるのじゃなく、有声摩擦音（半母音）を先立たせることを教えている。要するに声門破裂音なり、有声摩擦音なりの子音部を置かない限り、音韻論的音節が成り立たないのだ。

このように声門破裂音の有る無しに関連させるのにならうと、ʔɴni「稲」の声門破裂音に続く通鼻音ɴは、その性格が単純母音と一致して、純粋の持続的通鼻音であり、音節主音を成していることになる。それに対して、'ɴni「胸」の通鼻音ɴは、その性格が有声摩擦音などの子音とも一致して、外破的通鼻音を含むものと解釈され、音節に伴う頭子音をも代表している。

つまり、音韻論的音節として見れば、ʔɴ は、いわゆる単純母音音節に相当し、'ɴ は、ナ行、マ行などのような、鼻子音 m あるいは n に始まる普通の音節に相当する。

すると、'ɴzi「とげ」の場合、それがイゲだとするならば、'ɴ の由来が説明できなくなる。しかし、この 'ɴzi が草木、魚骨、木片などのとげ一般をさしていて、また「あざみ」の特徴をとらえるのに用いられ、çibana「あざみ」の別名、'ɴziçicaa、つまり「とげの付いたもの」と呼んでいる点など、それは特殊な棘ではなく[20]、意味の上からは「ノギ」に対応させにくいと思う。

5.4

前の節に従えば、ʔɴ は、単純な母音音節に相当して、音節形成の単純な通鼻音になる。しかし、別に次のような解釈も成り立たないではない。

ヤ行、ワ行の前にさらに声門破裂音の加わる場合を問題にしてみよう。

---

[20]　本土のアザミに対応するのは、沖縄では ʔadani ＞ ʔadaɴ 阿旦（たこのき科）で、全く別の植物の名になっている。アザは棘の意味。細長い常緑の葉に棘がある。ござや帽子の材料になる。奄美ではアダンが「あざみ」のこと。

表16

　いま ʔwaabi の ʔwaa は、ウワベのウワに由来する。ウワの量、つまり2モーラの長さは、waa にそのまま反映しているが、その質は第二音節「ワ」の延長になっている。そして、第一音節の「ウ」は消えてしまったわけではなく、それが保たれたしるしとして、声門破裂音が存在している。もし、「ウ」が消えてしまったのなら、ʔ は落ちて 'waa とならなければならない。この ʔwaa に見る変遷のあとは、第二音節の子音部（半母音）が音節の延長を溯って、語頭の声門破裂音の手前に行き詰まったもので、声門破裂音とそれに押さえられた半母音との間には、もとの「ウ」（時には「オ」）が縮められて挟まっている。

　声門破裂音と半母音との間には、現実の記号はないけれど、その語形が、声門破裂音で始まる瞬間の声立ての口の構えが「ウ」（あるいは「オ」）の存在を確実に裏付けている。一般的な質としての母音性を声門破裂音が頭子音の位置に圧縮して代表していると言ってもよい。質があっても量がなくなっている。言いかえれば、母音の質がそのまま持続性を失って、子音性に転換しているのだ。音節主音としての資格を完全に失っている。

　同様に、ʔjuɴ は「イウ」だが、そのままの語形をかなに移せば、「イユン」になる。この「イ」は、母音としての持続量を失い、声門破裂音にまつわって頭子音化している。

　さらに、ʔɴni に引き当てれば、かなでは「イニ」と写され、第二音節の子音 n の通鼻要素が語頭の声門閉鎖音のところまで溯り、それによって第一音節の母音「イ」は語頭に圧縮され、その持続量を失って頭子音化していることになる[21]。

---

[21] 本土諸方言で、形態論上イウ「言う」でなければならない語形が、発音上ユー [juː] になる理由が、イユン「言う」[ʔjuɴ] でわかるように思われる。第二音節の音質が量的に第一音節を奪い、第一音節はただ音質をその語頭にとどめるという共通の現象なのだ。だとすると、「言う」はイの構えを伴なった声門破裂音で始まるのに対して、「結う」は緩やかな声立てで始まる半母音、つまり有声摩擦音が用いられると対比させることができよう。[ʔjɯː]「言う」：[jɯː]（[ˈjɯˈɯ]）「結う」。ʔ の有る無しが本土諸方言ではそれほど厳密ではないが、確かにそれの有る無しについての傾向は指摘ができる。この問題は、古くからあるユとイの交替にも関連

5.5

　この通鼻音を次の子音に組み入れてよいならば、その子音 N に迫られた母音「イ」（あるいは「ウ」）の頭子音化を声門破裂音 ˀ のところに認めるのがよい。一方、'N は鼻子音が完全に語頭に延びているので、それに先立つ音を別に認めることはない。通鼻音 N は、音節の量いっぱいを満たして終わり、「イ」（あるいは「ウ」）は、はじめの声門破裂音 ˀ に詰まったところで認めるしかない。

　この場合、ˀNni「稲」なら N を第二音節の子音 n の延長とすることができる。だが、ˀNzasjuN「出だす」では、ˀiẓai「いさり」などもあって、その有声子音と通鼻音との関連が必然ではない以上、N の説明が取り落されてしまう。この矛盾を避けるには、節 5.3 のように、通鼻性音節主音の存在を認めるのがよかろう。そして、声門破裂音が先行すれば、単純母音音節にならい、それが先行しなければ、通鼻頭子音を持つとして、半母音音節にならった構造とすることになる。

5.6

　なお、次のような見方を付け加えたい。沖縄本島の諸方言、特に北部方言には、無声閉鎖音に帯気（p、t、c、k）と無気（π、τ、ч、κ）の区別のあるところがある。たとえば、

表 17

πiruu「昼」	:	piri 「縁」
πuni 「船」	:	puni「骨」

　さてそこで、語頭通鼻音 ˀN が何らかの閉鎖を持つ有声子音に先立ってしか現われない点に着目して、その有声子音と組み cluster を成すものとしよう。この場合の声門破裂音の役割りは大きい。無気音に見られる一種の喉頭化と語頭通鼻音に先立つ喉頭の破裂を同質と見、「声」の重なり方の度合をも考え合

してくると思われる。ユメ——イメ（沖縄 ˀimi）、ユク——イク（ˀicuN）、ユフ——イフ（ˀjuN）、ユマリ——イバリ、由吉能之麻——壱岐之島などの交替の鍵は、語頭に立っているはずの声門閉鎖音 ˀ にあるとするのがよかろう。それらのユは、ただのヤ行のユではないのだ。ユクには、古くイユクがあるが、このイをただ接頭とだけいってはすまなくなった。なお、ˀicuN の音便語幹は ˀNz- で、語頭の通鼻音が現われる。

わせて、語頭通鼻音と無気とが相関し、帯気と無気との対立は、ゼロ（＇）と声門破裂音との対立に相当するとする。そこで、次のような相関束ができあがる[22]。

表18

p	π		t	τ		c	ɥ		k	κ
b	ˀNb		d	ˀNd		z	ˀNz		g	ˀNg
m	ˀNm		n	ˀNn		—	—		—	—

このように語頭通鼻音を組み子音の一部と見ることも時には必要だろう。

6. 結び：語頭の音「ン」

6.1

イバラのイのような、有声子音に先立つ、語頭の「イ」は、「ウ」と並んで、かつては持続性通鼻音だったろうと推定した。

それを沖縄のイジャシュン ˀNzasjuN（出だす）のような語頭通鼻音に当ってみて、そこに単純母音音節に相当する通鼻音を認めることができた。イバラは、沖縄に対応例を見出せないが、イヅレ（ziru）、イマダ（naada）、イノチ（nuci）、イダク（dacuN）は対応例を発見でき、そのよっつのうちみっつまでが本土、沖縄とも第一音節を失っている。

また、ウマ（ˀNma）、ウメ（ˀNmi）、ウマレ（ˀNmari）、ウメル（ˀNbeejuN）、ウゴク（ˀNzucuN）は、本土でも沖縄でも通鼻音音節で始まり；'Nzi をイゲに数えることを許すなら、イゲ（'Nzi）、イモ（ˀNmu）、イネ（ˀNni）は、沖縄で通鼻音音節で始まる。

なお、イダス（ˀNzasjuN）、ウマゴ（ˀNmaga）は、沖縄で語頭の通鼻音音節を残し、本土でいまそれを落として、ダス、マゴになっている。

およそこのように沖縄におけるゼロ（0）あるいは声門破裂音プラス通鼻音（ˀN、ただひとつイゲについては 'N）が本土の「イ」あるいは「ウ」音節を予想させるとき、そのかつての語頭に通鼻音だけでできた一音節が想定される。

---

[22] 少数ながら、ˀNN「うん！」、ˀNNdii「かぶらな」、hNN「うん！」、hNN「ふん」のような N じしんが明らかに独立に音節主音を成している場合があって、組み子音の成分としきれないことになる。ここでは、一応その点を特殊な現象とみて片よせておく。

（イゲは通鼻子音プラス母音か？）

　この通鼻音は、続く子音の通鼻性あるいはさらに広く有声なことに寄りかかる点がある。しかし、すべての鼻音あるいは濁音に先立って予想される「イ」あるいは「ウ」が、沖縄で通鼻音なのではない——例えば、ʔumi「海」、ʔudi「腕」——ことを知れば、語頭の通鼻音音節が、それに続く音節から規制されることなく、ある程度自立して存在したと認めてもよい。

6.2

　他方、その語頭通鼻音が新しく発達したものであり、有声子音に付属したかつての通鼻性が次第に本来の母音音節を侵して成長したものだという見解も成り立つ。有坂秀世博士は、語頭の「ウ」について、

　「之に従う{b}または{m}の次に{a}{o}{e}のいづれかが存在する場合、{m}に変ずる。」（『上代音韻攷』、p.695）

とした。事実、ムベ（郁子）、ムマ（馬）、ムマゴ（孫）、ムマキ（牧）、ムバラ（荊）、ムバフ（奪）、ムマル（生）、ムマシ（美）、ムメ（梅）、ムモレギ（埋木）などの例には、第二音節に i、u が見られない。

　沖縄でも、たとい ʔiʑai「いさり」、ʔudi「うで」、ꞐnuꞐ「熟む」などの例外があるにせよ、節 4.5 の表 13 で見る通り、ʔi、ʔu を持っている語形の第二音節には、かつての u、i が多く、ʔꞐ を持っている語形の第二音節には広母音 a が多い。

　さらに有坂説では、

表 19

波夜ハヤ＋宇麻ウマ＝波由麻ハユマ
haya ＋ uma ＝ hayuma　　　　　　　（万葉集）

　このように「早馬」を万葉集でハユマというには、当時の語頭の「ウ」が通鼻音 m でなかったからだとしか考えられないとする[23]。これは、当時の語頭

---

[23]　有坂秀世 1955『上代音韻攷』（pp.694-695）で、「{Faja}＋{mma}ならば、{Fajamma}となるばかりで、決して{Fajuma}とはなり得ない。{Faja}＋{uma}なればこそ{a}が消えて{Fajuma}（もっとも{F}は{p}だったかも知れない。）となり得たのである。」とし、また推古朝・奈良朝の中央の言語資料ではウマとしかないのに、ただ防人歌に牟麻ムマ（万葉巻二十常

第2章　語頭の音節形成通鼻音について

の「ウ」が平安中期から「ム」で書かれ始めたことと合わせて、いかにももっともな解釈と思われる。

6.3

ウマ「馬」の語源を漢語とする説を当時の濁音の帯鼻音性と合わせて考えるとき、直ちに受け入れることのできる説ではないが、語頭の「ウ」の音節形成音という性格と母音 u の音色とは無視できないところだろう。つまり、音節主音としてはすでに認めても、少くとも帯鼻音として考える余地はある。

いや、進んで古くからの語頭の「ウ」や「イ」が通鼻音か帯鼻音だったから、漢字音末尾の通鼻音をその「ウ」や「イ」を借りて表わすことを考えるようになったと想像してよいかも知れない。その初期の姿が次のようなものではなかっただろうか？

表20

ていけ	（天気）
れいぜい	（冷泉）
ししいでん	（紫宸殿）
はうぐわん	（判官）
ほうぐ	（反古）
さうひ	（薔薇）

6.4

古い日本語には、ンバラという語形があって、それが「茨」やその「棘」を意味しただろう。そして、その「ン」に先行して、声門閉鎖音が加わっていたに違いないし、「ン」は i にも u にも近く響くことがあっただろう。

___

陸国防人歌）とあることをとらえて、「普通の習慣に背いて特に『牟麻』という文字を用ゐてゐることは、中央の言語と異なる方言的特徴（常陸方言と雖も {muma} ではあり得ないから、恐らく {mma} に近い形を写したものであろう。）を表示するための企図と思われ、従って当時中央の言語では、「馬」は未だ {mma} でなく {uma} の状態にあったことを知るべきである。」としている。完全な m でなかったとして、少くとも帯鼻音 ū は、あったと言えないだろうか？声門破裂音との関連で母音の音質と、音節形成という母音的性格とが認められつつ、通鼻音が量的に語頭に進出する状況を想定することは無理だろうか？

25

室町時代を過ぎてから、濁音の通鼻性が消えていくとともに、語頭の「ン」は、母音の「イ」あるいは「ウ」になっていった。(つまり、ウバラ、イバラの形がNを忘れて完成する。)その一方では、通鼻音音節も濁音の通鼻性と紛れやすく、それが忘れられるのと一蓮託生、ひと束ねにして落とされてしまう、(つまりバラになる)ことさえ起こった。いや、それが自然だったろう。

表21

	奈良時代	平安中期	室町時代	江戸時代
発音	ンバラ	ンバラ	ンバラ	バラ・イバラ
表記	ウバラ	ムバラ	イバラ	バラ・イバラ

6.5

　もし、奈良朝の語頭の「ウ」が「ン」ではありえないとするならば、沖縄と本土の間の、ひとたびはあったはずの語頭の「ン」の一致は、いつあったのだろうか?

　それは多分、平安中期から鎌倉を経て、室町までの期間でなくてはならない。そうすると、沖縄と本土との言語的な断絶は、意外に近い過去に起こったことになる[24]。

---

[24]　沖縄語の基本的な語彙に融け込んでいる漢語がほとんど、本土の中世語と一致する傾向を見せるように思われる。例えば、沖縄特有な語彙とされていたティダ「太陽」を「天道」から由来したと解明した、亀井孝1962「ティダの語源」『山田孝雄追憶史学語学論集』と上村孝二1963「琉球方言の太陽を意味する語について」『鹿児島大学文科報告』12、を見よ。なお、わたくしの、「沖縄北部方言アクセント調査語彙について——「水」と「氷」——」1968(1964日本言語学会第49回大会研究発表)『言語研究』52、で見ることができるように、平安末期畿内方言の音調体系を思わせるアクセント体系が沖縄北部方言のある地域には存在している。東京・京都の方言と八重山の石垣方言との言語年代学的距離は、服部四郎博士によって(『日本語の系統』1959、p.230)、「約1.74千年」とされているが、その分裂の開始ののち、言語共同体の性格は相当にながく、沖縄と本土との間につながれていたのではないだろうか?

第 2 章　語頭の音節形成通鼻音について

表 22

	奈良時代	平安中期	室町時代	江戸時代
発音	ウバラ	ンバラ	ンバラ	バラ・イバラ
表記	ウバラ	ムバラ	イバラ	バラ・イバラ

6.6

　これがバラにまつわる音節形成通鼻音の話だが、バラじしんがトゲだというのに加えて、トゲを意味する有力な方言イゲもまた、通鼻音と関連することは、すでに見た通り。語頭に立つ通鼻音が、いつの時代か、本土と沖縄とを統一した音韻として存在したことは、それが「イ」あるいは「ウ」で表記されたこととともに確かというべきだろう。ウバラの「ウ」が通鼻音だということは、古代には反って音としてはっきりしていて、むしろ文字体系に欠けた点があったというのが真相かも知れない。

　なお、この点など、多く疑問を残している。

　　　　愁ひつつ　岡に登れば　花茨　　　　　　　　　　　　　——蕪村

6.7

　以上を論ずるに当たって、棘を指す語の地理的、歴史的分布状態の調査資料を前国立国語研究所地方言語研究室長、柴田武氏に借用できたことをここに感謝する。なお、有坂秀世氏のご著書を始め、浜田敦氏、大野晋氏、中田祝氏、奥村三雄氏などの、文中に、参照した、主として音韻史上の諸研究に謝意を表したい。

第3章

沖縄北部方言における
一音節名詞アクセントについて

1. まえおき

1.1 音節の長短[1]

　京都方面のことばで、一音節名詞が長めに音を引いて言われることは、よく知られている。ネ「ー（根）とかハ」ー（葉）とか言うわけである。東京などでは、一音節だけ取り上げて言うとき、短くネ「（根）とかハ「（葉）とか言っているように思っている。しかし、これも実はネ「ッ（根）、ハ「ッ（葉）と言っているわけで、いわゆる2拍分の間を持たせるだけの調音活動はしているのである。

　ヒトの語ることばの音をもっとも短く区切って言うには、1拍では済ませず、どうしても2拍分の長さにはなってしまうはずである。五十音をひとつひとつ区切って言うとなれば、「アー、イー、ウー、……」でなければ、「アッ、イッ、ウッ、……」と言い、数をかぞえても「ヒー、フー、ミー、ヨー、……」となるのは、ヒトの調音活動の宿命である。それはまた、心理的に相対的にはかられる時間の一単位量がふたつで一リズム単位を作るということでもあるし、筋肉運動として見ても、始めてそして終える、いとぐちと結びがなければならず、それを言語表現のよすがである音自身について見ると、切り出されたひとつの音のカカリとオサメがなければならなかったわけである。そして、そのカカリとオサメは、それぞれにひとつの座席、即ち拍を要求するのである。

　ひとつの音節は、調音活動の現実的な基礎単位であって、語形はそれを連ねてつくられる。そのとき、音節のオサメは、次の音節のカカリに重なることになることで、音節数がカカリの数とおおよそ一致するようになる。従って、語

---

[1]　長・短の音節観は、日下部文夫 1962「東京語の音節構成」日本音声学会編『音声の研究』10（柴田武ほか編 1980『日本の言語学』2 音韻に再録）に詳しい。

中の音節の数は拍数とも一致することが多い。はじめに挙げた京都における一音節名詞では、長めになっても、多音節語になると各一音節が短くなって、1拍分に言われるものが多くなっている。

1.2 沖縄方言における一音節名詞[2][3]

ところで、沖縄方言でも、一音節名詞は、普通長く引いて言われる。そればかりか、二音節名詞の場合でも、通常短音節だけでできている「蔭」や「猿」がカーギとかサールとかいうように明らさまに長い音節を含んだ形で言われるものが多い。しかし、ふつう2拍分の二音節名詞が3拍分になったからといって、三音節になったとは言われないのがここでの立場である。長く伸びたからといって二音節は変らない。まして、一音節名詞は、短かろうと長かろうと、音節の数に変りはない。そうした方が、アクセント形式の比較をして、その歴史的跡付けをするのにも、都合がよいはずである。伸びようが、縮もうが、同一語として追究しなければ、比較にならないからである。

こうして、長短の音節を拍で分割することなく、一体のものとし、子音と母音（CV）なり、子音と母音と子音（CVC、CCVCC）なりの構造を持つものと考えることにすると、いわゆる特殊音節と呼ばれる付属拍（ー、イ、ン、ッ）を含むものも長い音節として、一音節に数えこまれる。そうなると、「ボー（棒）」や「ッワ（豚）」のようなものばかりでなく、「粟」や「竿」がオーやソーになったり、「海」が「ウ」ンとなったり、「マヤー（猫）」がミャ」ーとかマイになったり、二音節から崩れてできたものも、当然一音節名詞に数えることになるわけである。

1.3 複雑・多様なアクセント

このように長短の音節が各種あることを認めた上で、沖縄の一音節名詞や二音節名詞のアクセントを見ると、その体系が実に複雑豊富、かつ多様であるように見える。ここでは、その状況のとくに多様な沖縄北部における一音節名詞のアクセントについて述べることにする。地域的には、奄美諸島の状況にも触

---

[2] 日本語アクセントの原形については、沖縄のアクセントも考慮に上すべきだが、その例としては、服部四郎 1952「原始日本語のアクセント」寺川喜四男他編『国語アクセント論叢』をあげる。

[3] ここの課題としなかったが、アクセントの系譜関係を取り扱う方法としては、徳川宗賢 1962「〝日本諸方言アクセントの系譜〟試論：「類の統合」と「地理的分布」から見る」『学習院大学国語国文学会誌』6、で見ることができる。

第３章　沖縄北部方言における一音節名詞アクセントについて

れ、二音節名詞のアクセントについても、一音節名詞アクセント体系の背景を
成すものとして語ることにする。

　なお、ここで取り扱うアクセント資料は、文部省科学研究助成による「沖縄北
部方言アクセント調査」（昭和37年・38年夏）と、別に個人で行った「奄美諸島
方言アクセント調査」（昭和41年春・夏）によるものである。前者は、沖縄本島
北部の全集落の約80パーセントに当たる145地点に本島中部の13地点を加えた
158地点について行われたものであり、後者はその補足として、奄美諸島の全集
落の約14パーセントに当たる43地点について行われた。それぞれの実施に際し
て、現地の公私各方面の方がたから熱心な協力を得たことに感謝したい。

2.　第一類・第二類の別 [4]
2.1　第一類「身」と第二類「葉」――（附）「櫓」と「毛」――

　一音節名詞について沖縄北部では、どのような型式の対立があるか。それ
を見るのに誰でも用意するのは、第一類の「身（実）」「帆」、第二類の「葉」
「日」、第三類の「根」「木」「目（芽）」などである。それに、「巣」や「歯」を
補うのがよいだろう。沖縄県中心地の首里那覇方言では、第一類と第二類が統
一されて下降調になり、低平調の第三類と対立していることはよく知られてい
る。沖縄北部方言においても多くは第一類の「身」と第二類の「葉」とを区別
していないが、中にはこのふたつを取り分けていると思われるところも見受け
られる。十か所ほどでは、明らかにこの２類に区別が認められ、その外に疑わ
しいところが五か所ほど数えられる。

　沖縄本島中部に属する与勝諸島の北端にある伊計島も加え、奄美諸島の例も
拾うと、「身」と「葉」の対立が次のように現われている。（表1）

　久志の二見や汀間の場合は、助詞が付くとかえって判別しにくくなり、今帰
仁の崎山や瀬戸内（奄美）の阿鉄の場合は、助詞の付いた方が判別しやすくな
る。「櫓」は「身」と、「毛」は「葉」とアクセントの型が一致することが多
い。表２に挙げた５地点では、どちらの一致もそろって現われている。（表2）

[4]　平安朝院政期の（類聚名義抄をめぐる）アクセントにおいて、（仮名一字に当てるもので
あるが）上昇調と下降調を認めることについては、金田一春彦1952「日本四声古義」寺川喜
四男他編『国語アクセント論叢』、と小松英雄1964、1965「平安朝末期畿内方言の音調体系」
『国語学』39、40を見ていただきたい。これらの労作を経て、金田一春彦氏の手で二音節名詞
に第六〜九類の類別が加えられている。ここでも、ときにその類別番号を例語の上に付けて示
した。

31

地点番号中、アルファベット付きは奄美地方で、順にK（喜界）、O（西南部を除く奄美大島）、U（宇検村）、S（瀬戸内）、T（徳之島）、E（沖永良部）、Y（与論）となる。

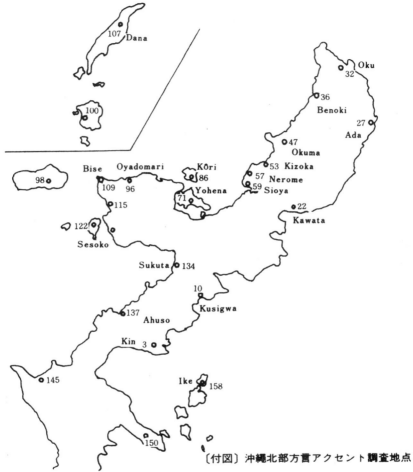

〔付図〕沖縄北部方言アクセント調査地点

番号は、1〜145がいわゆる沖縄北部に属し、146〜158が同じく中部に属する。まず1から東海岸沿いに北上して、北端の33辺戸（国頭）に至り、それから西海岸を南下して、途中、本部半島の北岸、今帰仁から伊江、伊是名、伊平屋の島々にまわって、改めて本部半島に帰って南下を続ける。最後は、中部の勝連半島から与勝諸島を北上、158伊計に終わっている。

第3章　沖縄北部方言における一音節名詞アクセントについて

表1　「身」と「葉」

	身	葉
12　Hutami（二見）	「mi:⁻	∨Φa:⁻
15　Teima（汀間）	「mi:⁻	∨pʻa:⁻
30　Sosu（楚州）	「mi:⁻	⌐ha:
52　Zyanagusuku（謝名城）	「mi:⁻	「Φa:\
57　Nerome（根路銘）	∨mi:\	「Φa:\
64　Miyagusuku（宮城）	「mi:⁻	∧Φa:\
79　Gabusoga（我部祖河）	「mi:⁻	∧pʻa:\
93　Sakiyama（崎山）	「mi:\	⌐pʻa:
142　Nakadomari（仲泊）	∧mi:_	∧Φa:⌊
158　Ike（伊計）	∨⌐mi:\	∧∧Φa:
O8　Sani（佐仁）	∨mi	∧pʻa
O10　Ura（浦）	∨mi	「ha
O15　Tunaku（津名久）	∨mi:	⌊ha_
U17　Yuwan（湯湾）	∧mi:⌊	⌐ha:
S19　Atetu（阿鉄）	∧mi·_	∧Φa:⌊
S20　Kurokimata（黒木俣）	∨mi	「ha:⁻
S21　Syodon（諸鈍）	∧mi_	∧Φa:⌊
T24　Tede（手手）	∨mi,:⌐	「ha,:⁻

表2　「櫓」と「毛（草原）」

	櫓	毛
15　Teima（汀間）	「du:⁻	∧mo:⁻
64　Miyagusuku（宮城）	「ru:⁻	∧mo:\
93　Sakiyama（崎山）	「du:\	⌐mo:
142　Nakadomari（仲泊）	∧du:_	∧mo:⌊
158　Ike（伊計）	∨⌐du:\	∧∧mo:

2.2 第三類「根」と第三類「木」── (附)「巣・歯・竿」──

なお、同じ第三類に属する「根」と「木」の間で対立が見られる傾向もある。（表3）

表3 「根」と「木」

	根	木
1 Igei （伊芸）	∨ni:「	∧ki:
5 Nakagawa （中川）	「ni:-	∨ki:「
8 Ginoza （宜野座）	∨ni:「	∧ki:
44 Kaneku （兼久）	∨ɲi:「	∨çi:＼
158 Ike （伊計）	∨ni:「	∨ki:「
K5 Sidooke （志戸桶）	∧nï:	∨hï:r
O8 Sani （佐仁）	∨nʉ	∧hʉ
S18 Koniya （古仁屋）	∧në:	∨ki:「
T22 Kametu （亀津）	∨ni:-	∧ki⌊
Y40 Gusuku （城）	∧ni:-	∨çi:-

次に、「巣」と「歯」については、どちらかというと「根」より「木」の方に比較的多く一致している。それも「歯」の方がより多い。（表4）

表4 「巣」と「歯」

	巣	歯
1 Igei （伊芸）	∧su:	∧ha:
5 Nakagawa （中川）	「sui-	∨ha:「
8 Ginoza （宜野座）	∨ʃi:「	∧ha:
44 Kaneku （兼久）	∨ʃi:＼	∨Φa:「
158 Ike （伊計）	∨ʃi:「	∨ha:「
K5 Sidooke （志戸桶）	∧su:	∨ha:「
O8 Sani （佐仁）	∧sʉ	∧p'a
S18 Koniya （古仁屋）	∨si:「	∨Φa:「
T22 Kametu （亀津）	∧si:⌊	∧ha:⌊
Y40 Gusuku （城）	∧ʃi:-	∨pa:-

第３章　沖縄北部方言における一音節名詞アクセントについて

「巣」と「歯」は、「ソー（竿）」とひとつのアクセント型をとることが多い。そして、「根」と「木」のいずれか、またはそれらの統一型とすることが多い。ところがときには、表５のようにそれらが「根・木」類と対立する場合もある。（表５）

表５　「根³・木³」類と「巣・竿」

	根	木	巣	歯	竿
140　Tantya (谷茶)	⌐/ɲi:	⌐/ki:	\/ʃi:	\/Φa:	\/so:

「身」と「葉」とが対立し、「根」と「木」とが対立するとなると、それで一音節名詞について、よっつの型がそろうことになる。表６に見られるように石川の伊計がそうである。（表６）

表６　高平調・下降調・低平調・上昇調

	身	葉	木	根
158　Ike	∨⁻mi:∖	∧Φa:	∨ki:⌐	∨ɲi:⁻

　語頭の低いのは、音韻論的に無意味だとして、語末の下がる上がるの対立を数えると、「身」類を①高平調、「葉」類を②下降調、「木」類を③低平調、「根」類を④上昇調と位置づけることができよう。一音節名詞アクセント体系には、この四類以上の型は滅多にないはずである。

　「身」と「葉」、「木」と「根」、それぞれに対立し、区別されることがあるからといって、四類がそろうとは限らない。その区別がまったく重なってしまって、結局二類にまとまっているのが、奄美大島笠利の佐仁の場合である。（表７）

表７　上昇調と下降調

	身	根	葉	木
O8　Sani	∨mi	∨nǚ	∧p'a	∧hǚ

　もとの高平調と上昇調については、語末の高にだけ、また下降調と低平調については、やはり語末の低にだけ注目すると、佐仁のアクセント体系ができるわけである。

3. 高低・昇降

3.1 新しい類：「豚」と「棒」

　伊計のように「身」と「葉」、「木」と「根」がそれぞれの対立を保って、区別されている例や、佐仁のように、「身・葉」類と「木・根」類というまとまりではなく、「身・根」類と「木・葉」類の対立をつくる例などがいかにも珍しい。たいていは、「木」と「根」、「身」と「葉」で一致して、それらだけでは二類の対立しか残らないのが普通である。その典型を首里那覇方言の場合や鹿児島方言のアクセントに見ることができる。

　ところが、ここに元来の長音節を含め、新たな例語を加えることによって、体系の空席を埋めているのが沖縄北部方言アクセントである。どんな例語があげられるかというと、第一類の「櫓」、2拍名詞で同じく第一類の「棒」、それに沖縄特有の「ッワ（豚）」、「モー（毛―すなわち草原）」などである。（表8）

表8 「豚」「毛」「櫓」「棒」

		①高　平　調	②下　降　調	③低　平　調	④上　昇　調
27	Ada（安田）	「mi:- 身	∧wa:⌐ 豚	∨ni:- 根	∧du: 櫓
		「p'a:- 葉	∧mo:⌐ 毛（∧Φui⌐ 声）	∨çi:- 木	∧bo: 棒
32	Oku（奥）	⌐mi: 身	∧wa:- 豚	∨ni:- 根	∧mo: 毛
		⌐p'a: 葉	（∧Φui- 声）	∨çi:- 木	∧bo: 棒
		⌐du: 櫓	（∧ts'u:- きょう）	∨so: 竿	
36	Benoki（辺野喜）	「mi: 身	∧gwa:- 豚	∨ni:「 根	∧mo:⌐ 毛
		「Φa: 葉	（∧Φui- 声）	∨çi:「 木	∧bo:⌐ 棒
		「ʃu: 櫓	（∧su:- きょう）	∨so:「 竿	
47	Okuma（奥間）	「mi: 身	∧wa:- 豚	∧ni: 根	∧mo:⌐ 毛
		「Φa: 葉		∧çi: 木	∧bo:⌐ 棒
		「du: 櫓		∧so: 竿	（∧hui⌐ 声）
53	Kizoka（喜如嘉）	「mi: 身	∧ʔwa:∧ 豚	∨ni:∧ 根	∧mo:⌐ 毛
		「Φa: 葉		∨çi: 木	∧bo:⌐ 棒
		「du: 櫓		∨so:∧ 竿	（∧Φui⌐ 声）

第3章 沖縄北部方言における一音節名詞アクセントについて

　国頭と大宜味にかけてこのように①高平調に「身・葉」類、②下降調に「豚」類、③低平調に「木・根」類、④上昇調に「棒」類が認められる、四類対立の体系を持っているところがある。

3.2　一音節名詞と二音節名詞のアクセントの照合（沖縄）

　四類ごとのアクセントの実現がおよそその名にふさわしいのは、東海岸の安田と奥の場合であって、西海岸の辺野喜、奥間、喜如嘉になると、各類の位置を入れ換えた方がよさそうでもあり、また、入れ換えても低平調と上昇調の両方を満足させることはできない。しかし、「豚」をツメ音に始まる一音節と見て、そのツメ音のところに低を意識するならば一旦は上昇して、あとは自然に力を抜く結果の下りとして、上昇調に当てることもあるかと思われる。その意味で、「豚」を「毛・棒」類と入れ換えることが可能であろう。

　ちなみに∧符号は、上昇調であるが助詞が低く付く場合を示している。辺野喜や奥間の＼wa: は、∧の前半が脱落したものと解釈すればよい。なお、╱符号は助詞が下降調に実現することを示す。そうして、安田の上昇調にそれを置くことになれば、その下降調には、辺野喜や奥間の「毛・棒」類が全く一致しているわけである。もっとも、辺野喜では「根・木・竿」が低平調であることは明らかであるので、そうも行かないが、奥間と喜如嘉の場合は、「毛・棒」類が上昇調から下降調に移るとともに、「豚」は低平調に移り、「根・木・竿」類は低平調から上昇調に移る順送りが成立しているとする方がよいと考えられる。そこでは、「豚」が「身・葉」類や「毛・棒」類に比べて、総体的（相対的）に低く実現することは確かなのである。

　それにしても、低平調と上昇調における実現形式の配当が適切かどうかについて不安が残るとすれば、二音節名詞の場合を引き合わせてみれば、納得できるであろう。

　表9を表8の奥の一音節名詞アクセントに重ねてみれば、まったくぴったりと合うことがわかる。二音節名詞アクセントのことについては、ここではこの程度にとどめ、改めてあとで引き合わせをしてみることにする。（表9と8）

表 9 「風」「海」「山」「水」

	①高 平 調	②下 降 調	③低 平 調	④上 昇 調
32 Oku	「mi:‐ 身	∧wa:⌐ 豚	∨ni:‐ 根	∧du: 櫂
	「ha∧ʒi 風	「ʔu⌐mi‐ 海	⌐ja「ma「 山	⌐mi∧ʒi
	「pu「∖ju: 冬	「su⌐ɾa‐ 空	⌐ʔa「wa「粟	⌐na∧tʃi

3.3 三類対立型アクセント体系

表 8 に挙げた四類対立体系の北や南に接する地帯には、三類対立型の体系がある。（表 10）

表 10 ①高平調、②下降調、③・④低平・上昇調

		「身・葉」類	「棒・毛」類	「木・根」類
26	Aha	「mi: 身	∧wa:‐ 豚	∧hi: 木
		「Φa: 葉	(∧hui‐ 声)	∧ni: 根
		「du: 櫂	(∧s'u:‐きょう)	∧bo: 棒
				∧mo: 毛
				∧so: 竿
33	Hedo	⌐mi: 身	∖bo:⌐ 棒	∧çi: 木
		⌐Φa: 葉	∧mo:⌐ 毛	∧ni: 根
		(⌐Φui 声)	∖ʔwa:⌐ 豚	∧ɾu: 櫂
			(∧su:⌐ きょう)	∧so: 竿
57	Nerome	「mi:∖ 身	∖bo:∖ 棒	∨çi:∖ 木
		「Φa:∖ 葉	∧mo:∖ 毛	∨ni:∖ 根
		「du:∖ 櫂	(∧Φui∖ 声)	∨so:∖ 竿
		「wa:∖ 豚	(∧k'u:∖ きょう)	∨ʃi:∖ 巣

このような体系では、第一類「身」と第二類「葉」は統一され、第三類内

でも「木」と「根」の両類が統一されている。そして、「巣・歯・竿」類も、「木・根」類に統一されているが、それだけでは、二類の対立しかないところを「棒・毛」類が間に立って独自性を守ることで三類対立の体系をつくっている。もっとも、「棒・毛」類のなかはいくぶん不安定で、そのうちのいずれかの例語が「身・葉」高平調の方へ行ったり、「木・根」低平・上昇調の方へ行ったりして揺れている。

3.4 四類対立型アクセント体系──縮約形の動き──

　この地帯には、また、「身・葉」類、「棒・毛」類、「木・根」類の3類だけを見ていると、三類対立型体系だが、実は四類対立型を持っている場合もある。（表11）

表11 「身」「棒」「木」「田」

	①高　平　調	②下　降　調	③低　平　調	④上　昇　調
46　Kaganzi	「mi:‐　身	＼bo:｜　棒	∨çi:　木	∧t'a:　田
	「Φa:‐　葉	＼mo:｜　毛	∨ni:　根	∧Φi:　火
		＼?wa:｜　豚	∨du:　櫓	∧so:　竿
		（∧k'ui｜　声）	∨ʃi:　巣	

　いわゆる第三類に属する例語を数多く当たってみると、表3の宜野座や佐仁にあった「木」対「根」のような対立が別にできていることがあるわけである。鏡地では、それが「木・根」類に対する「田・火」類として現われている。しかし、これは特例である。

　四類対立の一翼が二音節名詞から音韻転化してできた一音節名詞によって担われている場合がある。奥間や鏡地に接する、国頭の中心地、辺土名辺り一帯にそれが見られる。次のように、もし、いわゆる二音節の第四類名詞「きょう」または「舟」「海」の転化形や、第五類名詞「声」または「露」「前」などの転化形を組みこまなければ、そこの一音節名詞のアクセント体系を三類対立型と見誤ってしまうだろう。（表12）

39

表12 「身」「毛」「木」「声」

	①高 平 調	②下 降 調	③低 平 調	④上 昇 調
41 Ura	「mi:⁻ 身	＼mo:＼ 毛	∨çi:「 木	＼Φui⌊ 声
	「Φa:⁻ 葉	＼bo:＼ 棒	∨ni:「 根	＼su:⌊ きょう
	「ɾu:⁻ 櫓	＼ʔwa:＼ 豚	∨so:「 竿	＼çiN⁻ 舟
42 Nisinba (Hentona)	「mi:⁻ 身	＼hui⌊ 声	∨çi:「 木	＼mo:⌊ 毛
	「Φa:⁻ 葉	＼su:⌊ きょう	∨ni:「 根	＼bo:⌊ 棒
	「ɾu:⁻ 櫓	＼wa:⌊ 豚	∨so:「 竿	
43 Uesima (Hentona)	「mi:⁻ 身	＼Φui⌊ 声	∨çi:＼ 木	＼mo:⌊ 毛
	「Φa:⁻ 葉	＼su:⌊ きょう	∨ni:＼ 根	＼bo:⌊ 棒
	「ɾu:⁻ 櫓	＼çiN⁻ 舟	∨so:＼ 竿	＼wa:⌊ 豚
44 Kaneku (Hentona)	「mi:＼ 身	＼mo:＼ 毛	∨çi:＼ 木	
	「du:＼ 櫓	＼Φa:＼ 葉	∨ni:＼ 根	
	「wa:＼ 豚	＼Φui＼ 声	∨so:＼ 竿	
	「bo:＼ 棒	＼me:＼ 前	∨ʃi:＼ 巣	
	「k'u:＼ きょう		∨t'a:＼ 田	

　「きょう・声」類が、転成とはいえ、第四類として立てられる。いつの日か空席となった上昇調に納まったり、二音節名詞の第四類「海・空」にならって、下降調に落ちついたりしたわけである。ところが、奄美の与論では、これが高平調や低平調の座に納まっている。（表13）

第３章　沖縄北部方言における一音節名詞アクセントについて

表13　与論における「声」「棒」「身」「木」「竿」

	①高　平　調	②下　降　調	③低　平　調	④上　昇　調
Y41　Mugiya	「Φui⌐　声	∧mi:⌐　身	∨çi:「　木	
	「ʃu:⌐　きょう	∧p'a:⌐　葉	∨so:「　竿	
	「?uN⌐　海	∧bo:⌐　棒	∨du:「　櫓	
		∧?wa:⌐　豚	∨o:「　粟	
Y42　Nama	∧mi:⌊　身	∧so:⌐　竿	⌊Φui⌐　声	⌈\bo:　棒
	∧p'a:⌊　葉	∧p'a:⌐　歯	⌊?uN⌐　海	⌈\wa:　豚
	∧du:⌊　櫓	∧mja:⌐　猫		
	∧çi:⌊　木			
	∧sï:⌊　巣			
	∧?o:⌊　粟			
	∧çu:⌊　きょう			

3.5　与論（奄美）における一音節アクセント体系——「声・きょう」類の動き——

　那間では、既存の体系が高平調に収束して、一型化に向かう間に主として縮約語形が空いた席をふさいで体系をつくろったものと考えられる。動きの激しい活発な体系である。麦屋では、高平調に「声・きょう」など、低平調に同類の「粟」が見られる。那間では、このうち、「きょう」を残し、「海・声」を低平調に奪っている。その結果、それとかかわって助詞の接続が、麦屋ではすべて高く、那間ではすべて低く付くことに着目すべきである。即ち、語末が麦屋では高きに流れ、那間では低きに付く。それぞれのイントネーションがかかっているのである。もし、麦屋のイントネーションが一転して低くなれば、その結果は表14のようになるはずである。（表13と14）

表14　Mugiya（Yoron）の一音節名詞の仮説による体系

①　高　平　調	②　下　降　調	③　低　平　調	④　上　昇　調
——	∧mi:⌐　身	⌊ʃu:⌐　きょう	∨çi:⌊　木

　このように「声・きょう・海」は、低平調に移ることになる。ところで、現

に「海」に限ってであるが、採集に当たって低平調の発音も聴いており、揺れが生まれているように観察されたのは、このイントネーションの作用であったかと思われる。

3.6 「豚」「きょう」「棒」の配置（その一：沖縄北部で）

「声・きょう」類が外の類に吸収されるとすれば、「棒」類と「毛」類あるいは「豚」類に合体することが多い。（表12の44兼久で見よ。）

表8、10、11にあらかじめ「声・きょう」類も記入しておいたので、その実情を見ることができるが、改めてここに取り出して示すことにする。（表15）

表15　「豚」「声・きょう」「棒・毛」（その１）

	身	豚	声	きょう	毛	棒
1 Igei	mi:°	?wa:·	kwi:·	su:·	mo:⌐·	bo:
22 Kawata	mi:·	?wa:_	k'wi:_	k'u:_	mo:_	bo:_
26 Aha	mi:-·	wa:_	hui_	s'u:-·	mo:	bo:
27 Ada	mi:-·	wa:L	Φui_	su:_	mo:··	bo:
32 Oku	mi:·	wa:_	Φui_	t'u:-·	mo:	bo:
33 Hedo	mi:°	?wa:L°	Φui·	su:_	mo:L	bo:L
36 Benoki	mi:-·	gwa:_	Φui_	çu:-·	mo:_	bo:_
46 Kaganzi	mi:-·	?wa:L	k'uiL	su:L	mo:L	bo:L
47 Okuma	mi:-·	wa:-·	huiL	su:L	mo:L	bo:L
53 Kizoka	mi:·	?wa:\·	ΦuiL	su:L	mo:L	bo:L
57 Nerome	mi:\	wa:\°	Φui\·	k'u:\°	mo:\	bo:\
59 Sioya	mi:\·	wa:\	Φui\	k'u:\°	mo:L°	bo:\
71 Yohena	mi:-·	?wa:	Φui	k'u:	mo:	bo:
79 Gabusoga	mi:-·	?wa:_	Φui_	k'u:_	mo:_	bo:_
86 Kôri	mi:°	?wa:°	hui·	k'u:·	mo:-·	bo:
96 Oyadomari	mi:·	?wa:_	Φui_	k'u:_	mo:_	bo:_
97 Agarimae	ɲi:	?wa:	k'wi:_	tʃ'u:-	mo:_	bo:_
101 Nakada	mi:°	?wa:°	k'ui-°	k'u:	mo:	bo:
132 Agari	mi:°	?wa:L°	k'ui-°	k'u:L	mo:_	bo:L
134 Sukuta	mi:-°	?wafi	çi:-°	k'u:·	mo:	bofi

「豚」類、「声・きょう」類、「棒・毛」類の間で分裂が見られるのは、多くは安波や塩屋から北の国頭・大宜味方面であって、それ以南ではたいていひと

つにまとまっている。ところが、「声」と「きょう」が対立している場合（例えば、第1、33、86、132、134号地点）がある。そうしたときに、「身」類と「声」が合体している例がしばしば見られ、「きょう」の方の「身」類と合体する例はまれである。

3.7 「豚」類・「きょう」類・「棒」類の位置（その二：奄美諸島で）

　奄美諸島では、「棒」あるいは「毛」の語形を持たないところが多く、比較の対象を欠く場合もあるが、一覧することにする。（表16）

表16 「豚」「声・きょう」「棒・毛」（その２）

	身	豚	声	きょう	棒
K 1 Wan	∨mi:⌐	∧wa:L	∧k'ui L	∧su:L-	∧bo:L
K 5 Sidooke	∧mi:L	(L?u∧wa:L)	∧∧k'ui	∨k'ju:⌐-	∧∧bo:L
O 8 Sani	∨mi:	∧?wa	∨hui	∨huɦ	——
O 9 Akakina	⌐mi:-	∧?waL	(∨k'uji-)	⌐k'ju-	——
O11 Agina	⌐mi-	∧?wa:L	(⌐k'uLjiL)	(⌐k'iLbu-)	∧bo:L
O14 Ookaniku	⌐mi-	⌐wa-	(Lk'u⌐ji⌐)	(Lk'i⌐Φu⌐)	——
U16 Uken	⌐mi-	∨?wa:L	∨k'ui⌐	∨k'ju:⌐	∧bo:-
S17 Yuwan	∧mi:L	∨?wa:⌐	∨k'ui⌐	∨k'ju:⌐	∨bo:⌐
S21 Syodon	∧mi·	∨wa·	∨k'ui	∨k'ju	∧bo:L
T23 Ketoku	∨mi:	∧?waL	(⌐k'u·)	∧k'ju:L	∧bo:L
T27 Nisiagina	⌐mi-	∧?wa:L	∧k'ui-	∧k'ju:-	∧bo:L
E35 Zerikaku	⌐mi-	∧?wa:L	∧ΦuiL	⌐çu, :L	∧bo:L
E38 Sumiyosi	⌐mi:	L/?wa:	L/Φui	⌐çu:	L/bo:
Y41 Mugiya	∧mi:-	∧?wa:-	⌐Φui-	⌐ʃu:	∧bo:-
Y42 Nama	∧mi:L	⌐wa:-	LΦui-	∧çu:L	⌐bo:

　奄美諸島では「声」よりも「きょう」の方が多く「身」類と合体している。注目すべきことは、与論において、「声・きょう」類が独自の型として、アクセント体系の一翼を担っていることである。そのことはすでに表13において見たところである。

3.8 一音節名詞と二音節名詞のアクセントの照合（奄美諸島）

「声・きょう」類の位置はそれとして、先に示した与論の那間の一音節名詞アクセントの体系（表13）に二音節名詞アクセントを引き当ててみよう。（表17）

表17 「風」「山」「指」「牙」

	① 高 平 調	② 下 降 調	③ 低 平 調	④ 上 昇 調
Y42 Nama (Yoron)	ꜜmiꜜ 身	ꜜso:‐ 竿	ꜙΦui‐ 声	ꜛbo: 棒
	「haꜜdiꜙ 風	「jaꜙmaꜙ 山	ꜙuiꜙbi‐ 指	ꜝk'i:ꜙba:‐ 牙
	「p'uꜙjiꜙ 冬	「suꜙra 空*	(ꜙumaꜙga‐ 孫)	ꜝdatꜜtʃo:‐ らっきょう
	ꜜmjaŋꜙkaꜙ 猫	「k'oꜙto‐ 琴	ꜙk'o:ꜙri‐ 氷	

* スゥラ（空）とは草木の先端のこと。

那間における二音節名詞低平調は中高で実現する。一音節名詞の「棒」類と「豚」類は、やはり中高に実現しているといってよかろう。また、「竿」や「猫」は下降調そのものであるが、高平調も低きに付こうとするイントネーションに引かれて降り傾斜を持つとすれば、ときに高平調とするにふさわしく、助詞の付き方によるといえる。「低平調」に至っては、一音節・二音節語形、ともに全く適格の実現形が重なっている。

国頭の奥(32)について、表9で見た通り、ここでも一音節名詞と二音節名詞のアクセント体系がぴったりと重なる。四類対立の一翼を担っているのは、一・二音節語形を通じてもっぱら縮約形の名詞であり、元来の一音節、二音節名詞は、それぞれに一型化と二型化に至っているのである。また、ここの二音節名詞上昇調を支えているのは、「らっきょう」のような4拍二音節語や「キーバー（牙）」のような長音化して4拍になったものである。もし、長音節の存在を認めて短音節と対等に取り扱わなければ、麦屋のアクセント体系は、三類対立ではなく二類対立に、那間の場合は四類対立ではなく三類あるいは二類対立になるところである。

以上見てきた通り、奥と那間における一音節と二音節の名詞においてアクセント体系がともに四類対立でできていることに変わりがない。音節数に応じたアクセント型の増減が見られないのである。

なお、一音節名詞および二音節名詞についてアクセント体系にいくつ対いくつの類型ができているかについては、二音節名詞アクセントについての検討を

第3章　沖縄北部方言における一音節名詞アクセントについて

済ませてから、表示することにする。

4.　一音節名詞アクセント諸例

　さて、沖縄北部および奄美方言における一音節名詞のアクセントについて、その原則的な事象と基本的に注目される語形にひとわたり触れることができたので、課題としての性格は、わかってきたと思う。ここで、両地域のいくつかの地点について、実例を並べて、参考に供することにする。これらを検討すれば、一音節名詞のアクセントが四類対立以上の構造を持っていないことが、四類対立型が相当にあることとともに、判明するのである。（表18、次ページ）

5.　二音節名詞アクセントの体系
5.1　アクセントは語形に与えられる──アクセント観──

　すでに32奥（表9、15）とY42那間（表13、17）における一音節名詞アクセント体系をそれぞれの二音節名詞の体系と対応させたように、部分的なアクセント体系も、できるだけ全体のアクセント体系の中で互いに関連をつけて見た方がよく理解できる。また、沖縄方言に限らず、アクセント体系の骨格は、二音節名詞にそのおよそが現われている。そこで、一音節名詞アクセントの背景に控えている二音節名詞の体系について、その概略を見ることにする。

　アクセント現象に現われる抑揚を、分割された拍のひとつひとつに切り離して、その高低で取り上げるのではなく、一語形に一個ずつ与えられるものとしてとらえる。アクセントは、まず第一に時間的な延長を持っている語形にまとめを与えるのが本性だと考えるからである。語形として用意されている一定の音連鎖をひとつに取りまとめるために働きかけるのに幾通りかの力の置き方があるだろう。そのような働きかけ方の相違に応じて、アクセントの掛り方には、①高平調（高）、②下降調（降）、③低平調（低）、④上昇調（昇）などの種類がある。語形の基本を二音節以上の多音節にあるとすると、アクセントの掛け方、掛り方にも、前よりかあとよりかの別もありうるだろう。また、同じように上げる・下げるといっても、現実化する高低傾斜の入りがかりと出おさめのどちらを目指していうのか、意図された高低の焦点はどちらに置かれているのかによっても相違があるであろう。これらが語形をつくっている音節数、およびその音節の長短とからみあって、各種多様なアクセントの型を実現させる。これがここで採用する力動的なアクセント観である。

45

表18 沖縄北部・奄美諸島 一音節名詞アクセント諸例

	身¹	葉²	櫓¹	豚	きょう/南⁵	棒(1)	根³	木³	巣	竿(3)
1 Igei (伊芸)	∟⁄mi:	∟⁄ha:	∧⁄du:	⌐?wa:	∟⁄su:	∧⁄bo:	∨ni:	∧⁄ki:	∧⁄su:	∧⁄so:
10 Kusigwâ (久志小)	⌐∖mi:	⌐∖Φa:	⌐∖du:	∨?wa:	∨tʃʻu:	∨bo:	∨ni:	∨kʻi:	∨su:	∨so:
22 Kawata (川田)	⌐∖mi:	⌐∖Φa:	⌐∖du:	∧?wa:	∧kʻu:_	∧bo:_	∧ni:	∧çi:	∧sʻi:	∧so:
27 Ada (安田)	⌐mi:	⌐pʻa:	∧du:	∧wa:	∧su:_	∧bo:	∨ɲi:	∨çi:	∨ʃi:	∨so:
32 Oku (奥)	⌐mi:	⌐pʻa:	⌐∖du:	∧wa:	∧tsʻu:_	∧bo:	∨ni:	∨çi:	∨ʃi:	∨so:
36 Benoki (辺野喜)	⌐mi:	⌐Φa	⌐ru:	∧gwa:_	∧su:_	∧bo:∟	∨ni:	∨çi:	∨ʃi:	∨so:
47 Okuma (奥間)	⌐mi:	⌐Φa:	⌐du:	∧wa:	∧su:∟	∧bo:∟	∧ɲi:	∧çi:	∧ʃi:	∧so:
53 Kizoka (喜如嘉)	⌐mi:	⌐Φa:	⌐du:	∧?wa:	∧su:∟	∧bo:∟	∨ni:＼	∨çi:＼	∨sʻi:＼	∨so:＼
57 Nerome (根路銘)	⌐mi:＼	⌐Φa:＼	⌐du＼	⌐wa:＼	∧kʻu:＼	∧bo:＼	∨ni:＼	∨çi:＼	∨ʃi:＼	∨so:＼
59 Sioya (塩屋)	⌐mi:＼	⌐Φa:＼	⌐ru:_	∧wa:＼	∧kʻu＼	∧bo:＼	∨ni:＼	∨çi:＼	∨su:＼	∨so:＼
71 Yohena (饒平名)	⌐mi:	⌐ha:	∨du:⌐	⌐?wa:	⌐kʻu:	⌐bo:	∨ni:⌐	∨kʻi:⌐	∨ʃi:⌐	∨so:⌐
74 Nakao (仲尾)	⌐mi:	⌐pʻa:	⌐du:	⌐?wa:	⌐k,u:	⌐bo:	∨ni:	∨kʻi:	∨ʃi:	∨so:
79 Gabusoga (我部祖河)	⌐mi:-	∧pʻa:-	∧du:-	∧?wa:∟	∧kʻu:	∧bo:	∨ni:	∨kʻi:	∨ʃi:	∨so:
84 Zerikaku (勢理客)	⌐mi:	⌐ha:	⌐ru:	∧?wa:_	∧kʻu:_	∧bo:_	∨ni:	∨kʻi:	∨ʃi:	∨so:
86 Kôri (古宇利)	⌐mi:	⌐pʻa:	⌐du:	⌐?wa:	⌐kʻu:∟	∧bo:_	∨ni:⌐	∨kʻi:⌐	∨ʃi:／	∨sʻo:／
91 Koezi (越地)	⌐∖mi:	⌐∖pa	⌐∖du:	∧?wa:	∧kʻu:	∧bo:	∨ni:	∨ki:	∨ʃi:	∨so:
96 Oyadomari (親泊)	⌐∖mi:	⌐pʻa:	⌐∖du:	∧?wa:	∧kʻu:	∧bo:	∨ni:	∨ki:	∨ʃi:	∨so:
97 Agarimae (東江前)	∧ɲi:	∧pʻa:	∧du:	∧?wa:	∧tʃʻu:	∨bo:	∨ni:	∨ki:	∨sʻi:	∨so:
101 Nakada (仲田)	⌐mi:.	⌐∖Φa:	⌐ru:	⌐?wa:	⌐kʻu:	⌐βo:	∨ni:	∨ki:	∨ʃi:	∨so:
107 Dana (田名)	⌐∖mi:	⌐∖Φa:	⌐∖du:	∧?wa:	⌐tʃʻu:	∨bo:	∨ni:	∨ki:	∨ʃi:	∨so:
109 Bise (備瀬)	⌐mi:	⌐pʻa:	⌐du:	∧?wa:	∧kʻu:	∧bo:	∨ni:	∨ki:	∨ʃi:	∨so:
117 Inoha (伊野波)	⌐∖mi:	⌐∖pʻa:	⌐∖ru:	∧?wa:	∧kʻu:	∨bo:	∨ni:	∨ki:	∨ʃi:	∨sʻo:
122 Sesoko (瀬底)	⌐mi:	⌐Φa:	⌐ru:	∧?wa:	∧kʻu:	⌐bo:	∨ni:	∨ki:	∨ʃi:	∨so:

第3章　沖縄北部方言における一音節名詞アクセントについて

	身¹	葉²	櫓¹	豚	きょう(4)/声5	棒(1)	根³	木³	巣	竿(3)
126 Yamanoha (山入端)	「mi:	「p'a:	「dui	∧?wa:∟	∧k'u∟	「bo:	∨ni:	∨ki:	∨ʃi:	∨so:
132 Agarie (東江)	「mi:	「p'a:	∧du:∟	∧?wa:∟	∧k'u:∟	∧bo:∟	∨ni:	∨ki:	∨ʃi:	∨so:
134 Sukuta (数久田)	∧mi:	∧p'a:	「dui	∧?wafia	∧k'u:	∨bo:	∨ni:	∨ki:	∨ʃi:	∨so:
137 Ahuso (安富祖)	「mi:	「Φa:	「du:	∨?wa:	∨tʃ'u:「	∨bo:	∨ni:	∨ki:	∨ʃi:	∨so:
140 Tantya (谷茶)	「mi:	「Φa:	∧du:	∧∨?wa:	∧∨tʃ'u:	「bo:	∟∨ni:	∟ki:	∧∨si:	∧∨so:
142 Naka-domari (仲泊)	∧mi:	∧Φa:∟	∧du:	∧?wa:	∧∨tʃ'u:	∧∨bo:	∧∨ni:	∧∨ki:	∧∨ʃi:	∧∨so:
158 Ike (伊計)	⌐mi:	∧Φa:	⌐du:	⌐?wa:	⌐ts'u:↘	⌐bo:	∨ni:	∨ki:	∨ʃi:	∨so:
/Syuri (首里)/	∧mi:	∧Φa:	∧ru:	L?wa:	Ltʃ'u:	Lbo:	Lni:	Lki:	Lsi:	Lso:
K 1 Wan (湾)	∨mi:	∨ha:	∨du:	∧wa:	∧su:∟	∧bo:	∨ni:	∨hĭ:	∨su:	∨so:
K 5 Sidooke (志戸桶)	∧mi:	∧p'a:	∧∨ru:	L?u∧wa:∟	∨k'ju:	∧bo:	∧∨ni:	∧∨hĭ:	∧∨su:	∧∨so:
O 8 Sani (佐仁)	∨mi	∧p'a	∨do	∧?wa	∨huɦi	——	∨nŭ:	∧hŭ:	∧sŭ:	∧so
O 9 Akakina (赤木名)	「mi:	「ha:	∧do:	∧?wa	「k'ju	——	(∟në「gu∟ɾi)	「k'ŭ:	「sŭ:	∧so:
O11 Agina (秋名)	「mi	「ha	∨do	∧?wa:	∨k'ui	∧bo:	(∟nëgu「ɾi)	「k'ŭ:	∨sŭ:	「so
O13 Kominato (小湊)	∨mi	∨ha	∨du	∧?wa:	∧k'ju:	∧bo:	(∟nigɯ「ɾi)	∨k'ĭ	∨s'i:	∨so
O14 Ookaniku (大金久)	「mi	「ha	「du	「?wa	∨k'ui	∧bo:	(∟në「guɾi)	「k'ĭ	「sŭ:	「so
U16 Uken (宇検)	「mi·	「Φa	「ru	∨?wa:	∨k'ju:	∧bo:	∨ni:	∨k'ĭ:	∨sĭ:	∨so:
S21 Syodon (諸鈍)	∧mi:	∧Φa:∟	∧ru:	∨wa:	∨k'ju:	∨bo:∟	∨ni:	∨k'ĭ:	∨sĭ:	∨so:
T23 Ketoku (花徳)	∨mi:	∨ha:	∨du:	∨?wa,·	∧k'ju:	∧bo:∟	(∟nigu∧i)	∧k'ĭ:	∧sĭ:	∧s'o:
T27 Nisi-agina (西阿木名)	∟/mi:	∟/ha:	∟/ɾu:	∨?wa:	∧k'ju·	∨∧në:	∧k'ĭ:	∧ʃi:	∧s'o:	
E35 Zerikaku (瀬利覚)	「mi:	「Φa·	「du:	∧?wa:∟	∧çu·	∧bo:∟	∨ni:	∨çi:	∨ʃi:	∨so:
E38 Sumiyosi (住吉)	「mi:	「Φa:	——	∟/?wa:	「çu:	∟/bo:	∨ni:	∨çi:	∨si:	∨so:
Y41 Mugiya (麦屋)	∧mi:⌐	∧p'a:⌐	∨du:「	∧?wa:⌐	「ʃu:	∧bo:⌐	(「nigu∟i)	∨çi:「	∨ʃi:「	∨so:「
Y42 Nama (那間)	∧mi:∟	∧p'a:∟	∧du:∟	⌐wa:	∟Φui	⌐bo:	(「nigu∧i)	∧çi:∟	∧si:∟	∧so:-

47

語形とともに実現するアクセントの多様な型を整理分析するために、拍を数えて、同じ拍数の語形をまず一括するという形で、課題を解消するのもひとつの方法であろう。しかし、それによってアクセント体系の基本的な相互関係を断ち切り、ひいては語形相互の関連性をも見逃すことになるのは避けたい。そこで、音節の長短の別がアクセントの現われ方に一定の影響を与える環境条件なのだということを認めることにしよう。

5.2　「風・冬」と「水・夏」とが対立する

　二音節名詞について、高・低・昇・降、4類のアクセントの実現がどのようになるか。（表19）

表19　Kizoka（Oogimi）の二音節名詞アクセント（その1）

高平調（[「mi:] 身）

●●¹	「ha「dʒi-	風	●●¹′	「k'u:「ri-	氷
	﹂mi「dʒi-*	水			
●◗⁶	「Φu「ju:-	冬	◗●⁶′	「k'i:「ba:-	牙
	﹂na「tʃ'i:-*	夏		﹂nuŋ「gi:-*	虹

下降調（[﹅su:﹆] きょう）

| ●○² | 「?u﹅mi- | 海 | ◗○⁷ | 「mat﹁tʃ'i- | 松 |

低平調（[∨çi:﹅] 木）

| ○●⁴ | ﹂ja「ma﹄ | 山 | ◗●⁸ | ﹂?u:「nu﹄ | 斧 |
| ○◗¹⁰ | ﹂k'u∨t'u:﹄ | 琴 | | | |

上昇調（[﹅?wa:﹅] 豚）

| ○◗⁵ | ﹂ma﹅ja: | 猫 | ◗○⁹ | ∨ma:﹂ga- | 孫 |
| | | | ◗◗⁵′ | ﹂sa:﹅ɾu:﹅ | 猿 |

　ここで星印（＊）を打った「水」「夏」「虹」の類が、なぜ低く始まるかがよくわかっていない。有声音に始まるという音韻環境から来ているとも言えないことは、「星・核・砂・爪」などもこのような語頭の低いアクセントを持っているからである。人々が高平調の語末に着目して語頭には注意を払っていないとしても、それでは、なぜそれらでは決まって低く下がって始まるのだろうか。いずれにせよ、この「水・夏」類を立てることによって、「喜如嘉」の二音節名詞アクセントは、五類対立型になるのであるが、もしこの類を高平調の

変異形として扱えるならば、四類対立型アクセントとして、一音節名詞アクセント体系とぴったり重なりあう。

5.3　低平調「山」類と上昇調「孫」類の指標

　低平調が、喜如嘉において「低高」○●という実現形を持っていることでは、その名にふさわしくないと思われる。全体としてどのような性格のアクセントかは、第一音節においてか、または前後の音節の接続の上で観察できるのが喜如嘉の場合であると、そう考えるとしても、「山」と「猫」の第一音節の低は同じではないか、「斧」の前後の音節間は高平調ではないか、などと疑問が出てくる。

　そこで、外の地点について見ると、いわゆる北部地方の大部分で「山」が[˩jaˌ/ma(:)]○◖または[˩jaˌ ma]○○▼で実現していることを知る。喜如嘉アクセントの型の対立の中に置いて見ても、低高という実現形を持つとは言え、もっとも低平調に近いものは、「山」類なのである。それが、「山」類を低平調に置く理由である。

　なお喜如嘉のアクセントで納得できない処置が残る。「猫・猿」類が音節の長短を異にするだけで、その実現形の似よりからいって同類であることは、容易に認められる。どちらも、その第一音節は低であり、第二音節でいったん高になっている。しかし、第一音節が「昇」、つまり上昇して、第二音節が低である「孫・指」類がなぜ上昇調に統一されなければならないか。

　ひとつの解釈は、こうである。「孫」では、その第一音節の上昇を見、「猫」と「猿」では、前後音節間の移行における上昇をとるわけである。これには、先にいった通り「山」類と見分けがつかないという問題が残ってしまう。そこで、これらの難関を突破するには、漠然とした印象で個々に四類対立の高・降・低・昇の各類を規定することをやめ、全体に新しい観点をとらなければならない。

6.　アクセント核の導入[5]

6.1　高い核と低い核

　一定の語形に掛けられるアクセントの焦点を「核」と呼び、それに高い核と

---

[5]　高・低のアクセント核は、日下部文夫 1959「日本語のアクセント」『言語研究』35 によるものである。アクセント核の長短音節にかかわる実現を組織立てる「アクセント核のき

低い核、2種類あるとする。アクセント核は、語形をまとめようとする力の焦点であり、動的・有機的であって、ひとつの音節の理想的実現形においては、それぞれに、高い核が下降調として、また低い核が上昇調として現われる。その際、核の本幹は主母音の所在する自立拍の上に位置する。すなわち、核の高低は入りがかりにおいて見ることができる。付属拍の上に見られる、出おさめの高低は、核の高低をそれとの対比において相対的に顕示し、表現するための尾ひれなのである。語形の延長を発話するに当たってある平均的な水準があるとすれば、高低はその水準に一定の力を加えて実現されるが、その加えられた力を除けば、もとの水準に戻ろうとする。その結果が、下降なり上昇なりとして現われると考えていいのである。

　それでは、語形の中で音節が連鎖をつくっているし、各音節には長い短いという性格があるとして、そこでアクセント核がどのように働くか。

6.2　アクセント核のきまり──「核」の姿 (実現) について──

　核は、語形ごとにひとつだけ一定の音節に置かれる。核の種類は、高・低の2種類である。

1　〈高い核〉は、長い音節では〈下降調〉、それに先立つ音節に〈高平調〉を与える。
2　〈低い核〉は、長い音節では〈上昇調〉、それに先立つ音節には〈低平調〉を与える。
3　〈核〉が短音節にあるとき、そこには〈下降調〉または〈上昇調〉の前半1拍だけが現われ、後半の1拍は次の音節に送られる。
4　下降調または上昇調の実現に続いては、自然的低調に向かう。
3′　ただし、〈核〉が語中の短音節にあり、そして短音節に続かれる場合は、その置かれた音節に〈高〉を与え、次を〈高〉としない。(つまり、各調はその短音節内に圧縮され、ずれを起こさない。)

まり」は、日下部文夫 1964「拍から音節へ──日本語におけるトネームの座とアクセント核──」『岡山大学法文学部学術紀要』21、(徳川宗賢編 1978『論集日本語研究 2、アクセント』に再録)からとったものである。

第3章　沖縄北部方言における一音節名詞アクセントについて

6.3　核のつくるアクセント──五類対立があるか──

高・低2種のアクセント核があって、それが二音節名詞のどちらかの音節に置かれているとすると、喜如嘉の場合はどうなるだろうか。（表20）

表20　Kizoka（Oogimi）の二音節名詞アクセント（その2）

高平調
●●¹　「ha「ʒi_　‿ ⌐　　　●●¹′　「k'u:「ɾi_　‿ ⌐
●◐⁶　「Φu「ju:_　‿ ⌐　　　●◐⁶′　「k'i:「ba:_　‿ ⌐

下降調
●○²　「?u⌊mi_　‿ ⌐　　　◐○⁷　「mat⌊tʃ'i_　‿ ⌐

低平調
○●⁴′　⌊mi「ʒi_　‿ ⌐　　　◐●⁸′　⌊nuŋ「gi:_　‿ ⌐
○◐¹⁰′（◐●⁴′）　⌊na「tʃ'i:_　‿ ⌐
○◐¹⁰　⌊k'u⌵t'u:⌊　‿ ⌐　　　●●⁸　⌊?u:「nu⌊　‿ ⌐

上昇調
○●⁴　⌊ja「ma⌊　‿ ⌐　　　◐○⁹　⌵?ui⌊bi_　‿ ⌐
○◐⁵　⌊ma⌵ja:⟍　‿ ⌐　　　◐●⁵′　⌊sa:⟍ɾu:⟍　‿ ⌐

表20を見ることによって、高平調というのが、実は、高い核が第二音節（末尾音節）に置かれたものに当たり、ついで下降調は高い核が第一音節（語頭音節）に、低平調は低い核が第二音節に、上昇調は低い核が第一音節に置かれたものであることがわかるのである。そこでさきに疑問となった点を振り返ってみるとしよう。

「猫（マヤー）」と「猿」は、確かに一致しているのである。「猫（マヤー）」の第一音節は短いから、「アクセント核のきまり」に従って、低い核の上昇する尾ひれは次の音節にずれて実現するが、その第二音節は長い。長いからといって、核は第一音節にあるのだから、第二音節全体にずれこむほどのことはなく、その始めだけに高が実現している。「猿」においては、原則的には、第一音節の長いことに応じて［サ「ー」ルー］となるべきところを、「猫」との類推もあろうか、核の実現形の後半が第二音節初頭まで延長してずれこんだものと解釈ができる。

また、「指」の第一音節は長いから原則通り「きまり」に従って低い核の姿がそのまま上昇調に実現しているのである。それに対して、「山」の語頭は短い音節だから核の実現形の末尾は、第二音節に送られている。もし、語末に低

い核が置かれ、そこが長いなら、それは語頭から語末へ徐々に上昇していく。それが「琴」の場合である。もし、そうした場合に語末が短い音節ならば、それが「水」の場合だが、低い核の尾ひれはさらに次の音節にずれこむ傾向を持っているというわけで、語頭から引き続いて助詞・助動詞のところまで上昇していく。

　こうして、各種の疑問点が解決したうえに、さらに、表19においては、その配置についてちゅうちょを余議なくされた「水」類についても適切な座席を見つけることができたようだ。しかし、「虹（ヌゥン「ギー）」と「夏（ナ「チー）」については、問題が残されている。

6.4　韻律格とアクセント核──やはり四類対立──

　さて、ここで改めて、表19を組み変えよう。音節の長短の組み合わせ（韻律格）と2種類の核の位置によって整理するのである。（表21）

表21　Kizoka（Oogimi）の二音節名詞アクセント（その3）

			高い核（＝ブ核）の位置		低い核（トガリ核）の位置	
			末（おさめ*）	頭（かかり*）	末（おさめ*）	頭（かかり*）
短	短	格	風・(冬)	海	水・夏	山
長	短	格	氷	松	斧	孫
短	長	格	冬		琴・(夏)	まや(猫)
長	長	格	牙		虹	猿

　　*　「おさめ」と「かかり」の代りに，それぞれモトとサキとしてもよい。

　このように、「短長（イアンブス）おさめ型」の低い（核）アクセントのところに「琴」と「夏」が重なってしまう。ここにやはり、「水・夏」類の座席についての課題を残すわけで、この類を別途に数え上げて、そのために二音節名詞に五類対立の体系を設けたくなるのは、喜如嘉方言の場合だけではない。国頭の中心地、辺土名附近一帯から西海岸を南下して、大宜味を経て、本部半島の北岸で、羽地や今帰仁の各地にまで散らばっている。

第 3 章　沖縄北部方言における一音節名詞アクセントについて

　こうした「水・夏」類の存在によって五類対立が生まれるならば、重大なことになるというわけは、先ほど来、説いてきたところによると、二音節名詞ではあろうとも、一音節名詞と同様に四類対立体系しかありえないはずだからである。つまり、ふたつしかない音節に対して、その終始のいずれに核が置かれるかで 2 類ができ、さらに高・低のいずれの核かで 2 類の別があり、結局 4 類が可能となるべきで、それ以上はありえないことになる。それに、さらに 1 類を加えることは許されないのである。こんな重大な問題を残しながら、大勢は四類対立を超えないのも事実であり、「水」と「山」また「琴」と「夏」とが衝突するように見えるのは、文法的小詞との接続の仕方に相違がありながらであることにひとまずなぐさめを見出すべきであろうか。

　いやそれよりも「夏」類の末尾音節の長いことは、本質的なものではなく、あるいは比較的近年に長くなる傾向を見せ始めたものであろうか。「夏」類のように末尾に長音節を持つ語彙は、季節に関するものであって、それ以外にはあまりないのである。このような、時に関する語彙が副詞的に文法的小詞を付けずに単独で用いられることが多いのはよく知られている。それが物の名である「水」類の語彙の末尾との間に差異を生むことは想像しやすいはずである。そこで、いま発達の過程にある「夏」類語末のヒキ音は、まだ「琴」類を襲うほどでもなく、「水」類アクセントの変異形にとどまっているとするのである。

　表 19 でも 20 でも、あらかじめそれだけの記入はしておいたが、喜如嘉方言における「水・夏」類の課題がこうして解消されるならば、ここの二音節名詞アクセント体系は、原則を超えることなく、①高平調（末に高い核）、②下降調（頭に高い核）、③低平調（末に低い核）、④上昇調（頭に低い核）の四類対立型ということになる。ちなみに、喜如嘉方言における一音節名詞アクセント体系は、やはり、四類対立型であって、二音節名詞と全く重なり合うのである。つまりそれは、音節数とは関係なく、一貫して語形の終始を目当てとしてアクセントを置くことであり、したがって一音節名詞を表 20 に加え、その第一列に置くことを意味している。（表 22）

表 22　Kizoka（Oogimi）の一音節名詞アクセント体系

①高 平 調	②下　降　調	③低 平 調	④上　昇　調
＼身「mi:	＼─豚 ∧?wa:	─ノ木 ﹀çi:﹀	ノ─きょう ﹀su:﹀

53

助詞の接続する場合において下降調「豚」では、総体になだらかな下降が見られるのに対し、上昇調「きょう」では、助詞に移ると急に低くなる。それは、「きょう」すなわち[suː]の語末の高がそれだけ際立っているからである。

6.5 「水・夏」類の配置例 [6]

なお、「水・夏」類は、いろいろな動きを見せるが、そのすべてをここで取り扱うつもりはない。ただこの類の取り扱いに難関があった地点について、二、三の例を挙げて、その実情を紹介しておこう。(表23)

表23 「水・夏・虹」と「風・冬・氷・牙」

41 Ura(Kunigami)のアクセント体系	
──\ 身 「miː⌐	\──豚 ∧ʔwaː\
⌣⌐ 風 「ha「ʒi⌐	⌣⌐ { 海 「ʔuＬmi⌐ / 空 「suＬɾa⌐
─⌐ 氷 「k'uː「ri⌐	⌣⌐
⌣⌐ 冬 「Φu「juː⌐	⌣⌐
─⌐ 牙 「tʃ'iː「baː⌐	─⌐
──／ 木 Ｖçiː\	／── きょう ∧suːＬ
⌣⌐ { 山 ＬjaＶma「 / 夜 ＬjuＬɾu「	⌣─ { 水 Ｌmi「ʒi\ / 夏 Ｌna「tʃ'i\
─⌐ { 指 Ｖʔui∧bi⌐ / 孫 Ｖʔmaː∧ga⌐	⌣⌐
⌣⌐ 琴 Ｌk'ụＶt'uː⌐	⌣─ 猫 Ｌma∧jaː\
─⌐	⌣─ { 猿 Ｌsa∧ɾuː\ / 虹 Ｌnuɲ∧ʒiN\

42ニシンバ，43上島，44兼久はこれに準じている。

---

[6] 「水・夏」類アクセント(沖縄北部における)の特殊なありかたについては、日下部文夫 1968「沖縄北部方言アクセント調査語彙について──「水」と「氷」──」『言語研究』52 が二音節名詞のアクセントについて概説しているのだが、その中で第3章第1節 (p.40) から第3章第6節 (p.43) にわたって詳しく述べている。

第３章　沖縄北部方言における一音節名詞アクセントについて

　ここで「水」は、短短かかり型の低いアクセントとした。この扱いに問題が
あったのは「夏」が同席して、そこにいるからである。「夏」と対語の「冬」
がここでは高い核を持っているが、その「冬」の場合に語末をひいて長音に
なっているのが自然であるとすると、「夏」の方がどうして窮屈に語末を縮め
て「水」と同席しているのか。

　短長かかり型の低いアクセントを持つ語には、すでに「猫」などがあって安
易な合体を許さなかったものだろう。こうした衝突の結果「夏」は「水」と別
行動をとるに至らなかったと納得される。

　また、46 鏡地や 47 奥間で「水・夏」が同じ短短格ながら、おさめ型に納
まっている。そのわけは、さきに 41 宇良でおさめ型にあった「山・夜」類が
ここではかかり型に移っているので、それとの衝突を避けて、空席になったお
さめ型に落ちついたのだろう。

　羽地の 79 我部祖河や今帰仁の 84 勢理客では、そうした動きがおさめから
かかりへという核の移動ではなく、韻律の格の方の移動を見せている。「山・
夜」類が短短格から短長格へと移動し、そのあとに残された短短格に「水・
夏」が納まる。しかし、また今帰仁の 91 越地になると、「山・夜」の配置は
それとして、「水・夏」類の末尾に助詞が低く付くので、かかり型としないわ
けにはいかない。

　「水・夏」類と「山・夜」類との配置は互いに関連しあっているのである。

　いずれにせよ、あるいは四類を超えて五類対立を余儀なく認めざるを得ない
かと思わせた「水・夏」類のアクセントだが、結局は高・降・低・昇、4 類の
うち、とくに低・昇のいずれかにその席が用意されていることがわかった。

　二音節名詞のアクセント体系が、高・降・低・昇の範囲内で選択されること
は、このように確かなのである。

7.　まとめ

7.1　アクセント体系に音節数は関わりがない

　振り返ってみると、一音節名詞アクセントは、最大限 4 類あり、それは二音
節名詞アクセントの反映なのである。また、アクセントは、語形の総体に働き
かけるものである。一音節語にも語頭と語末とはあるのであるし、長音として
実現するのがほとんどであり、それに助詞へのずれを加えれば、なおさらのこ
と、ある持続する延長があるのだから、アクセント核の比重を前後に移す余裕

55

も十分にあるわけである。

　アクセントの核は、高・低の二通りしかないことになった。とはいえ、二音節名詞の場合を基本として考えれば、そこでは、韻律格が③短短、⑤長短、ⓒ短長、ⓓ長長の四通り考えられ、アクセント型が①高、②降、③低、④昇の4類あって、その結果、現われるのは、16種類の抑揚の様態である。そして、この様態は16種類を超えるはずはなく、実際には、多くて12種類ぐらいに終わっている。

　これまでいくつかの例をあげて、アクセントの四類型が韻律格の上にいかに実現するかを示してきたが、そこではもっとも妥当な形式が見られたとは限らない。ここで、16の可能な抑揚について、そのもっとも妥当と考えられる実現形式を示しておこう。（表24）

表24　アクセント実現形式の典型

	①高　平　調	②下　降　調	③低　平　調	④上　昇　調
ⓐ短 短 格	‿‿ ⎰⎰	‿‿	‿‿	‿‿
ⓑ長 短 格	‿‿	‿‿	‿‿	‿‿
ⓒ短 長 格	‿‿	‿‿	‿‿	‿‿
ⓓ長 長 格	‿‿	‿‿	‿‿	‿‿

　例えば、［﹏mi「ʒi￣］は［﹏○∨○「］にもっとも近く、［﹏ma:「ga﹍］や［﹏sa:∧ru:﹎］は［∨●○○﹏］や［∨●○○①﹎］にもっとも似通っているので、それぞれ短短むすび型、長短かかり型、長長かかり型の低いアクセントに分類されたのである。

　なお、低平調は、高平調が実際に助詞まで平らに実現することが多いのに対して、ほとんどが傾斜を持っている。もっとも首里那覇方言や与論の那間方言では実際に低平に実現する。上昇調は、その典型について見ても、その終始のいずれも低で実現して中高である。昇降調すなわちcircumflex曲折調としてもよいところであるが、とらないのは、その姿をかかりに置かれた低い核の上昇、すなわち上向きの勢力の生んだ結果と考えるからである。

　さて、一音節名詞アクセントにおけるもっとも妥当な実現形式は、どうなる

第 3 章　沖縄北部方言における一音節名詞アクセントについて

か。（表 25）

表 25　一音節アクセント実現形式の典型

①高平調	②下降調	③低平調	④上昇調

　実際には、高平調は助詞に至るまで平らに高く続き、低平調は助詞に至るまえにすでに上昇の傾斜を持って［∨◑「］となるのが普通である。いずれにせよ、音節の組みあわせを考える必要がない一音節名詞では、抑揚の様態がこの 4 種類を出て 5 種類以上になることはないはずである。しかし、なお、助詞の付き方によってそれぞれに［「◐＼］や［∨◑￣］のような変異形も現われることがある。その一方で、音節が短く実現する笠利（奄美）の佐仁方言のような場合には、実現形式も型式も 2 種類しかないことになる。

7.2　一音節名詞と二音節名詞のアクセント体系の組みあわせ

　アクセント体系は、四類型の範囲内で対立がつくられ、一音節でも、二音節でも、すべての語形について適用される。ところで、沖縄北部方言で、一音節名詞アクセント体系と二音節名詞アクセント体系とで、類型の対立がどんな組み合わせになっているだろうか。ここにそのあらましを表示することにする。（表 26）

57

表26　沖縄北部方言におけるアクセント形式の数
——一音節名詞対二音節名詞——

A 不均衡型	a）順	2/4	10　久志小(久志)，97　東江前(伊江)，107　田名(伊平屋)，142　仲泊(恩納)など。
		2/3	137　安富祖(恩納)など。
		3/4	26　安波，33　辺戸，44　兼久(以上，国頭)，84　勢理客，91 越地，96　親泊(以上，今帰仁)，101　仲田(伊是名)，109　備 瀬(上本部)，117　伊野波，122　瀬底(以上，本部)，126　山 入端(屋部)，132　東江(名護)など。
	b）逆	4/2	1　伊芸(金武)など。
		4/3	86　古宇利(今帰仁)，134　数久田(名護)，158　伊計(与那城) など。
B 均衡型		3/3	22　川田(東)，57　根路銘(大宜味)，71　饒平名(屋我地)，74 仲尾(羽地)など。
		4/4	27　安田，32　奥，36　辺野喜，41　宇良，42　ニシンバ，43 上島，46　鏡地，47　奥間(以上，国頭)，53　喜如嘉，59　塩 屋(以上大宜味)，79　我部祖河(羽地)，140　谷茶(恩納)など。

　これで見ると、一音節名詞に三類型、二音節名詞に四類型アクセント体系という場合と一音節名詞にも二音節名詞にも四類型アクセント体系という組みあわせの場合が多い。

　いわゆる一型アクセントの体系はない。

　では、奄美ではどうであろうか。（表27）

第3章　沖縄北部方言における一音節名詞アクセントについて

表27　奄美諸島方言におけるアクセント形式の数
──一音節名詞対二音節名詞──

A 不均衡型	a）順	1/2	O14　大金久(大和)など。
		2/3	K 1　湾(喜界)など。
		2/4	O 8　佐仁(笠利)など。
		3/4	T27　西阿木名(徳之島)など。
	b）逆	4/3	E35　瀬利覚(沖永良部)など。
B 均衡型		2/2	O13　小湊(名護)など。
		3/3	K 5　志戸桶(喜界)，O11　秋名(笠利)，U16　宇検(宇検)，S21　諸 鈍(加計呂麻)，E38　住 吉(沖永良部)，Y41　麦屋(与論)など。
		4/4	U17　湯湾(宇検)，T23　花徳(徳之島)，Y42　那間(与論)など。

　奄美諸島アクセントには、いわゆる一型アクセントもある。およそ一音節と二音節の名詞を通じて三類型というアクセント体系である。また、四類型で一貫しているアクセント体系もある。

　以上沖縄北部と奄美を通じて、次のように言える。アクセント体系が完全に近く保たれているのは、沖縄北部でも国頭から大宜味にかけての地帯である。また、一音節語と二音節語とで類型をともにする均衡型が比較的多い。

7.3　わかったこと

　ここではアクセントを担った個別の語形の由来を追って、歴史的系譜を論じることはせず、もっぱらアクセント体系の揃い方を取り扱った。そこでわかったことの基本をまとめておくことにする。

（1）　音節にアクセント核が置かれること。さらに進んで、語形のかかりとおさめのいずれかに核が振り分けられることでアクセントの型式が変ること。

（2）　高・低2種のアクセント核があるとして説明ができること。

（3）　アクセント型式は4類に尽きること。それが、高平調、下降調、低平調、上昇調であること。

（4）　語形の音節数にはかかわりなく、アクセント体系が4類以内の型式で

59

できていること。

(5) したがって、一音節名詞と二音節名詞のアクセントの型式がその数を変えず、一貫している場合も多く見られること。

合わせて、歴史的な知見も付け加えられた。

(6) すでに知られていることだが、アクセント比較語彙において、第一類、第二類のように、かつての類別の間で対立を失って統一されてきていることが確かめられる。

(7) 失われた対立によって、空席となるべき型式は、後発の漢語系語形や縮約語形が補って、その座席をふさぐ傾向がある。それによって、アクセント体系自体は、修復されている例が相当に多いこと。

7.4 中世のアクセントについて

高・低のアクセント核と長短の音節を嚙み合わせて沖縄北部方言のアクセント現象を体系化した。このような観点を、すでに知られている平安朝院政期のアクセントに適用することもできる。（表28）

表28 平安朝院政期京都アクセント

―＼ 実¹ 「○	＼― 葉² ┠◐	―ノ 木³ Ｌ◐*	ノ― 歯 レ●**
﹏ 風¹ 「●●	夏² ●○	山³ ○○	海⁴ ○●
（鷺¹） ○◐	虹⁷ ◐○	蛇⁸ ◐●	腓⁹ ●○
水⁶ ●◐			夜⁵ ○●
	（牙²） ◐◑		（猿⁵） ●◐

* 「木」類は，レ◑（ＬＯ「▼）ともなる。

** 「歯」類ハ◐ （レ◑Ｌ▽）と並んで，というより，むしろ「木」類と並んで，「巣」類レ◑「▽がある。それで，「実」類にも「◑「▽と並んで「◑Ｌ▽となる場合がある。

沖縄北部の国頭、大宜味を中心とする方言におけるアクセントのありかたは、平安朝院政期の京都アクセントを目のあたりにするものである。しかし、その体系を支えている語彙的内容は、変容と移動をしたあげくのものである。つまり、ここに現われている状況は、動きを含んだものであり、隣接する地域の方言に見るアクセントのありかたと引き合わせれば、その動きの過程が浮かびあがってくるのである。

第 3 章　沖縄北部方言における一音節名詞アクセントについて

本論文は、文部省の科学研究助成によって筆者が行った「沖縄北部方言アクセント調査」（昭和 37、38 年）と筆者が個人的に行なった「奄美諸島方言アクセント調査」（昭和 41 年）の成果を利用して書かれた。調査当時、発音提供者をはじめ、現地の公私の各方面から戴いたご協力に対し感謝の意を表する。

第4章
東京語の音節構成

0. はじめに
0.1

　「ヒ」「シ」の区別のある東京方言では、その音節がどのように組み立てられているか？　そのアクセントをのけて、音韻のありかたも考えていきながら、音節が日本語でだけ全く別種の形式を取るものではないことを明らかにしたい。音節と拍（モーラ）とさらに音韻の単位とは必ずしも一致しないし、その音節の構成は思いのほか複雑なものなこともわかってくるだろう。

　ここでは、音節の意味を説くことはやめ、調音の谷から谷、あるいはキコエの谷から谷までという程度の理解を土台として、その構成の内容を解くことにする。それから自然にその本質が明らかになるように期待する。

0.2

　拍（モーラ）を音節と呼ぶ習慣は、従来国語学界一般に成立しているといってよい。その実例は多いので、ここであらためて指摘しない。

　その一方では、日本語の音韻論について先達をつとめる人たちの間で拍あるいは拍の意味での音節を音韻の最小単位と認めようとする主張が近年多くなっている。例えば、亀井孝1956「「音韻」の概念は日本語に有用なりや」『国文学攷』15、でもそのような主張が精緻に展開されているが、そのほか、金田一春彦、浜田敦、前田正人などの人人によって同じような主張がされている。そのような主張を一貫して進めていくと、促音（ツメ）・撥音（ハネ）も音韻論的に母音の一種になる、いいかえればそれらに一音節としての資格を与えるということになる。それも自然なことだと思われる。しかし、そのような立場に

63

わたくしは疑問を持たないわけにはいかない。その疑問が解けるかどうか、ア
ルファベットを背景とした音節と、それを支える音韻体系を実際に組み立てて
みることにしよう。

0.3

　従来アルファベットの、または単音に基礎を置いた音韻論を日本語に適用す
るに当たっても、カナの束縛をのがれきってはいないのじゃないかと思われ
る。いわゆる音節、つまり拍に切り出すということは、そこにすでに強くカナ
という単位と五十音図に凝り固まった過去のカナ音韻論の成果が背後にちらつ
いているといっていい。

　音声学的で自然な音節で切り出せる単位が拍よりも弱い位置に置かれるよう
なことは、拍をあまりに重く認めすぎる。日常の会話で長短の別が不確かにな
りやすいことや、方言の中にはひとつの自然な音節はすべてひとつの拍となる
ものがあるといわれていることなどからみて、音節を基本にしなければならな
いことは明らかだ。現実に発音できる最小単位は音節だということはじゅうぶ
んに尊重しなければなるまい。わたしたちがアルファベットで示してその背後
に認めようとする音の各項は、拍を荷なうひとつの座を占めるより先に、音節
の中のひとつひとつの座を占めるために準備されている音体系の、そのひとつ
ひとつの目に当たっている。その音の項は、座によってその座なりの制限を受
け、そのために質も数も違っているが、逆にその違いをそれぞれの違った座と
のかかわりから起こるものだとすることによって捨て去ることができるわけ
だ。そのようにして還元された音の項どうしの間には見かけ以上の統一も期待
できる。拍に切り出すことは、その統一への接ぎ手を断ち切ることになる。

1.　音節のありかた
1.1

　わたくしが平板式アクセントの語の末に核を認めるに当たって[1]、体言の
末にツメ音に相当するモーラを加えることにしたが、これを京都アクセントを
経て全国のアクセント体系に適用するようになって[2]から用言の末にも原則

---

[1]　「アクセント核について――その位置の立て方――」国語学会中四国支部大会 (岡山、1956–XI–18)。

[2]　「アクセント核についてふたたび」国語学会研究発表会 (京都、1958–VI–1)。

第4章　東京語の音節構成

として、ツメ音相当の拍を加えることにした。次の表で見る通り、連用形とその名詞化の間ではつねに核が末に向かって移動している。用言の場合は、その核の移動現象によって始めて体言にも用意されている核の位置、いいかえればアクセントの型のセットが無駄なく有機的に利用される。だから移動を認めなければならず、そのためには、名詞化したものや連体形にだけツメ音の1拍を加えるというわけにもいかない。名詞の末にだけに1拍加えれば、形態論としては連用形のアクセント型がそのまま名詞化しても引き継がれると説明する便宜もあるのだが、音韻論の段階ではそれも認め難い。この段階では、どの活用形の末にもツメ音1拍を加えることを正当な手続き——もちろん表に見るようなアクセント観に従ってからだが——と考えないわけにはいかない。

表1　東京語の用語のアクセント

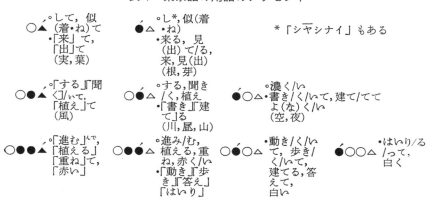

○△は低い拍，●▲は高い拍，△▲はそえのツメ音の1拍。（助詞などと入れ換わる。）′は核の所在を示す。末の方から拍を数えて核の位置を決める。「　」は連用形の名詞化、または連体形の終止形から独立しているものを示す。

1.2

こうして、語末、いいかえれば自立語一般の末にツメ音相当の1拍があるとなると、それと置き換えに助詞などが付くにしても、その母音の次には必ず子音が来ていることになって、日本語の音節が開いているとは言い切れなくなる。開音節ということは、拍のとらえ方、ひいては音節の切り出しかたにその傾向が強いということ以外に拡げて適用されてはならないと思われる。

語頭から語中へかけての音節は長いか短いかだが、多くは短かい。その短かいものをひとつで切り出して、短かく言おうとすれば、そのあとに声門のトジが伴うし、五十音や「いろは」を一字一字唱える時のように長まる傾きもある。でなければ、五十音では各行、「いろは」では七五調などでいくつかまとめて言わなければならない。言いかえれば、ひとりだちの音節として短かいものはない、語中で短かいのは次に来る音節に支えられて、つまり次の音節の子音をその音節の量を補う代用品として始めて生まれる現象だと解釈される[3]。

1.3

　このように音節は、日本語でももともと単独では2拍の量を持つべきものなのだ。また、このような観察を経るまでもなく、音節という用語がそれぞれ先立つものから切り離されたツメ音だけ、ハネ音だけ、さらにヒキ音だけに当てられるのが音声学や音韻論の慣用からもはずれていることはいうまでもない[4]。そこで、拍あるいはモーラ[5]という用語が厳密さを求めて使われるようになったが、拍が音節をはっきりさせるために考えられたこと、また拍が本来 supra-segmental(prosodic) な概念を示していることなどが忘れられて、まるで音節そのものに取り代るもののような語感を与えられ始めていると言ってはいけないだろうか？　便宜上そのような取り扱いをしたとしても、その本来の性格が忘れ去られてはいけないだろう。

　とにかく、ツメ音・ハネ音・ヒキ音さらに連母音をつくる「イ」[6]——これをツレと呼ぶ——をそれじしんでは音節を完成せず、音節の一部分を成す付属モーラ、あるいはそれらが音節末を構成しやすいことを考えてアト・モーラと呼ぶ[7]。

---

[3]　なお、6.1 を見よ。

[4]　橋本進吉 1942「国語の音節構造と母音の特性」『国語と国文学』；服部四郎 1958「日本語の音韻」『世界大百科事典』を見よ。後者によれば、日本語の音節構造には、/CV/、/CVV/、/CVɴ/、/CVQ/：/CSV/、/CSVV/、/CSVɴ/、/CSVQ/ と、ほかに /CVi/、/CVVQ/ が認められている。/Q/ はツメ。

[5]　『英語学辞典』1940 の"mora"を見よ。服部四郎 1951「音韻論と正書法」の「音節（正確には môra）」(p.140)「môra の表」(p.189, 192)に注意。また、「拍の名付け親は国語学者亀井孝氏である」（金田一春彦 1957『日本語』、p.64）。

[6]　[ɑi][oi][ɯi]などに含まれる[i]をいう。[ɑɯ][oɯ]は、二重母音、つまり連母音と認められない。

[7]　服部四郎 1955「日本語の音韻」『世界言語概説』に「モーラ音素 /N、Q/」として、ハネ

第4章　東京語の音節構成

　これらはすべてそれに先立つものがなくては現われないのが普通[8]なので、それに先立つ、それひとつで（厳密にはそうとばかりは言えないが[9]）取り出せる（ように見える）最も短い部分[10]と合わせて一音節とすることはいうまでもなかろう。

1.4

　ツメ・ハネ・ヒキについては、それらがそれぞれ分かちえないひとつの音の項[11]を成すものか、それともそれぞれの中でさらにいくつかの項に分かれるものか、またはそれらがあるものは子音で、あるものは母音なのか、それともまとまって子音性のものなのか、または母音性なのか、いろいろな考え方がある。

　海外ではハネだけをひとつにまとめ、ツメは各種の子音、ヒキは各種の母音に分けてしまうものが多い[12]。国内ではハネとツメまではひとつにまとめられるようになってきた[13]が、さらにヒキまでひとつにまとめる見解も出てきている[14]。また、内破音——母音性と外破音——子音性の別を拠り所とした

音とツメ音が立てられているのは、このような考え方を示している。柴田武 1957「奈良田方言の音韻分析」『奈良田の方言』に「自立モーラ・付属モーラ」の用語がある。

[8]　ツメ音・ヒキ音・ハネ音が、具体音声として、それぞれ[k, p, s, ʃ, t]、[a, e, i, o, u]、[m, n, ŋ]のように現われることをそのままに取りあげれば、みんなばらばらになって、その結果「付属モーラ」はつくっても、そのモーラにしか現われることのできないものとして分類することはできなくなる。その置かれる座によって、同じ[k]や[m]や[a]が異なったものとして別にされる可能性を生みだすことは、暗示するところが大きい。

[9]　4.3、5.5 を見よ。

[10]　亀井孝 1956「「音韻」の概念は日本語に有用なりや」『国文学攷』15、で子音と母音との結合が逆転できない日本語のような場合、その結合が最小の音韻的対立になる。つまり拍が音韻単位で、「子音」や「母音」は音声学の用語だと主張している。つまり、子音プラス母音で 1 拍をなしているカナ 1 字に当たるものが音韻論の単位だと述べられている。

[11]　亀井孝 1956「「音韻」の概念は日本語に有用なりや」『国文学攷』15 の注 1 (p.9) で「音項」という用語を提案している。

[12]　Jones, D. 1950, *Phoneme, its nature and use*、Cambridge、では「ン」を"ŋ"で、Bloch, B. 1950, *Studies in Colloquial Japanese IV Phonemics*、で「ン」を"n"でまとめている。

[13]　服部四郎 1954「音韻論から見た国語のアクセント」『国語研究』2 では、/ʔ/ で、服部四郎 1955「音韻論 (1)」『国語学』22、で /Q/ としてツメ音音素が設けられている。柴田武 1957「奈良田方言の音韻分析」で /T/、浜田敦 1955「語末の促音」『国語国文』でも /T/、有坂秀世 1940『音韻論』で ((T)) とある。

[14]　大分大学の糸井寛一氏はこれを"r"で示そうと言われている。柴田武 1957「奈良田方言

67

り(15)、空白性一般というマイナス項と鼻音性一般というプラス項を導き入れたり(16)して、ツメ音とハネ音の本質を母音と指摘したものもある。そうなると、付属モーラはすべて母音でできていることになって首尾一貫するわけで、そのととのった理論づけとともに注目すべき業績になっている。しかし、拍を荷なう以上は母音がなければならないとする点で、拍と音節とを同一視していることになる。

　ここでは、これらの特別な音を、それぞれひとつの子音項と認める。前節で述べたようにひとり立ちの音節が必ず末にそなわった部分を持つという見解からは当然それらを子音とする見方が出てくる。

2.　付属（あと）モーラ
2.1

　ハネ音は、次に来る音に相当する口つきで鼻がかりに言うものとしてひとつの項にまとめることができる。そして、"q"でこれを表わすことにする(17)。

　ツメ音は、次に来る音に相当する口つきでコエを立てないで、つまりイキで言うものとして、やはりひとつの項にまとめられる。さらに、次の表の通り、ハ行頭子音が次に来る音に相当する口つきで、コエを立てないで、イキで言うものだと平行的に言うことができるから、このツメ音をハ行頭子音と同じ項に締めくくることができる。だから、ツメ音の本質はハ行頭子音と変わるところがなく、その相違は音節中での座の相違から生まれていると判断する。ツメ音を"h"で表わしてよかろう。

の音韻分析」でも"R"で示されている。早く、金田一春彦1950「「五億」と「業苦」──引き音節の提唱」『国語と国文学』がある。楳垣実氏も"R"で示される。国広哲弥氏も"R"。

(15)　金田一春彦1958「はねる音・つめる音」『国語と国文学』で、内破音の本質を持続性、外破音の本質を瞬間性とし、「日本語の音素のうち、母音・はねる音・つめる音は持続音である。……他の子音は、……瞬間音」としてある。

(16)　拍を中心とする考えから出て、亀井孝1956「「音韻」の概念は日本語に有用なりや」では、「促音は母音性そのものの有無の相関におけるマイナス項」「/H/」、「撥音は、鼻音性そのものを以て、口音性の諸母音に対立するところの項」「/ə̃/」とする。

(17)　服部四郎1955「日本語の音韻」『世界言語概説下巻』の /N/ に当たる。ここでは、これらの項を表わすのに、ラテン字母で間に合わせ、しかも小文字でそろえるように考え、音声記号[ŋ]に似た字形の"q"をとった。

第4章　東京語の音節構成

表2

[-ŋŋ-]	[-mm-]	[-ɯ̃ɯ-]	[-ĩi-]	[-nn-]	([-N])
[-kk-]	[-pp-]	[-ss-]	[-ʃʃ-]	[-tt-]	([-ʔ])
[hᵉɑ(ʒ̊ɑ)]	[hᵒo(ɠ̊o)]	[Φɯ(ɰɯ)]	[çi(j̊i)]	[hee(ʒ̊e)]	

第1行と、第2行と、第3行はそれぞれハネ音と、ツメ音と、ハ行頭子音らとその次
に来る音との組み合わせの例。

　以上のハネとツメの例にならうならば、ヒキ音は先立つ音に相当する口つき
でコエで言うものとしてひとつの項にまとめられる。これを"r"で表わすこと
にする[18]。

　これはイキでいう"h"に対して、それをコエで言うもの、つまり"h"のニゴ
リ（有声音）に当たり、コエで言うことによってその環境のうち母音の方に引
きよせられて現われ、ツメ音の"h"の方はイキで言うことによって子音性の環
境に引きよせられて現われるので、こういうことからこのふたつは適応同化の
方向を逆にする結果になっていると解釈される[19]。

2.2

　次に、音節の初めにも"r"が立てられる。子音の量（つまり長さ）は、音節の
末でこそ認められるが、頭では全く認められないのが一般で、東京語でも例外
じゃない[20]。マ行やナ行の頭子音にしてもハ行頭子音にしても音節の初めで
はそのハバが母音部とひとまとめに考えた拍の中に消えている。その一方で

---

[18]　ヒキに当てるのに、糸井・柴田の両氏と同じく字母"r"をとる。ヨーロッパ大陸の国語
の綴字でrには、軟口蓋ふるえ音が用いられ、喉音に近いことや、また音節の末のそれがアイ
マイ母音化する傾向などを考慮に入れた。拍を音節として独立させたために長音の解釈に不安
を生んだことは、前田正人 1962「長音について──その音韻論的解釈──」『国語国文』によ
く現われている。そして、「……─の部分を音韻的に同じものとは見做さない。しかし、カー・
スー・ゴーなどの音全体として見れば、これらを同類の音とする意識を我々は持っている。故
にそこに一つの音韻的要素を認める」とし、「長音は二音節にまたがる音韻的単位である」と
拍（モーラ）的音節を破ることになる。そして、「長音はそれだけが単独で実現されることはな
い」と述べられた真相を"r"に結晶させることによって不安を簡単に晴らすことができると思
う。
[19]　4.1 を見よ。その性質ばかりでなく、ひいてはその位置からも同化の方向が反対に向かう
ことがわかる。なお、以上によって、「べっかんこう」は"behkaqkor"と示されることになる。
[20]　内破音は1拍を求め、外破音はそれを求めない傾向があるとも言える。

69

は、音節の末に当たるハネ音とツメ音はそれだけでひとつの拍を満たしている。

　長さの単位の上ではハバが認められないうえに、次に来る母音と口つきを等しくするハ行頭子音が母音とは違う子音としてつねに認められるのは、母音がコエで言われるのに対して、イキで言われるという相違があるからだ。もしそれがそのままコエで言われたら、母音との相違が消えてひとつながりになって判別できないことが当然考えられる。

　そこで、いわゆる母音音節の頭には、"h"とはコエで言うことでしか区別されない"r"が添わっているとすることができる。そこに声帯のある種の緊張が加わるのも事実だし、ほかの音節よりも母音が長めに響くことも認められている[21]。それに音節の構造をひといろに整えようとするならば、その初めをいきなり母音で開けっぴろげにすべきじゃないから、そのことからも見かけの母音音節の頭に"r"があることが支持される[22]。

　なお、ラ行頭子音は"l"で示すことにする[23]。

2.3

　拗音（シメリ）音節の子音は、またつねに母音の[i]を持つ五十音のイ列音節と等しくて、ほかの直音音節の頭子音とは著しく異っている。直音対拗音という名づけ方は、韻腹の前に介音が認められるかどうかによるのだろうが、これを頭子音の音質によって分けるためにカワキ（直）対シメリ（拗）としたい。そうすれば、イ列音節はほとんど直音に相当するカワキから除かれて拗音におよそ相当するシメリの方に移らなければならなくなる[24]。

　そして、シメッタ子音は時には、[ʃ]のように、カワイタ子音とは全く別の独立の単音になってしまっているものもあるが、これを体系的配列の点から見

---

[21]　服部四郎 1955「音韻論(1)」『国語学』22、96 ページ下段を見よ。[ɑkɑ]と[bɑkɑ]を比べ、前者の語頭の gradual beginning を[hɑkɑ]の[h]に対する、有声音としてもよいとし、それを声帯音音素として /ʔ/ で示すことが説いてある。

[22]　短い音節は、一般に CV-（子音プラス母音）という構造を持っているとすれば、V だけの母音音節の存在は例外になる。また母音の前後には、原則として子音があるという結論がやがて導かれる。

[23]　日本語のラ行頭子音は一般に弾き音で、[r]とは違い、むしろ[l]に近い。ゆるく破裂的な[l]ということもできるので、記号としては"l"が"r"より適当だ。

[24]　かな書きで、拗音をイ列のかなで書き始めるのも当然なことと思われる。ことに頭子音もシメルのだから。

て、カワイタ子音とワタリの項"j"の結合と見ることができる[25]ならば、イ列音節に母音音節「イ」をこめて、そのすべての子音部にもカワキ子音とワタリの項を組み合わせて置くことができる。

さて、音節「イ」は子音部が"rj-"となり、その中の"j"が先立つ"r"だけでなく、あとに続く母音もシメラセルとするならば、母音に単純で単独の"i"を認めることは体系上無駄になる。単純母音いつつの場合、拗音音節を持ちえないものがふたつ（[i]と[e]と）でき、直と拗で5対3という不釣り合いが見られる。拗音音節を持ちえないふたつのうち[i]がシメリで[e]がカワキというので、これを組み合わせて[e]のシメッタのが[i]だとすることで4対4と釣り合う。そのとき[e]の音色がカワキ母音のうちでもっとも[i]に近いものだということが条件を満たすことはいうまでもない[26]。こうして、すべての母音が例外なくシメルことになる。

表3

[ɯ] "ru"	[o] "ro"	[ɑ] "ra"	[e] "re"	——
[jɯ] "rju"	[jo] "rjo"	[jɑ] "rja"	——*	[i] "rji"

* この空席を "rji" でうめるから、[i] は "rje" となって [e] "re" と対になる。

2.4

連母音の末音をツレと呼ぶ。このツレには、いまの東京語では、[i]によるものしかない[27]。この[i]はハネ・ツメ・ヒキと同じ位置、つまり音節の末にあるものなので、同じように子音と認めて"j"で表わす。この"j"は、ほかの子音と同じく音節の頭ではハバが認められず、末で認められている。

---

[25] 服部四郎 1955「音韻論 (1)」101 ページ下段を見よ。なお"sj"を cluster とするとして、母音部にも cluster ににた働きかけがあっていいのではないか。

[26] [tʃeʔ][çeʔ]の存在が大きな障害として残される。これらが間投詞・感動詞というよりもっとなまな舌打ち・叫びだということ、それぞれ[tʃiʔ][çiːʔ]に近いことなどを考えると、そこに統一のめどもないでもなかろう。前者は、あるいは"tjerh""hjerh"（2.4 および 4.1 を見よ）かもしれない。後者は、"tjeh""hjejh"か？　とにかく、もともと前ジタ母音の[e]は、同じ前ジタの[j]によってさらにシメルことによって、音声としてはひとまとまりの前ジタ母音[i]になって現れると解する。新潟県のせまい[e]のような場合や、中舌母音の[ɨ]と結びつけられる場合に一層このひとまとまりが考えられやすい。"j"の母音部に対する cluster 類似の働きかけなのだろう。

[27] 注6を見よ。

なお、[iː]つまりイ列音節"Cje"の長音は、"Cjer"では末でシメリが取れてきて、eの音色がよみがえるだろう。しかし、その末は中心母音より狭く発音されるくらいなので、"Cjej"とする[28]。

2.5

　"h"、"r"、"j"は、母音部（V）の前にもあとにも現われて音節を構成する座のひとつを占めることが以上でわかった。例えば、"rah"「あっ」、"har"「はあ」、"haj"「はい」、"rjah"「やっ」、"rjar"「やあ」、"raj"「あい」などと示される。

　こうして、音節の中の母音はつねにひとつということになる。

3.　相関束

3.1

　形態あるいは、その音節の前後の配列、あるいは同じ座に入れ替えられる準備の中から最小の単位として切り出される各項は、子音に15、"h、k、g、r；s、z、l；t、d、n；p、b、m；j、q；" 母音に4、"u、o、a、e"になる[29]。

　これらの各項は、その無意味な地はともかくとして、いくつかの意味のある成分[30]の交差の上に成り立っている。そのひとつの成分は、ほかの音のどれかとの間に共通する相関性として、一方さらに別の音のどれかと共通しないか対立する示差性として、同時に役立っている。この成分によって各項の同定をし、それを共通にするものを頼って縦横に軸ができ、それらのタバ（相関束）ができあがる。こうして、東京語の音節の頭子音を成す各項は、表4に見るような四対の成分によって次の図のような相関束をつくる。

---

[28]　初めから[i]で言う場合のこの長音では、むしろあとの方が開く傾きもある。[iː]が地方によっては[eː]であり、また[i oi]につながることも思い合わされる。その[eː]は、"rer"とも"rej"とも解されるハバがあるのだ。[koːi]「好意」は"korrjeh"、[koi]「故意」は"korjeh"、[koi]「濃い」は"koj"（これは[koiː]"korjej"、[ko i ɯi]"korjuj"になりやすい）、[koi]「来い」は"koj"。なお、注37を見よ。

[29]　この中には、"ŋ"[ŋ]と"w"[w]がない。その理由は、4.3で見よ。[ts]（[tʃ]）に相当する項については、3.2と3.3を見よ。

[30]　「成分」は「弁別的特徴」に当たる。B. Blochの"quality"、R. Jakobsonの"distinctive feature"。有効成分のつもり。

72

第4章 東京語の音節構成

表4

		顎	口（唇）	歯	舌	
{ ス ミ (無 声)		hk	p	s	t	voiceless }
ニゴリ (有 声)		gr	bm	zl	dn	voiced }
{ ア ツ (統 一)		hkgr	pbm	—	—	grave }
ウ ス (分 割)		—	—	szl	tdn	acute }
{ フカ (奥)		hkgr	—	(szl)	—	compact }
ア サ (前)		—	pbm	—	(tdn)	diffuse }
{ ユル (弱いトジ)		h r	m	l	n	lax }
シメ (強いトジ)		kg	pb	sz	td	tense }

片かな書きは成分，括弧の中は調音の特徴，(31) 右端は R. Jakobson の用語。

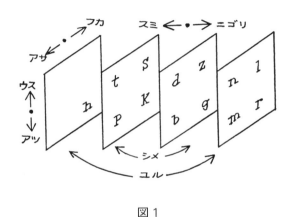

図1

3.2

東京語でもヒとシの区別をしないものになると、「ツァ」（[otottsaɴ]）「ツォ」（[gottso:]）などのツァ行音が用いられるが、もし、この頭子音[ts]を"c"の項として立てれば、それはフカ・ウス・シメ・スミの座に置くことになる。そして、"s"はそこから押し出されて、フカ・ウスの延長線上の空席ユル・スミのところに移り、"h"と肩を並べることになる。

---

(31) 成分が聴覚印象を尊重するのに対して、「調音の特徴」では、その印象の裏付けをする発音行動の生理的・解剖的特徴を示す。成分は単なる印象ではなく、調音様式・調音点などの類別で証明されなくてはならない。統一・分割とは口むろの空間についていい、奥・前とは調音点から奥へ向かっての空間の小と大とをいう。（その場合 szl 対 tdn は比較的でしか、奥と前とできないので括弧に入れた。ただし、[ʃ]と[çi]が近いことも注目されよう。[ʒi]と[gi]の間も思いの外近いようだ。）

73

さて、一般的にはなんといってもどちらもイキで言う継続音だということがこのふたつ、"s"と"h"を結びつけている。しかし、"h"が次に来る母音に同化することはほとんど完全で、その母音の構えのままイキを出せば、それが"h"に相当する音になる。それに反して、"s"はそれほどには母音との同化を起こさないので、"h"から引き離して置くこともできるだろう[(32)]。さらに、ヒトシの区別のある東京語には、「ツァ」と「ツォ」の発音が認められないとなると、その"c"の座に"s"を置き直すことも許されるかと思われる[(33)]。

　"c"あるいは"s"に相当するニゴリとしての"z"が[z]([ʒ])と[dz]([dʒ])の間を揺れ動き、それには環境の影響もあることを考え合わせると、「ツメの次」という環境で[s]([ʃ])から[ts]([tʃ])に揺れて、[mattsɯŋɯ]「真直」、[mattʃiro]「真白」や[mattʃoːʒɪki]「真正直」、[ʃittʃakɯ]または[çittʃakɯ]「七百」などと言われる、その揺れのハバも許される場合があるだろう。「ツメ」を本当に現象としてもツメ、つまり完全な無音のトジにする習慣ができあがっている場合は「ツメ」プラス"s"が[ts]([tʃ])になるのも当然じゃないだろうか。

　そのような、見方によっては"s"と一体に考えられる可能性を含んだ"c"が、一般に共通語として理解される東京語の音のなかからは抜けおちているのだから、その座を"s"で代表させることができよう。逆に考えて、[s]([ʃ])を"c"で代表させてもよいだろうが、ここでは"s"で示すことにする。これは、語頭や語中で自由に現われるのはなんといっても[s]([ʃ])の形で、[ts]([tʃ])の形ではないからだ[(34)]。

　こうして、"s"をシメ・スミのひとつの座に置き、s・zの対をp・b、t・d、k・gの列に加えたことを確めた。

3.3

　"s"と"c"とを分けない場合、[tsɯ、tʃi、tʃa、tʃo、tʃɯ]の子音[ts]と[tʃ]は、

[(32)]　その隣りの"z"も継続音のハバを持ち、"l"もトジとはいえないという点で、"s"にもともと近いものの軸の上にあるということも考えに入れたい。

[(33)]　指示代名詞の「コイツ」「アイツ」に係助詞「は」[wa]が接して、[koitsaː][aitsaː]になる場合が問題として残る。これらがつねに長い音節になっていることに注目すれば、少くも形態論の段階では解決できそうに思われる。

[(34)]　方言で"c"[ts]([tʃ])を"s"のほかに認める可能性もないではない。その時は、"h"と並べて"s"を、時にはさらに"f"[ɸ]を置き、"k、t、p"と並べて"c"を置く。ただし、6.2のような

第4章　東京語の音節構成

"t"("tj")の中に組み込まれる。

　音声として見れば、[z]([ʒ])と[dz]([dʒ])とは、[s]([ʃ])と[ts]([tʃ])との間のようなはっきりした相違がある。とすると、[z]([ʒ])に当てて"z"を立て、それとは別に[dz]([dʒ])に当てて"x"を立ててもよいように思われる。実際そうすれば、"s""c""t"を頭子音とする音節は、ちょうど"z""x""d"を頭子音とする音節と平行する。ところが、だれも"z"と別に"x"を立てようとしないのは、東京語で"z"と"x"との区別をしない、つまり体系上の要求がないからだ。こういう場合体系上の積極的な要素があるかないかは、大きな意味を持っていると思う。そして、それが区別を必要としていない時には、"s"と"c"とを分けていてさえ、それと音声的には平行する"z"と"x"とを分けないことが許される。このような体系の力は、破擦音の仲介を無視して摩擦音と破裂音の間をさえひとつに結びつけることがありえよう。現に、[β]と[b]とが"b"にまとめられるし、[χ]と[k]とがひとまとめにされる可能性もじゅうぶん考えられる[35]。このように[z]と[dz]の間で摩擦音対破擦音を弁別的特徴とするわけにはいかない。とすると、[s]と[ts]の間にだけそれを生かすわけにもいくまい。どの特徴が有効になるか？　その吟味が必要だろう。

　[t]([d])と[ts]([ds])および[s]([z])は、別系統の音と考えるが、[t]([d])から破擦音を経て[s]([z])に至る間には、音声としても、歴史的にも否定できない一本の筋に沿った三つの段階が現われている。その各段階の全体をひとつにするか、どこで切るかは体系上の要求に従うほかはない。そこで"c"をなくしたここの体系では、[ts]([tʃ])が"t"の中に取り込まれるわけだ[36]。系統

考えもある。

[35]　[abɯnai]―[aβɯnai]、[agarɯ]―[aɣarɯ]（フランスでは[ʃ、ʒ]：[k、g]だが。）

[36]　「チ」「ツ」については、服部四郎1953「国語の音韻体系と新日本式ローマ字のつづり方」『教育技術』で/ci//cu/が立てられなければならないことが詳細に説かれている。また、服部四郎1955、「音韻論(1)」『国語学』22の4・2・1項、同1956、「音韻論(2)」『国語学』26の4についても読み合わせる必要がある。それらでは、軟か音 mellow /t, d/ 対きしみ音 strident /s, z/ があり、軟か音 /t/ とは別のきしみ破擦音音素 /c/ が認められなければならないとされている。それもまた、引用されている亀山方言の[itteɴ]「一点」、[isseɴ]「一銭」、[ittseɴ]「一膳」という対立を見るともっともなことと思われる。しかし、共時的設定をどの地方のどの階層のどの時点に置くかも問題の余地があり、それが東京語のような場合、タ行頭子音とサ行頭子音との間での体系上の選択の余地も残されているように思われる。その余地の中で、選択の基準は、ほかの地域言語へのつながりを（[tsa][tse][tso]を使う方言の存在に）求めるか、または歴史的に過去あるいは未来へのひろがり（閉鎖音から摩擦音化する傾向の存在、あるい

が違うといって[ɸ]と[h]とを引き離せない場合もあるのだから。
　"t"と"d"また"s"と"z"を全く平行に扱えないのは、"s"と"c"また"z"と"x"の間を平行に扱えない以上やむをえない。

3.4
　もし、母音部に"j"を取りこむならば、その相関束は、三対の成分によってサイコロなり（六面体）になる。
　しかし、音節末の"j"と対照する音節の頭にも"j"を置くのが適当なので、"j"を子音部に送り出して、母音部は四角なりに縮められる。そして、その図式は次のように、先立っている子音部の相関束の延長上に置かれる。

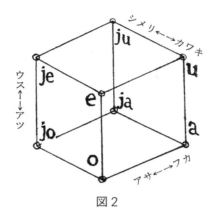

図２

表５

"u" は薄くて (acute),	深い (compact)	szl	の軸の上に,
"o" は厚くて (grave),	浅い (diffuse)	pbm	の軸の上に,
"a" は厚くて (grave),	深い (compact)	hkgr	の軸の上に,
"e" は薄くて (acute),	浅い (diffuse)	tdn	の軸の上に.

は「ディ」[di]、「ドゥ」[du]の導入・復活)を考えるかして、与えられるだろう。
「ジ・ヂ」「ズ・ヅ」については、体系として[z]([ʒ])と[dz]([dʒ])の間に区別を立てられな

4. 付属部の構成
4.1

　音節末には"j、r、q、h"の四つのどれかが添わる。この四つの項は、一般に同じ拍に入れ替わって現われるとはいえ、さらに、"hajhta" "torhta"などの例のあることから、"j"と"r"とが"h"に先立つことが知られ、同じく"hajqna" "torqna"などの例のあることから、それらが"q"にも先立つことが知られる。そして、"j"と"r"のどちらかに、"h"と"q"のどちらかが先立つことはない[37]。

　そこで、付属モーラが2拍加わることを認め、その中でも前に"j、r"の座を、あとに"q、h"の座を置く[38]。"j、r"は母音性で、"g、h"は子音性だが、これは、調音点のセバメになる方がトジになりやすいものよりその位置もその性格も母音に近いということでもあろう。そして、前の座に当たる成分をナカ (vocalic)、あとの座に当たる成分をハジ (non-vocalic) とする。

　また、"r、h"を調音の陰性なものとすれば、"j、q"は調音の陽性なものになる。これにはユル (lax) とシメ (tense) の対立を当てることができる。

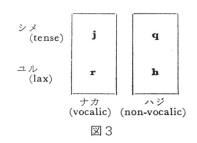

図3

　要するに、ナカ・ハジの対照とシメ・ユルの差によって音節末の項四つができる。それらは二つつながることもあり、その時はナカがハジに先立つ。

　この四つの項を一連の鎖に引き延ばすと、それらは"r、j、q、h"の順に頭子音の相関束について見られるスミ・ニゴリとシメ・ユルの配列と逆に置かれることになる[39]。そしてまた、これが実現しやすい発音の順でもある。

いから、"z"にこれらが統一されるのだ。
(37) "rorj"「多い」——"roroj"、"torj"「遠い」——"toroj"や注28の"koj"——"korjej"は一連の現象として見ることもできるが、特に前のふたつの例では、"rj"というclusterが展開される傾向と見ることもできよう。
(38) 柴田武1957「奈良田方言の音韻分析」でツレとヒキがハネとツメに先行することが付属部の構成として固定された。

4.2

さて、ナカ（vocalic）の内でヒキがツレに先立つ場合もある。呼び声や掛け声に多いが、形容詞の[oːi]「多い」、[toːi]「遠い」などもそうだ。"rorj""torj"となっている。これらは、[oi:]あるいは地方によっては[oɸ:]とか[toɸ:]とかいうことを考え合わせると、それぞれに"roroj""toroj"という形も設けられる。これは、同じナカに属する項が前後に置かれることを避ける傾向のあることを示している[40]。

一方、ハジ（non-vocalic）の内で、"raljemaseqhte"「ありませんって」、"robarsaqhko"「おばあさんっこ」のようにツメがハネに続いている場合もある。このツメは、形態論としては"htala"「ったら」、"hke"「っけ」と並んで接辞の頭にある；つまり音節の初めにある[41]。しかし、音韻論的音節は、"qh"の並らびを末として終わると見ることができ、ハネはツメに先立つ傾向があると言える。

こうしてはっきりした"r、j、q、h"の順は、その先頭を切る"r"が前隣りの母音に同化すること、それと向かい合って後尾を守る"h"があと隣りの子音に同化することと全く背中合わせなことに納得させられる。そして、その順の中間に位置している"j"が最も強固なのだろう。

4.3

"r"については、さらに特殊な問題がある。

語中の形で、次のような発音の揺れがある。

表6

「可愛い」	[kawaiː]	[kaɦaiː]	[kaːiː]
「可哀そう」	[kawaisoː]	[kaɦaisoː]	[kaːisoː]
「他愛ない」	[tawainai]	[taɦainai]	[taːinɑi]
「俵」	[tawaˑa]	[taɦara]	[taːɾa]
「回り」	[mawaɾi]	[maɦari]	[maːɾi]

---

[39]　[ampaiːa]「審判」を[ampaɴia]と誤る例などツレの「イ」を「ン」と誤って言ったり、書いたりする例が比較的多いように思われる。それは、"j"と"q"の座が近いせいもあるのじゃないだろうか？

[40]　4.1 の注 37 を見よ。

[41]　この事は、それらの接辞に添えられる形態の末にはツメがないか、またはその位置には接

第4章　東京語の音節構成

発音の記載の内、初めは正式なもの、中と終わりは俗なもの。

この正と俗とを逆にしてみれば、語中の“r”は、[wɑ]となって現われる強い傾きがあることになる。現に、「場合」[bɑwɑi]、「間合」[mɑwɑi]⁽⁴²⁾のような例が見られる。

これによって、ワ行の強変化（五段活用）動詞の未然形にだけ現われる[w]の意味が明らかになる。この変化のワ行をア行に置き換えてみると、たとえば「買う」は“karu”であり、その未然形の“kara-”のように母音“a”にはさまれた“r”が[w]となる傾向は当然として承認される。

さらに、係助詞「は」[wɑ]はよく[ɑ]とも言われる。これも助詞にとってある語に添えて用いられるのが本来だから、それが語末にあって、他の音節に先行されることを認めれば、語中の“ra”として扱うことができる⁽⁴³⁾。

これらの[w]に対する“r”（代表的には[ɦ]）の関係は、[ɸ]を“h”に（あるいは[β]を“b”に）まとめることほどに納得できるのじゃないだろうか。

また、語中の“g”は鼻がかりに[ŋ]で言われる傾きがあるとして、その[ŋ]を“g”にまとめる。“r”が“a”の間で[w]になるべき音声的必然性はない。それと同じく、“g”が語中で[ŋ]で現われる音声的必然性もない。が、それぞれ[w]や[ŋ]に体系上の必要がないことも重く見たい。以下独立の“ŋ”を必要とすると思われる例に当たってみよう。

普通名詞の「十五夜」[dʒɯːŋojɑ]が“zjurgorjah”なら、数詞の「十五」は“zjur-goh”あるいは“zjurhgoh”だろう。「十五夜」の第1音節と第2音節とは、時間的な間を置かないで結びついているが、「十五」のそれらは、いくらかの間を置いて結びついていると観察される。「明けがらす」と「色ガラス」との間にも同じ事情が観察される⁽⁴⁴⁾。

辞あるいは助詞などが入れ替わるのが一般なのに、これらのある決まった接辞にはつねにツメが先立っていることから説明される。

⁽⁴²⁾　“-je”のあとでは、[ʃɯjɑi]「試合」、[dekijɑi]「出来合」、[mijɑɯ]「見合う」のように“r”が[i]（[j]）で現われやすい。さらに、[bɑjɑi]「場合」のような例さえあるが、これもツレの[i]のせいかもしれない。こうなる型の方言では、[wɑ]が少いと言えるようだし、そこでは「ヒ」と「シ」の混同もされている。

⁽⁴³⁾　母音部が“a”でない、助詞“re”や“ro”では、このようなことを考える必要がない。

⁽⁴⁴⁾　浜田敦 1956「ガ行子音」『国語国文』；亀井孝 1956「ガ行のかな」『国語と国文学』；服部四郎 1957「音韻論（3）」『国語学』29 の「5　ガ行の子音について」を見よ。前二者は、[g]と[ŋ]をひとつにまとめ、後者は /g/ と /ŋ/ に分ける。さて、“zjurhgo”「十五」の現象は形態論的段階のものともいえる。注50を見よ。なお、このような見解は、柴田武 1958「音声――そ

79

接続詞「が」[ŋa]は語頭に現われる[ŋ]の唯一の例だが、この形態[ŋa]は、元来語中の接続助詞[ŋa]で、それとの縁が切れていないのだから、その語中という環境性を保ったままでいるのだ。とすれば、この環境性がなにによって保たれているかが問題になる。環境、つまり先行する母音性一般に目立たないで代るものはなんだろうか？　それには、ちょうど"zjurgorjah"の場合の組み合わせ"rg"が取りあげられる。"r"が先行の母音性一般を代表して、"rgah"[45]で接続詞[ŋa]を表わす[46]。

　この"rga"にならえば、語頭に[w]を持つ「輪」[wɑ]、「綿」[wɑta]などは、それぞれ"rrah""rratah"と解釈できる。「わたし」[wɑtaʃɪ]をよく[ɑtaʃɪ]と言うのなどは、先行の"r"が消えやすいからじゃないだろうか。

　このように"r"によって、音節をつくる音の座がひとつ増えることになる[47]。

5.　音節図式

5.1

　以上によって、東京語の音節構成は次のようにまとめられる。

　初めに子音部の三つの座、つまり先立ち子音の座（ツノ）と、一般的・基本的な頭子音の座（アタマ）と、シメリの座（クビ）、これまでをイリとして、母音部以下のデと向かいあわせる。次いで母音部は座がひとつ、そのあとに拍の切れ目があって、マエ・モーラとアト・モーラの境になる。そのあと、つまり末の子音部におのおの1拍ずつを要求する尾子音の座がふたつまで（コシとシッポ、それを合わせてシッポ）置かれる。

　次の音節構成の図は、それぞれの座のそれぞれに当てて、差し換えられる項をすべて含んだ相関束を組み入れたものだ。これを音節図式という[48]。

───────────────

の本質と機能」『国語教育のための国語講座2、音声の理論と教育』42、43ページにもある。「oRgarasu 大鴉、o garasu (o-garasu) おガラス」と区別してある。
[45]　この"rgah"の"-h"については6.1を見よ。
[46]　[ŋa]の発音を持たない地方の人がそれを習うにも、それを言い始めるまえに何かの音を先立たせるつもりで、つまり何か発音しかけてから言えばいいといわれている。
[47]　ツノ（"r"）は一種の文脈的要素と形態論的には見ることもできる。
[48]　5.4を見よ。これによって syllabeme が成立する。「以上の観察から得たすべての音素を、音節を作るときの位置に従って並べてみると、次のようになる。この音節は、すでに音声的な音節 (syllable) ではなく、音韻論的に解釈された音節（音韻的音節）であるが、これを、syllable に対して syllabeme（シラビーム）と呼ぶことにする。この表は、シラビームの構造を示すもの

第4章　東京語の音節構成

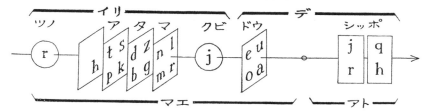

◇ ────→線上の小まる点は自立モーラと付属モーラの境を示す。そのあとは音節連結の中で欠けることがある。また、まるの中のツノとクビはないことがある。
◇ 各項は、おおよそドウを中心として、それに近いほどキコエ sonority が大きくなるように並べてある。時間軸に沿って調音の様式が、それを横切る方向（面上）に調音点が現われる。
◇ 子音項は（クビとシッポ以外に現われない"j"と、シッポ専用の"q"を含めて）15、母音項は4、計19種の項がある。

図4

5.2
　音節には必ずイリとデが備わる。イリは子音ばかりで、デは母音あるいは母音に子音を添えてできている。

ということができる。」（柴田武1957「奈良田方言の音韻分析」『奈良田の方言』、p.6）その表で省くことのできる座には、本当のゼロ項として"─"が加えてある。さて、個別の音節をこの図式を下敷きとして示した時にシラビームといい、CVのような示し方を構造式（音節の様式を示す）とし、ドウ（母音部）を中心とする前後の位置を「座」といい、座を埋ずめる音韻を（相関束のということを合わせて）「項」といいたい。なお、柴田武『音声──その本質と機能』41ページで東京語のシラビームを見ると：──アタマ 13、$z;s$、c、$h;p$、t、$k;b$、d、$g;m$、$n;r$ クビ 2、j、w ムネ 5、i、u、$o;e$、a ハラ 2、R、J シリ 2、N、Q が立てられている。また、大友信一1956「国語音韻論の問題点」『文芸研究』22、では：── Aとして 15、p、t、$k;b$、d、$g;m$、n、$ŋ;s$、c、$h;z$、r、$'$; Bに 2、w、j ; Cに 5、i、$u;e$、$o;a$; Dに 5、i、$u;e$、$o;a$; Eに 2、R、N。さらに、柴田武1959「鹿児島県揖宿郡頴娃町」『日本方言の記述的研究』国立国語研究所編『国立国語研究所報告』16 明治書院、324ページの「このシラビームがさらに拍（モーラ）に割れることがない」という指摘は、拍よりまえにシラビームの概念が基本的に認められなければならないことの現われで、初めに予期されていたも

表7

イ リ			デ	
ツノ	アタマ	クビ	ドウ	シッポ コシ・シッポ
				—
	C		V	
	C	j		C
r	C			C・C
マエ			アト	

組み合わせ：—
　　CV,　　CVC,　　CVCC
　　CjV,　　CjVC,　　CjVCC
　　rCV,　　rCVC,　　rCVCC

　イリは、ただひとつの子音か、子音と"j"とか、時に"r"とある決まった範囲の子音のひとつとかでできている。デは、母音のひとつか、母音と子音のひとつずつか、母音とふたつの子音の連なりかでできている。そこで、音節には、ひとつの子音（アタマ）と、ひとつの母音（ドウ）が必ずあるべきだ。

　音節は、また、アタマとドウを含むマエ・モーラだけでできていることもあり、マエ・モーラとアト・モーラでできていることもある。マエ・モーラだけの場合は原則としてそれに続く音節を持つ。

　表7で見る通り、組み合わせ部分は6座あり、その組み合わせは実際では"j"と"r"が押し除けあうので、9通りができあがる。これを $((r))$ [49]$C(j)V$・$(C)(C)$ とまとめて示す。

5.3

　さて、音節の総数はいくつか？

　最も簡単な構成のCV型の音節は、13（アタマ）× 4（ドウ）− 1（d × u）= 51；次にCjV型では、13（アタマ×クビ）× 4（ドウ）− 4（dj ×ドウ）= 48；rCV型には"rra"と"rga"の2しかない。以上のマエ型音節（マエ・モーラ）の小計が101 [50]。

のだ。

[49]　方言によっては $((h))$ が加わる。6.2 を見よ。二重括弧は、(j)とひとつ構造をともにしないことを示すつもりで使った。括弧はいうまでもなく省きうる座を示す。

[50]　"torjqda"の"q"はもちろん、"torjhte"の"h"も形態的な段階のものと考え、"qda"や"hte"

第4章　東京語の音節構成

これらのマエに添わるシッポは、C型に4；CC型に4（コシ×シッポ）を基本的に認め、小計8になる。

すると、音節の総数は、マエ型＋（マエ×8）で、このシッポの付くマエから"rga"を除いた方がいいので、101＋（100×8）＝901ということになるかもしれない。ところが、殊にシメッタ音節でシッポがCC型の場合、つまりCjVCCには現実の音節にならない例が多いので、結局のところ、およそ500個の音節が東京語のものになる[51]。

次に東京語のマエ型音節表（表8）を示そう。

5.4

Syllabemeという用語は、E. Polivanov[52]が用い始めたというが、ここで東京語について考えたような音節図式をsyllabemeに当てる。当の言語の音韻のひとつひとつをただ一律に並べるだけでなく、音韻体系（相関束）にしたてるのにも満足しないで、さらに音節という実現形式の中に位置づけて、その性格を浮き彫りにするために、総合的な図示方式をつくったわけだ。その中の座にひとつひとつ裏付けられた音節形式、それをsyllabemeと呼ぶ。

この図式を組み上げる間には、音のお互で築くわくの方が逆に音じしんの質、それからその数にまで影響を及ぼす。そうして、おのおのの音と形式との間が有機的に連絡でき、それらの存在が立体的に検証され、確認されることになる。

とりまとめていえば、《個別の音項の文脈となり、またすべての音項で支えられる組織体としてつくりだされた音節投影図をシラビーム（音節図式）という》ことになる。

をここに数え入れない。またCjV型の"mju"の存在は不安定だから、一応除くべきかもしれない。"bjo"なども"bjor"になってこそあるのだが、"mjur"になっても不安定だ。なお注42を思い出す。共時的記述によっても、その時点や階層などの精選が問題になると思われる。

[51]　例えば、"hjarq"「ヒャーン」、"zjujh"「ジュイッ」などというのは、擬態や擬声としても使わないし、1拍だけの"nju"や"lju"もありえない。さらに、カワキ（直音）でも、"gajq""dojh"などはない。

[52]　Polivanov, E.、Ivanov, A.、*Grammatika Sovremennogo Kitaiskogo Jazyka*、Moskva, 1930。これはまだ見ていない。

表8 東京語のマエ型音節

	-u	-o	-a	-e		-je	-ja	-jo	-ju
h-	ɸɯ	ho	ha	he	•	çi	ça	ço	çɯ
k-	kɯ	ko	ka	ke	•	k'i	k'ia	k'io	k'iɯ
g-	gɯ	go	ga	ge	•	g'i	g'ia	g'io	g'iɯ
	ŋɯ	ŋo	ŋa	ŋe	•	ŋ'i	ŋ'ia	ŋ'io	ŋ'iɯ
r-	ɯ	o	a	e	•	i	ia	io	iɯ
	—	—	wa	—	•	—	—	—	—
s- (hs-)	sɰ	so	sa	se	•	ʃ1	ʃa	ʃo	ʃɯ
	(tsɰ	tso	tsa	tse	•	tʃ1	tʃa	tʃo	tʃɯ)
z	dzɰ	dzo	dza	dze	•	dʒ1	dʒa	dʒo	dʒɯ
	zɰ	zo	za	ze	•	ʒ1	ʒa	ʒo	ʒɯ
l-	ɾɯ	ɾo	ɾa	ɾe	•	ɾ'i	ɾ'ia	ɾ'io	ɾ'iɯ
t-	tsɰ	to	ta	te	•	tʃ1	tʃa	tʃo	tʃɯ
d-	—	do	da	de	•	—	—	—	—
n-	nɯ	no	na	ne	•	ɲi	ɲa	ɲo	ɲɯ
p-	pɯ	po	pa	pe	•	p'i	p'ia	p'io	p'iɯ
b-	bɯ	bo	ba	be	•	b'i	b'ia	b'io	b'iɯ
m-	mɯ	mo	ma	me	•	m'i	m'ia	m'io	m'iɯ)

◇ このほか rra [wa] と rga [ŋa] がある。
◇ これにさらに付くシッポは:—
-r [ɯ, o, a, e, (i)]
-j [i]
-q [[N, ŋ, n, ɲ, m]
-h [ʔ, k, s, ʃ, t, p]
◇ この上に、無声化 [。] と、アクセント ′[˥] が重なる。

ここで「音項」[53] あるいは「項」というのは、このシラビームを支える単位(ひとつの継ぎ目)としての音で、あえて segmental phoneme と区別する意味

---

[53] 注11を見よ。亀井孝氏の提案に暗示を受けた。ただし、音素をただちに音項に置き換えようというつもりではない。なお、林栄一 1960「機能的に見た英語の音節構造」(日本言語学会大会、神戸、1959-X-25)『言語研究』37 で展開された Hjelmslev の音節観 (accent syntagm) とそれから initial、final、nucleus として構成素を見る行き方とは非常に興味深いものだった。

で使った。つまり、「項」は音素（phoneme）かも知れないが、segmentalじゃないのだ。音声から引き出す音韻には次のような3段階があると考える。名古屋方言の母音の取り扱いを例として添えることにしよう。

表9　名古屋方面の母音について：――

2. では、[æɪ] [œɪ] [yɪ] を、それぞれ /ai/ /oi/ /ui/ として、変母音素を立てないことができる。

この最後の動的構成音素を「項」と呼ぶといってよい。

ちなみに、東京語について、その項を音節図式から抜き出して、ばらばらにしてから、自由に相関束をつくれば、次の（図5）のようになるだろう。比較音韻には四角柱がよいが。

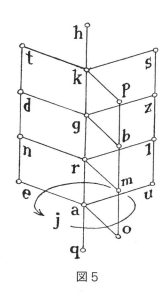

図5

5.5

　なお触れ残した点を述べよう。

　「馬」[mmɑ]、「梅」[mme]、「海」[mmi]などでは、ツノに"q"を加えて、それぞれ"qmah"、"qmeh"、"qmjeh"とすべきかも知れない。しかし、ツノが"r"ひといろのままで、"rmah"「馬」、"rmeh"「梅」、"rmjeh"「海」で差しつかえない。"r"に先立つ母音がないのだから、それを隣りあう"m"に同化して、それと同じ構えでコエで言うとなれば、[m]になるわけだ。しかも、先頭の[m]のトジは非常にゆるい場合もあるので、それも"r"と見ることを支持していると思う。[ŋŋokɯ]「動く」なども"rgoku"としてよいだろう。

　ただ問題として残るのは、これらの場合、"rrah"「輪」、"rgah"「が（接続詞）」のツノと違って、1拍のハバがあるらしいことだ。1拍分をみたすハバはないようにも聞こえるから、ここにはもっと明らかにしなければならないことがあると思う。

　なお、[ɴdɑkɑrɑ]「んだから」と[ɴnɑrɑ]「んなら」は、前の例にならって、"rdakala""rnala"とするわけにはいかない。"rnala"「んなら」では、ツノの次が鼻音なので、いいようだが、その初めの「ん」は、「んだから」の「ん」と別に解釈すべきじゃなかろう。ところが、"rdakala"ではどこにも鼻がかりが出てくるわけがないのだ。

　それに、これらの「ん」には、「馬」などの語頭の鼻音とは違って、2拍分めいたハバがある。思い合わされるのは、かなの「ン」を読み上げるのにも、やはり2拍分を必要として、母音とも子音ともつかないアイマイな音がそのまま先にさかのぼって延びていることだ。ただし、同じ構え、同じ鼻がかりながら初めと終わりの音質が違うことに注意したい。終わりは一般の尾子音のンと同様に響くのに、初めには声立ての圧の増す響きがあって頭子音的で、しかも引き続いて母音的なキコエになっている(54)。

　これらの「ん」を"rq"とすべきように思われる。このように例外的な音節もあるものなのだろう。この場合の"r"はアタマとしてのものかもしれない。とすれば、これはドウの省かれた音節として1.5拍、それに対してツノの"r-"は0.5拍ということかも知れない。

（54）　かな書きで「ウ」としたいような音に聞こえる。現にそう書いているのは、無意味ではないと思う。

86

第4章　東京語の音節構成

6.　おわりに

6.1

　音節図式を得て、東京語の音節構成を明らかにすることができたと思う。

　わかったことを次にあげておこう。

　音節が孤立すれば、2拍の量を要求する。いいかえれば、2拍以下では発音できないということになった。これがおそらく言語一般の性格なのだ。そして、母音1個を中心として、その前後に2個ずつの子音が加われる。原則として、自立語あるいは自立形式（の音節を形づくる母音項）が外に向かって開け放たれることはない。

6.2

　音節一般についてその開閉を言うとき、それは音節の切り出し方をさす。それは本質的な言い方じゃなく、音節の構成にとっては比較的な言い方でしかないだろう。

　東京語の音節も構成は決して開音節と言い切れるものじゃなく、現に多くの自立形式が閉音節で終わっているとも解釈される[55]。助詞などがその末のツメにさし替わってくれない限り、そこにツメがあるとすることによって、「輪が回る」の助詞「が」を省いて「輪回る」と言うとき、その「輪」と「回る」との間に残る1拍のハバを説明できると思う。その1拍を"-h"か"-r"かが満たしているのだが、関東では"-h"を、関西では"r"を基本として採用しているのだろう。接続助詞の「が」では"-ga"として、末が開いていてもいいが、接続詞として自立形式になると、ツノがつくばかりじゃなく、シッポが付いて、"rgah"となるので、ここにはつねに断止が聞かれるのだろう。

　この論の初めに示したように、閉音節と考えると、アクセント論も一層単純な原則で取り扱えるようになる。さらに、形態論にとっても語根を閉音節で設定することが必要なのだ。

---

[55]　あと（付属）モーラの"r、j、q"で終わっているものについてはいうまでもないが、末の"-h"は確かめにくい。でも、次に述べるような文中での断止の存在、あるいはアクセント論からその存在が支持されるだろう。一般に"gahkor""kortjor"のような語末の長母音の"-r"が助詞を添えることで省かれやすい傾向があるように、それにもまして、"-h"が助詞と入れかわりになることは考えやすいことだ。助詞を取り除けば、そのあとには、一種の断止として"-h"が現われるといえよう。

87

6.3

　なお、新潟県中部方言に[ts]を語頭に持つ場合、[tsɑN][tsɑ:tsɑ:]（ともに父の呼び名の一種）がある。これは、ほとんどこれらの例に限られるので、ツノの"r"に並べて"h"を加えれば、"hsaq"[tsɑN]として解決できる。語中の連なり"hs"が語頭で保たれることは、"rg""rr"の場合より明らかだ。さらに同じ方言には、[ɸ]がある。それを"f"で示して東京語のアタマの"p"と置き換えるならば、[p]は"hs"にならって語中・語頭とも"hf"とすることができる⁽⁵⁶⁾。ツノの設定は、こうして役に立つのだが、琉球語ではさらに有効にこのツノが利用される。

　琉球語でもツノに"h"を加えるが、そればかりじゃなく、ドウの4母音から"u"が除かれ、代りにクビとシッポに"w"が加えられると思われる。ところが、さきの新潟県中部方言で、[ɔ]と[o]の区別のあることなどを手がかりとして、ドウの4母音から"u"が除かれ、クビとシッポに"w"が加えられる。つまり音節図式の上では、このふたつの間に本質的な差違がなくなってくるわけだ。そのほか、新潟県中部方言は音節図式の解釈にとって貴重な鍵を多く持っている。

6.4

　この考察の内容は、わたくしの年来の「方言の音韻を見くらべる」しごとから出発した。その間、多くの方方の方言音韻についての労作を資料とした。しごとを進めながら養っていた音節観を、やがて柴田武氏によってシラビームという名に固定されたりしながら持ち続けていたものだ。

　たまたま広島で講演された亀井孝氏の論文を『国文学攷』15号で読んだりした前後に固まった形になったのを縁として、1958年11月23日、広島であった国語学会中四国支部大会で「音節の構成——東京語について——」として発表した。ことしになって、その発表原稿に多くの手を加え、「成分」の名を多少替え、音節図式の"s"と"t"の軸を入れ替えたが、基本的な改定はない。これを応用した音節表記の方式は⁽⁵⁷⁾、もう以前に、わたしの「口語動詞の活用の

---

(56)　ただし、"sjokuhfaq"「食パン」、"raqhfaq"「あんパン」などでツメが先立つとはいえない点に問題が残る。しかし、俗には"sjohfaq"「食パン」、"serzuhfeq"「製図ペン」のような形が行われる傾向もある。

(57)　この音節図式による表記を簡略にするには、"rr-"—"w-"、"rj-"—"j-"、"rg-"—"g-"と右

考え方」1955、「動詞本来の相について」1959 で採用しているからご参照ねがいたい。

　この考察の初期に話し相手になり、名付け親になってくれた柴田武氏、また発表の機縁をつくった亀井孝氏のおしごと、まとめるに当たって、参考資料とし、反省材料とした、服部四郎、金田一春彦、浜田敦、前田正人、大友信一の方々のおしごと、さらには R. Jakobson と M. Hall、B. Bloch などの著作、最後に記した文献の著者の方々に対して深い感謝を表わしたい。

参考文献

有坂秀世 1940『音韻論』三省堂.

橋本進吉 1942「国語の音節構造と母音の特性」『国語と国文学』19 (2) (214). 東京大学国語国文学会.

浜田敦 1949「促音と撥音上・下」『人文研究――大阪市立大学大学院文学研究科紀要――』.

Jones, Daniel 1950 *Phoneme: Its nature and use*. Cambridge: W. Heffer & Sons.

Bloch, Bernard 1950 "Studies in colloquial Japanese IV Phonemics" *Language* 26 (1).

金田一春彦 1950「「五億」と「業苦」――引き音節の提唱――」『国語と国文学』27 (1). 東京大学国語国文学会.

浜田敦 1951「長音上・下」『人文研究――大阪市立大学大学院文学研究科紀要――』2 (5)、(6).

前田正人 1953「国語における一音節の発音形式について」『人文研究――大阪市立大学大学院文学研究科紀要――』4 (6).

服部四郎 1953「国語の音韻体系と新日本式ローマ字つづり方――ローマ字革命不可論――」教育技術連盟編『教育技術』8 (4)、(5).

O'Connor, J. D. and Trim, J. C. M. 1953 "Vowel, consonant, and syllable: A phonological definition" *Word* 9.

浜田敦 1954「ハ行音の促音―― p 音の発生――」『国語学』16.

浜田敦 1954「音便――撥音便とウ音便との交渉――」『国語国文』23 (3) (235). 京都大学文学部国語学国文学研究室.

亀井孝 1954「国語の変遷と歴史」『国語学』17.

服部四郎 1955「音韻論から見た国語のアクセント」『国語研究』2.

服部四郎（市川三喜、服部四郎共編）1955『世界言語概説下巻――日本語、音韻――』研究社.

服部四郎 1955、1956、1957「音韻論 1、2、3」『国語学』22、26、29.

浜田敦 1955「語末の促音」『国語国文』24 (245). 京都大学文学部国語学国文学研究室.

浜田敦 1955「国語音韻体系に於ける長音の位置――特にオ段長音の問題――」『国語学』

に置き換える。

22.

奥村三雄 1955「撥音ンの性格——表記と音価の問題——」『国語学』23.

浜田敦 1956「音韻論的解釈」『国語学』24.

浜田敦 1956「ガ行子音」『国語国文』25. 京都大学文学部国語学国文学研究室.

高橋正郎 1956「語意強調と長音」『国語研究』5.

亀井孝 1956「「音韻」の概念は日本語に有用なりや」『国文学攷』15.

亀井孝 1956「ガ行のかな」『国語と国文学』33. 東京大学国語国文学会.

大友信一 1956「国語音韻論の問題点」『文芸研究』22.

佐藤茂 1956「日本語の長音と長音表記」『音声学会会報』90.

Miller, Roy, 小出詞子 1956「日本語子音大系について」『音声学会会報』90.

Jakobson, Roman, Halle, Morris 1956 *Fundamentals of Language*. Gravenhage: Mouton.

柴田武 1957「日本語のタテト」『音声学会会報』91.

柴田武 1957「奈良田方言の音韻分析」稲垣正幸・清水茂夫・深沢正志編『奈良田の方言』山梨民俗の会.

前田正人 1957「音素について——国語における音素の存在を疑う——」『神戸大学教育学部研究集録』14.

服部四郎、山本謙吾、ほか 1957「日本語の母音」『小林理学研究所報告』7 (1).

金田一春彦 1958「撥ねる音・つめる音」『国語と国文学』35 (6).

浜田敦 1958「丁寧な発音とぞんざいな発音」『国語国文』27. 京都大学文学部国語学国文学研究室.

服部四郎 1958「日本語、音韻」『世界大百科事典』平凡社.

柴田武 1958「音声——その本質と機能——」熊沢竜等編、西尾実、時枝誠記監修『国語教育のための国語講座第 2 巻　音声の理論と教育』朝倉書店.

林栄一 1960「機能的に見た英語の音節構造」日本言語学会大会（神戸、1959.10.25.）.

前田正人 1960「いわゆる国語の音韻体系について」『神戸大学教育学部研究集録』20.

前田正人 1961「母音音節の前のンについて」『国文論叢』8. 神戸大学文学部国語国文学会.

服部四郎 1961「アクセント素・音節構造・喉音音素」『音声の研究』9.

楳垣実 1961「バラとさくら——日英比較語学入門——」『国語学』47.

前田正人 1962「長音について——その音韻論的解釈——」『国語国文』31. 京都大学文学部国語学国文学研究室.

国広哲弥 1962「国語長母音の音韻論的解釈」『国語学』50.

第5章

現代世界の文字
──比較文字論──

1. 文字は語を表記する

　文字は、ことばに沿って文を文なりに書き表わすものでなければならない。ということは、文字はつねに語を単位として表記され、それが文脈のままに配列されることを意味する。文字が語を表記することを漢字について見ても、外来語の、麦酒（ビール）や莫大小（メリヤス）のような極端な場合を見れば、もっともよくわかるだろう。そこでは、「大小」や「麦」だけでは、メリヤスやビールという語のどの部分を表わすのか推測もしにくい。瓦斯（ガス）や襦袢（ジュバン）のような例を追加するまでもあるまい。また、バラ（薔薇）やブドウ（葡萄）やスイカ（西瓜）のような例を見てもわかることだ。突面鏡とはせず、凸面鏡と書かれるのも、明治初年の口演がいつの間にか講演に落ち付いたのも、聯合が連合と改められ、立樹より立木が通用し、片寄るより偏るが用いられるのも、すべて漢字でさえも、意義を表記するかのように言われながら、実は語ごとに表記法が決まっていることを示している。漢字だからこそそうなのだと思われるかも知れないが、アルファベットによる表記でも、語ごとの表記法を学ばなければならないことは、英語の学習で骨身にしみていない人はないはずだ。このように、文字は最終的に語を単位として文を書き表わすために用意された体系だということを念頭に置いて、世にいう表意文字、表音文字（音節文字と単音文字）の本質をとらえなおす必要がある。

2. 文字は音を伴う

　ここに、$4(2x + 15) = 84$ のような式があった場合、84 とか + とか、さらに x とかは、文字と言えるだろうか。x は、まだ便宜上、字と言えるかも知れ

91

ないが、数字や数式用記号は、意味を表わし、さらにことばに置き換えることができるけれども、文字ではない。まして、バッテンやマル、道路標識などは、文字ではない。文字は必ず、音と義の連合である一定の語を表わしていなければならない。

　漢字は、徹底した表意文字と見られ、その代表例とされている。その漢字にしても、表音の側面を持っているのは、それによって表記される語に必ず音があるからである。

　漢字の、文字としての特徴は、原則的に一字が一語（正しくは形態素）を表わせる点にある。そこで、このような一語一字の特性を持つ文字を単語文字と呼ぶ。これは、ゲルブ I. J. Gelb の言う logograph だが、彼によれば、単語文字を含む文字をすべて、表音文字 phonograph と呼べるくらいなのだ。漢字の字画のうち、たとえばツクリ（旁）がほとんど表音部、つまり音符なのを思い起こしていただきたい。これに対して、文字以前の絵文字の段階こそ、数字や交通標識と同様に、表意的で ideograph と呼ぶにふさわしい。ただ、おのずからその意義が図柄に縛られがちなことは言うまでもない。

　とはいっても、絵文字の段階は、特定の物事を忠実に写している（つまり表意している）けれども、必ずしも特定の語に縛られてはいない。このような絵文字から単語文字へ発達したが、その契機は、その記号が、特定の事物から一応引き離されて成立するところに始まった。つまり、あて字（比喩などによって、転義させて用いる転注と、ある字を同音語の写音に役立てる仮借（かしゃ）とある。）が工夫されてこそ始まったと考えられる。もし、表音を含むあて字法が工夫されなかったら、抽象語を含んだ、すべての語彙を記載することは不可能だから、言語記号が恣意を本質としているように、あて字の創意なくして、文を洩れなく書き表わす文字は完成しなかったのだ。

3.　基本的機能から見て

　文字体系の一字一字が語の外形をどのように示すかの原則を図式的に整理してみよう。

　　a　漢字（日本語）──多音節型、CVCV（C＝子音、V＝母音。以下同様。）
　　b　漢字（中国語）──単音節型、CVC

　このふたつ（a・b）は、単語文字で、意義を荷なっている語形「形態素」を単位として、それを一字で示すことを原則としている。その中には、造語要素

logoid としてしか働かないもの、一単語ごとに当てうるものの別がある。「ななに的」や「不なになに」の「的」や「不」のような接辞相当のものばかりでなく、中国語で見るように、「人口」「口才」の「口」は単独では語を構成せず、「くち」は「嘴」一字で表わされる。結果として、一語をいく字かで表わす場合もある。単語文字の各字は、character と呼ばれる。

　なお、a には音訓併読という事情が加わっている。

　　c　楔形音節文字——開閉（両音節）兼備型、CV ／ (C) VC

　　d　かな——開音節型、CV

　　e　アラブ文字——頭子音型、C　母音は無表記を原則とする。

　以上のみっつ（c・d・e）は、音節文字で、「音節」を単位として、それを一字で表わすことを原則とするが、ときに一音節を 2 字（または 3 字）に分けて表わすこともある。例えば、音節 men を、楔形音節文字 c では、me を 1 字と en を 1 字の 2 字を組み合わせて示し、かな d では、「メ」と「ン」2 字で示す。また、kya をキ (ki) とヤ (ya = ia) の組み合わせで示す例もある。これらを含め、総じて語をつづって表わすことを原則とするといえよう。

　　f　インド文字——子音分離型、C^V　つまり、子音字を立てて、母音符号を（その前後上下に）添えるもの。

　　g　朝鮮文字——音節分離型、$\frac{CV}{C}$　つまり、音節ごとにひとかたまりに方形の中にまとめるもの。

　　h　ローマ字——単語分離型、CVCCVC　単語ごとに分かち書きして、構成音を順につづることを原則とするもの。

　以上のみっつ（f・g・h）は、原則として、語はもちろん、音節であっても、字をつづってしか表わせない字母文字（いわゆる単音文字、理念的には音素文字）である。この各字は、letter（字母）と呼ばれる。

　なお、ローマ字すなわちラテン文字とキリル文字とは、どちらもギリシャ文字から派生した同類なのだが、キリル文字の方に複合子音字がよく備わり、引いては拗音子音音素に 1 字母が当てられるのに対して、ローマ字の方には原則として複合子音字を欠き、拗音子音に対して 2 字以上を必要とする点で相違している。

4.　社会的機能について

　経済的基盤が文字の体系の各段階を生み出してきた。例えば、単語文字は、

93

一定で比較的広い耕地に住み着いた農耕社会が、統一的な祭祀のもとに成立して余剰が生まれた段階で完成したし、音節文字の専用は、諸国家の間に国際社会が成立して、通商によるなんらかの利潤が生じた段階で行なわれるようになった。

　また、両河地方の粘土に硬くとがった筆で書かれたスメル文字からは、筆画が極度に分析的で単純化した楔形文字ができ、この伝統が今日のアラブ文字の字体の単純さに引き継がれている。また、比較的単純な甲骨文字から紙と毛筆によって多彩で柔軟で精細な漢字の形態ができた。粘土と硬筆は、技術的に音節文字を養い、紙と毛筆は、単語文字を保存したとも言える。

　現代では、国際社会の緊密な連繋を背景とし、国内市場の徹底的・即応的開発が進行して、巨大経営と大量高速情報産業が成立した。その路線を敷くタイプライターからコンピュータにつながる事務技術の進歩の支えに、二項対立や字母文字の体系が必然のものとなってきている。また、自動読み取りの装置に応ずるためには、その筆画に工夫がこらされる場合がある。これらのことは、すべて、経済活動の基盤にまつわる問題として提起される。

　なお、政治的な力が、短期間には、どのような文字をも社会に押しつけうると思われるが、文字体系の安定をもたらすには、経済的・文化的背景にそれ相当のものがなければなるまい。

5.　字形の識別について

　文字体系を構成する各字の識別は、語義と語音の連合している語形の体系を背景とし、筆画の特徴を把握し分ける働きとして実現する。

　各字の図形的な性格からみると、単語文字の体系の繁雑な組み方と筆画の複雑さから、混乱が起こり易く、識別が困難になることが多く、必ずしも言語本来の組織ではない独自の意味付けを筆画の上に求めなければならないことが起こってくる。音節文字、字母文字の筆画の簡明さと字形対比の確実さは、言語固有の体系に支えられて整備され、各字の識別を容易にし、語形の把握を助けている。実際の表記についてみると、各字1字よりも、語にまとまった段階の識別が問題になるのだ。その場合、単語文字の図形的な複雑さ、あるいは不合理さと習熟度に表われる不均衡は、個別的な特徴を強めることになり、他方の音節（字母）文字の明確な字形、その速習性、均衡のとれた習熟度とそれらによる普遍性に対立することになる。

第 5 章　現代世界の文字

　かつての貴族的社会や、手作業で自給経済が支えられるような段階では、漢字のような単語文字の持つ総括的識別機能が専門職にまつわって、その周辺やその中でこそよく発揮されるだろうが、現代においてみられるように、文書技術の大衆的普及を必要とし、情報の大衆による直接的操作や直接的消化を広く求められる段階では、かなやローマ字のようなつづり文字の持つ分析的識別機能がよく適合するだろう。もっとも、人間心理の実際から言えば、どちらの識別作業に当たっても、総括機能と分析機能とが相互にからみあって実現しなければならない。

6.　技術的要素として

　単語文字の常用字数が 3、4 千、開音節の音節文字で、5 母音なら 80、90 字（かなは清濁の別を 1 字に符号を加えて解決するから約 50）、字母文字では、20、30 字になることが、およそ決まっている。こういう字数の相違は、心理的・技術的負担に基本的な差を付ける。

　漢字タイプライターに平床式（1 分 30 字）、ドラム式（1 分 60 字）があるのに対して、カナやローマ字のタイプライターにタッチ（ボタン）式（1 分 300 字）があるのもそのためだ。

　電信（モールス符合）でカナ 1 字には、平均 4 打以上、アルファベット 1 字には、平均 3 打以上を必要とする。和文を送るのに、カナ 1 字に対して、ローマ字 1.6 字を使う。カナ 8,047 字に対するアルファベットで 11,884 字という実験結果が出ているから、この場合、電文を送るのにカナもアルファベットも大した変わりがない。いずれにせよ、電信や手旗などの通信法の成立には、アルファベットの存在が土台にある。今日のコンピュータの入出力も、まずアルファベットと結び付く。

　これらの装置経路の持っている条件が、人的な事務経路にも有機的に結び付いて一貫していなければなるまい。

7.　国際性について

　音節文字、特にその専用は、単語文字を一言語の写音に用いることによって成立したものだが、それをさらに国際的に用いる場合に、字母文字に、つまり子音・母音を分ける体系に発展するのが自然の結果である。ティーとかファンとかツァーとかいうかなづかいは、その一端を示している。このような国際性

95

を体系的に獲得したものが、ラテン文字（ローマ字）や朝鮮文字、インド文字である。ただし、字母の配列についてみると、インド文字は、子音字と母音字の配列が未分化または不安定であり、朝鮮文字は分化されてはいても一線上に整列されないので、その点でどちらも諸言語に対して公平になりにくいのに比べて、ラテン字母の配列法には、そのような縛られた条件がなく、特定の障害にはならない素直さがある。

　各字母の形についてみると、筆画が洗練され、よく整理されているのは、朝鮮文字もそうだが、各字母の間の差違が目立って、つづられた語形の全体としての印象を明確にする点では、ラテン文字がすぐれている。キリル文字は、筆画の整理に欠ける一方では、語形の構成に平板さが見られる。

　ラテン文字の国際性は、その出自の歴史的延長の深さと、民族的拡がりの広さとから生まれたところの字形と体系の性格に基づいて獲得されたとも言えようが、しかし、直接には、近代世界が西ヨーロッパ文明によって指導されたことによって運命的に決定されてきた。

　そして、万国郵便協定に見るように、配送を保証する上書きは、ラテン文字になっているし、一般に翻字法や転写法も断りのない限りは、ラテン文字によることになっている。国際規格機構 ISO が諸国語の翻字法をラテン文字で決定しつつあるのも、そのひとつのしるしである。

8. 地域性について

　大雑把にみて、現在の世界を、東から、①漢字圏、②インド文字圏、③アラブ文字圏、④キリル文字圏、⑤ラテン文字圏に分けることができる。そして、これらの接触する地帯に位するトルコでは、アラブ文字からラテン文字へ、インドネシアでは、インド文字→アラブ文字→ラテン文字と変わり、モンゴルでは、蒙古文字からキリル文字に移った。回教世界におけるアラブ文字の存在のほか、近年の内陸アジア（ソビエト連邦）でのキリル文字化と、その周辺地域でのラテン文字化が目立つと言えよう。

　アラブ文字圏における教養や技術が、どの程度、ヨーロッパ的なものでおさえられているかはさておき、インド文字圏は、その字体を多様に分裂させている。また、漢字圏は、朝鮮やベトナムを脱落させつつある。従って、この両者の国際性は限られたものである。

　民族性が言語を象徴とするのにくらべ、文字は、文明の所産として、諸民族

間に共有されるものであり、国際語の存在が諸民族語の自立を公平に保証するように、字母文字の体系的な国際性が諸民族語の特質を偏ることなく表現する。

9. 宗派性について

文字の体系は、文明のありかたによって定まるが、同時に、宗教的伝統によって規制される。文字が個人的習熟と社会的流通によって人々の心情や慣習と深く結び付くからでもあろう。

漢字が儒教と北伝仏教を代表して、東アジア文化圏をまとめ、キリル（ロシア）文字がギリシャ正教を、アラブ文字が回教を、インド文字がヒンズー教と南伝仏教を支えている。

どちらもラテン文字の分派でありながら、ローマン体がカトリックに用いられ、ゴシック体（ブラック・レター）をプロテスタントが守ってきたなど、字体の相違が、特に宗派や学派を忠実に差し示すことが多い。

このような宗教と文字との緊密な結び付きは、偶然であって、機能的必然ではない。文字本来の国際的性格の自然な発現を妨げるのは、宗教的執着によるものであり、今日の政治思想も同様な効果を文字体系の選択に及ぼしていると言えよう。アラブ文字と回教との関係が、キリル文字とソビエト政権との間にも成り立っている。いずれにせよ、文字が思想を決定するかのように言うのは、信仰心の生む幻だろうが、そのような形で強い団結を生むのは、言葉が民族を結集するのと似ている。

10. 人類共有の体系として

文字は、言語単位の客観的処理と、その図表的把握を許し、手軽で身近かな再生手段や保存性を備えている点で、言語に画期的な威力を加えた。口頭言語とともに歩んだ人類の長い史前期に対して、新しく歴史時代を開いた。そして、ようやく5、6千年を経た。ところが、口頭言語の保存、再生、伝達を処理する新技術が今世紀に現われたので、文字言語存立の意義が見失われるのではないかともいう。しかし、口頭言語の機能の拡大に伴って文字言語領域の拡充ももたらすのが実情である。通信や録音の機材がいかに口頭言語の領域を拡張しようと、文字言語の時間空間に対する総括的機能は、一層重要視されるだろう。やがて、世界に文盲のいなくなる21世紀から真の文字時代が始まる。

97

人類共有の文字体系は、字母文字だろう。字母の依りどころとする音韻の枠組みは、諸言語間でも自然にその幅が決まっている。母音5、6 —— u、o；i、e；ə、a　破裂音に清濁3種—— p、b；t、d；k、g　通鼻音3種—— m；n；ŋ (ng)　摩擦音清濁3種—— f、v；s、z；χ (kh)、γ (gh)　流音2種—— l、r　半母音2種—— w；j (y)　気音—— h　これが大綱である。

　インド文字の幅はもっとも広く、帯気音 (ph、bh など) の系列に破擦音あるいは拗子音の系列が備わり、通鼻音の系列が欠けることなくそろっている。朝鮮文字やキリル文字にも、破擦音または拗子音の字母が備わっている。

　ラテン文字は、制式としても字数の点でも、整備されていない。拗子音や帯気音や通鼻の表記のためには、組み字をするか、字上符を考えるか、さらに分析的な扱いを必要とする。特定の字母 (c や q や x や y) の用法からひいては新字母の追加まであるかも知れないとして、破擦音・拗音系の整備がまたれる。

第6章

日本のローマ字

1. ローマ字と日本

1.1 日本でいう「ローマ字」

「なまえは、ローマ字で書いてください。」といわれるようなことがある。ローマ字とはなにかといえば、アルファベット（すなわちABC以下Zに至る26字母）のことである。

ところで、世間で「ローマ字」ということばを実際にどのような場合に使うかというならば、アルファベットで日本語を書いたローマ字文について、その表記を指していうのがふつうであろう。この場合、文字そのものだけでなく、ローマ字書きされた語形や文が和文や欧文と対比されているのである。「横文字」という俗語が、文字ばかりでなく、アルファベットで書かれたことばまで含む響きのあるのと似ている。「英字」といったときにそのつづりや英文から字母だけが切り離されるのとは異なっている。

この文字を欧文では、ローマン・アルファベットとはめったにいわず、ふつうラテン・アルファベットという。そのラテン字母26字こそ本来のローマ字であるはずなのだが、……。

字母としてのローマ字であれ、日本語表記としてのローマ字であれ、現代社会はそれらから逃れられない。その存在には、歴史的・社会的に顕在する必要と、言語的・本質的に潜在する必然とが認められる。

1.2 社会における現状

言語の民族的性格は、時に大暴動の種となるほど強い。文字は民族の壁をこえ、諸民族の間でひとつのものが学ばれ、共用される国際性を持っている。他

99

方、一定の思想・信仰や社会制度と結ばれて、その流布・興亡をともにしてきている。漢字は漢語と結びついているというより、儒教や科挙官僚制とともに普及した。ギリシア文字（キリル文字・コプト文字）は東方キリスト教会、ラテン文字は西方キリスト教会（ローマン体がカトリック、ゴシック体がプロテスタント）と一体になってひろまった。17、18 世紀以来、ローマ字が近代主義の象徴となって、もっとも高い国際性を手に入れた。

　最初に日本にはいったローマ字は、宗教改革後のカトリック布教の一環として、近代にさきがけた活版印刷術にのってきた。明治時代のローマ字にもプロテスタントの布教活動がかかわっていた。それらの動きを通じて、近代化の潮が日本を洗ってきた。その間、商人としてのオランダとの接触から生まれた蘭学がその潮見台となっていた。

　現在、国際化したわが国の生活をみると、経済活動や技術とからんで、ラテン字母が日常の中に断片的に融けこみ、また分野によってはローマ字書きが活用されている。

　いわゆる欧文脈のものとして ABC が街頭・紙面に見られる。駅名・道路表示や、NATO、SONY などもそうだが、NHK、KDD、SEIKO、TOTO のようなものは、ローマ字で記憶され、某（なにがし）のかわりに A・B あるいは当人の頭文字（イニシャル）が用いられ、持ち物にネームがつけられ、プロ野球には ON 砲があり、なになに KK なども用いられる。字形によって、S 字形、U ターン、O 脚などの造語が通用もする。数式や計量の中でラテン字母が記号として使われる。しかるべき印刷所では欧文活字を持ち、欧文の組版にも応ずる用意がある。

　国際間では日本語のローマ字書きが避けられないことはいうまでもない。一方、韓国が日本・中国とともに漢字圏にあることが、その朝鮮文字専用・漢字廃止の試みを妨げたと思われる。その試みが成功したとき、隣国のあて名にさえローマ字書きを必要とするだろう。

1.3　字母文字としての機能

　言語の形式は、その継起的最小単位である子音・母音の連鎖によって構成されている。そして、文字の本質は継起的に展開する言語形式を追って、その配列を空間的に固定するところにある。単語文字から音節文字、さらには字母文字（かな書きでは、ティ・フィなどのように字母文字的用法がある）という文

第6章　日本のローマ字

字の発達史は、文字がその本性にしたがって言語単位を発見してきた足跡である。

　日本語は、その類型が接着語に属し、母音交替と接尾辞によって語を派生させる。固まる（*kata-maru*）とことる（汁の固くなった状態をいう *koto-ru*）とこちこち（*koti-koti*）、語る（*kata-ru*）と言（*koto*）、なだらか（*nada-raka*）とのどか（*nodo-ka*）、挟む（*pasa-mu*）と細（*poso*）などでは、k-t- や n-d- や p-s- のような子音に「形式」の基本が置かれ、交替母音で語義の派生が定められている。また、動詞の自他の交替形、枯れる―枯らす（*kar-eru* ― *kar-asu*）、上がる―上げる（*ag-aru* ― *ag-eru*）からは、子音で終わる語根が抽出され、同様に動詞の活用形、上がり―上がる―上がれ（*agar-i* ― *agar-u* ― *agar-e*）からは、語幹として *agar-* が抽出される。語形変化の説明に五十音図を必要としないことになり、現代日本語の規則動詞が強変化（子音語幹）動詞と弱変化（母音語幹）動詞のふたつに集約される。派生にしろ、活用にしろ、日本語のこのような性格は、ローマ字を媒介にして明確になる。

　かえりみれば、中国で漢字がそのままの性格でながく使われて現在に至っていることは、語形変化のない中国語の類型的性格のせいかと推察される。かなの発明は、語形変化のある日本語の抵抗のあとである。

　こうしてみると、日本語のローマ字書きは、歴史的に日本の近代化のひとつの指標であるとともに、漢字で書かれてきてそのかげに隠されてきた日本語の掘りおこされる過程でもある。

2.　ローマ字つづり方の前史

2.1　キリシタンのつづり

　ポルトガル船の漂着で鉄砲が伝来（1543（天文 12）年）し、イェズス会のシャビエルが鹿児島に上陸（1549（天文 18）年）したのは 16 世紀半ばだった。

　西ヨーロッパのローマ字の骨格は 8、9 世紀のカロリング朝にすでに完成していたが、グーテンベルクの活版印刷術の発明（1450）があって印刷文化が始まり、ゴシック体と、それに対抗するローマン体やイタリック体などができていた。新大陸発見や宗教改革があり、コペルニクスの地動説が現われ、新思潮が新技術と結びついて大きな活力が生まれていた。戦国の動乱期を経た日本とヨーロッパの出会いは、実りの多いものになるはずだった。しかし、やがて鎖国令がその発展をおしとどめることになったが、宣教の熱情にかられたパード

101

レ（伴天連）たちの日本語研究は盛んになり、イタリア人アレッサンドロ・ワリニャーニが印刷機といくたりかの職工とともに肥前加津佐にきたのが 1590（天正 18）年、16 世紀も終わりに近いころだった。これを契機にローマ字書き日本語の文献が刊行されるようになった。

　今日残る最古のローマ字日本語刊本は、使徒行伝『サントスの御作業の内抜書』2 巻 771 頁（1591（天正 19）年）である。その翌年から 1632 年までに、『どちりな・きりしたん』『ヒイデスの導師、一名信心録』『コンテムツス・ムンヂ』『しゅくゎんのマヌアル』『ビルゼン・サンタ・マリヤの貴きロザリヨの修業と同くセズスの御名のコフラヂヤに当る略の記録』『ビルゼン・サンタ・マリヤの貴きロザリヨのヂャルダンとて花園に喩ゆる経、同じくセズスのコレヂヤのレヒメントの略』『コンフェション』などが続刊された。

　こうしたキリシタン教義に関したもののほかに、天草本『平家物語』*Nifon no cotoba to Historia uo narai xiran to fossvrv fito no tameni xeva ni yavaragvetarv Feiqe no Monogatari* 1593、や『伊曾保物語』*Esopo ga Tçvcvrimonogatari no nuqigaqi, Esopo no Fabvlas. Latinuo vaxite Nippon no cuchito nasu mono nari* 1593、のような日本の読み物ができ、また、長崎本『日葡辞書』*Vocabulario da Lingoa de Japam* 1603 やロドリゲスの長崎本『日本大文典』*Arte da Lingoa de Japam* 1604-08 のような語学書が刊行された。

　これらのキリシタン文献によって本格的なローマ字表記が現われた。もっぱら宣教師の便宜のために書かれたので、そのつづり方は、ポルトガル・イスパニアの正書法を手本とする当時の日本語の転写法であった。語学書にある発音案内とともに、そのつづりが当時の音韻資料として貴重な存在になっている。たとえば、ハ行頭子音の f、「セ」の子音 x、オ列長音の開合 ǒ と ô、鼻濁音などである。

　f、ハ行頭子音、音価は無声両唇摩擦音。D・コリヤドの解説（『日本文典』*Ars Grammaticae Iaponicae Linguae* Roma, 1632）で「h のようにいう。しかし、その h は完全なものではなく、f と h の中間のもので、両唇を合わせて閉じるが、充分には閉じない。」とされている。

　x、「シ・セ・シャ・シュ・ショ」の頭子音である。「セ」の当時の音価は「シェ」。これに平行して j が「ジ・ゼ・ジャ・ジュ・ジョ」の頭子音をあらわす。なお、「ヂ」は gi、「ヅ」は zzu または dzu で、「ジ」の ji、「ズ」の zu と区別されている。「チ・ツ」は chi、tçu とされているので当時から破擦音だった。

102

第6章　日本のローマ字

ǒ、オ段開長音であり、音価は半広奥母音である。たとえば、cǒcǒ（孝行）、tentǒ（天道）、sǒtǒ（相当）、mǒsu（申す）、vxinǒ（失う）。

ô、オ段合長音、音価は半狭奥母音。たとえば、fôcô（奉公）、cāyô（肝要）、vôxe（仰せ）、vomô（思う）。

Firando（平戸）、Nangasaqui（長崎）などと書かれたように、ロドリゲスによれば、通鼻音や濁音の前では鼻母音が用いられたことが指摘されている。

音節末にtが現われる。たとえば、taixet（大切）、guedat（解脱）、fitgiǒ（必定）、fitjet（筆舌）など。これで狂言で「今日は」がコンニッタと連声をおこし、「仏恩」がブットンと読まれるわけもわかる。

つづりの上では、ポルトガルふうの読みを考え「キ・ケ」を qi, qe、「ギ・ゲ」を gui, gue としている。

拗長音については、quiǒ, guiǒ, giǒ や gueô, giô また fiǒ, biǒ, riǒ や beô, reô とつづられ、また、短音 riu（リュ）、gui（ギ）に対して長音は riv（リウ）、guy（グイ）のようにつづり分けられた。

これらのローマ字は、日本語の学習や布教の用具として宣教師に用いられ、日本の信者の間では、当時の武将（大友宗麟、細川忠興、黒田如水、黒田長政ら）の印鑑に用いられるなど、身辺の断片的な使用にとどまった。これらの表記法は、ヨーロッパでのちのちに引き継がれた。たとえば、フランスふうに変わりながらも、この表記法はレオン・パジェスの『日仏辞典』（1868）に用いられている。

2.2　オランダ式と蘭学式のつづり

ヴァン・オーヴェルメール・フィッスヘルの『日本風俗備考』（1832（天保3）年）でオランダ式つづりを見ることができる。その特徴は、まず母音について、ウ段音の母音を o, e 2字で表わすことにある。ただし、拗音節では su（シュ）、tsju（チュ）のように u 1字が用いられている。子音の表記では、ヤ行頭子音に j を用い、拗音表記にも、sjo（ショ）、zju（ジュ）のように j を活用している。

シ・スが si, soe、チ・ツが tsi, tsoe、チュ・チョが tsju, tsijo、ジ・ジュが zi, zju となっている。

ハ行頭子音は h と f で分担され、ha, fi（hi）, foe, he, ho となっている。

J・J・ホフマンの『日本語文法』（1868）は、音声学的観察が鋭く、たとえば

103

「火」が fi, hi, psi, fsi となり、「人」が fíto, hǐto, sto と発音されるといい、ジ・ズが nzi, nzu とも dzi, dzu とも発音されるといいながら、つづりは別に用意している。英文で書かれたせいか、ウ段音は u で記されている。

シ・ス・セが schi, su, sche、チ・ツが tsi, tsu または ti, tu、ジ・ズが zi, zu、ヂ・ヅが dzi, dzu、シャ・チャ・ジャ・ヂャが ša, siya・tša, tsǐya, tsya・ža, zǐya・dža, džiya, dzya、ハ行音が ha, hi, hu, he, ho と書かれている。

なお、語の表記では、フィッスヘルも、ホフマンも無声化した母音の i と u を省いている。naru → nar, yomu → yom などのほか、シ・スが s、チ・ツが ts、クが kf(← kfoe)となる。クには、気音が聞かれたものであろう。

ちなみに、蘭学者の考えたつづりは、五十音図の各段、各行にそれぞれ同一字母を配当する、五十音図式である。これは、日本人の主体的反応であるので、あとで改めてとりあげることにする。

2.3　ドイツ式つづり

E・ケンペルには、『日本見聞録』(1693 (元禄 6) 年)、『日本帝国誌』(1727 (享保 12) 年)があり、その中のローマ字つづり方は、シ・チ・ジ・ヂが ssi, si, sy・tsi, tzi・zi・dsi, dzi、ス・ツ・ズ・ヅが ssu, su・tsu, tzu・zu・dsu, dzu である、オランダ式に通ずる特徴が見られる。なお、フが fu, vu、それ以外のハ行音には、h, f, v が共用されている。

シーボルトの『日本』(1840 (天保 11) 年)では、シに si, schi, s'、セに se, sche、チに tsi, tschi、ツに tsu, tu, ts、ジに zi, szi, ji、ゼに ze, sze、ヂに dsi、ズに zu, szu、ヅに dsu が当てられ、フが fu であるほか、ハ行音には h, f が共用されている。ラ行音には r, l が共用され、ワ行音には w, v が共用されている。この特徴は、sch とか sz のようなドイツふうの用字が見られる点である。なお、両者に共通してエに je が当ててある。

2.4　フランス式つづり

レオン・パジェス『日仏辞典』では、シに chi, si、チに tchi、ジに ji、ヂに dgi、スに sou、ツに tsou、ズに zou、ヅに dzou のほか、カ行の ca, ki, cou, ke, co、ガ行の ga, ghi, gou, ghe, go、ワ行のワ oua、ヲ ouo, wo, vo などが見られる。母音表記の ou、子音の ch, tch や c, gh、拗音のニャ nha にフランスふうの特徴が見られる。拗音表記には i をつかって kia, dgia とし、シャ、チャ、ジャ、

104

ニャは cha, tcha, ja, nha である。

レオン・ド・ロニー『和仏会話対訳』（1865（慶応元）年）では、si, tsi, zi, dzi
や、soǔ, tsoǔ, zu, dzoǔ となって母音に ou を残しているほかは、オランダ式で
ある。拗音には i の代りに y を採用し syo, zyou, tsya, dzyou などのようになっ
ているのもオランダ式である。かれの『日本詞藻』（1871）は、ou を u に改め、
si, tsi, zi, dzi・sya, tsya, zya, dzya・su, tsu, zu, dzu・syo, tsyo, zyo, dzyo などと
なっている。

2.5 英語式つづり

S・R・ブラウン『口語日本語——日英会話と談話文』（1863（文久 3）年）で
は、五母音 a, i, u, e, o と、頭子音 k, ng, s, z(dz), t, d, n, h, b, p, m, y, r, w を基本
とし、シチジヂを shi, chi, ji, ji、スツズヅを sz, tsz, dz, dz としている。sh, ch,
j の用法がイギリスふうである。ウ段音における -z の用法に特徴がある。母
音字を省いて、h'to(人)、k'ta(来た)、sh'ta(した)、watak'shi(私)などと書く。
拗音は、giyosha(駅者)とか hiaku(百)とかしている。

J. C. ヘボン『和英語林集成』（上海版、1867（慶応 3）年）は、原則としては
ブラウン方式である。ただし、ガ行頭子音を ng ではなく g に改めている。shi,
chi, ji, ji・sz, tsz, dz, dz や、母音省略、h'to, ch'sha, sh'chi, f'tatsu, atskai など、
ブラウンのままである。

のちに、この辞書の横浜版（第 2 版、1872）や、W. G. アストン『日本口語文
典』（1888）では、su, tsu, dzu, dzu に改め、母音省略をしていない。ヘボンの
辞書の第 3 版で、dzu は zu と改められた。

B. H. チャンブレン『日本口語便覧』（1888）も同様だが、かれはアストンと
ともにズ zu とヅ dzu の書き分けを試みている。

英学を背景にして、ヘボンの辞書がひろく用いられたので、この系統のつづ
りは、ヘボンの名が代表する。ヘボンの辞書の第 3 版が丸善から出た（1886）
が、それにさきだって、「ローマ字」の普及をはかる結社「羅馬字会」（1885-
1892）ができて、"Rômaji Zasshi"が創刊（1885）された。一方、チャンブレン、
C. S. イビィ、外山正一、寺尾寿、神田乃武、矢田部良吉の起草した「羅馬字
にて日本語の書き方」（1885）が書き方取調べ委員 40 名の投票によって、採択
された（1885）。いわゆる「ローマ字会式」である。dzu → zu、kio → kyo など
とヘボンのつづりを改めているが、ヘボンは第 3 版でこれに従っているので、

105

またまたヘボンの名がこのつづりを代表することになった。

　明治の末年（1905）に、改めて「ローマ字ひろめ会」ができた。1908年、「ロオマ字綴り方取調委員」10名でさきの「ローマ字会式」を改めて標準的つづりと認め、評議員総会を経て、「大日本標準式ローマ字綴り方」（略して標準式）とした。ローマ字会式とは、ほとんど変るところがない。これが今日のいわゆる（修正）ヘボン式である。（表参照）

3.　ローマ字国字論とつづり方
3.1　国字論の発生

　ローマ字書き日本語（ローマ文）で必ず問われることのひとつは、つづり方の適否であり、もうひとつは、その活用法、国字論の適否である。

　キリシタンのローマ字に接した日本人は、それを宣教師の手許から、ただそのあるがままに受けいれるばかりであった。その触れあいは短かかったし、キリシタン禁制のせいもあってか、長文のローマ字書きが日本人の手で積極的に試みられるまでには到らなかった。

　その後、百数十年して、新井白石がイタリア人宣教師シローテ（G. B. シドッチ）に小石川切支丹屋敷で会うことになる。その対談備忘録『西洋紀聞』全三巻は、秘本とされていたが、その中巻にアルファベットに触れて、「其字母僅に二十余字一切の音を貫けり、文省き、義広くして、其妙天下に遺音なし。」とし、注をして、「漢の文字万有余、強識の人にあらずしては、暗記すべからず、しかれども猶声ありて字なきあり、さらばまた多しといへども尽さざる所あり、徒に其心力を費すのみ。」と述べている。

　これは、ただ対比考察であって、必ずしも「諸国用ゆる所の」ラテン字母を日本語に適用したいという主張ではなかった。しかし、当代の有識者・経世家であるとともに有数な言語学者であったかれの評言は、無視できない重みを持っている。鎖国日本の内側にローマ字に対する自主的判断のきざしが見られたのである。

　このような自覚ないし反省は、安藤昌益『統道真伝』万国巻、森島忠良『紅毛雑話』（1787（天明7）年）、本多利明『西域物語』（1798（寛政10）年）、賀茂真淵『国意考』（1806）、などに続いて現われている。鎖国で海外の情報に接しにくい中で、アルファベットを学ぶか、またはその消息に接した少数者が積極的な評価をそれに与えるようになっていたことがしられる。

106

第6章　日本のローマ字

標準ローマ字つづり表(修正ヘボン式)							
a	i	u	e	o			
ka	ki	ku	ke	ko	kya	kyu	kyo
sa	(si)	su	se	so			
sha	shi	shu	(she)	sho			
ta	(ti)	(tu)	te	to			
cha	chi	chu	che	cho			
(tsa)	(tsi)	tsu	(tse)	(tso)			
na	ni	nu	ne	no	nya	nyu	nyo
ha	hi	(hu)	he	ho	hya	hyu	hyo
(fa)	(fi)	fu	(fe)	(fo)			
ma	mi	mu	me	mo	mya	myu	myo
ya	(yi)	yu	(ye)	yo			
ra	ri	ru	re	ro	rya	ryu	ryo
wa	(wi)	(wu)	(we)	(wo)			
ga	gi	gu	ge	go	gya	gyu	gyo
za	(zi)	zu	ze	zo			
ja	ji	ju	(je)	jo			
da	(di)	(du)	de	do			
ba	bi	bu	be	bo	bya	byu	byo
pa	pi	pu	pe	po	pya	pyu	pyo
(va)	(vi)	(vu)	(ve)	(vo)			

1. 撥音ハ n デ綴ル，但シ唇音 b, m, p ノ前ノ ン ハ m デ綴ルコトハ認用サレテイル. gunkan, amma.

2. 促音ハ次ニ来ル子音ノ一字ヲカサネテ綴ル. タダシソノ字ガ c ノ場合ニハ t ヲ加エテ綴ル. kokki, itchi.

3. 長音ニハ母音ノ上ニ ^ ヲ附ケル. 古イ形デハ ー ヲツケタモノモアル.

4. 母音ト y ノ前ニ n ノ来タ場合ニハ ' 印ヲ入レル. hon'i, kon'ya.

107

単に文字の繁簡に限らず、杉田玄白は、「漢学は章を飾れる文ゆえ、その開け遅く、蘭学は実事をそのまま記せしものゆえ、取り受けはやく、開け早かりしか……」（『蘭学事始』、1815（文化 12）年）といい、大槻玄沢は「文章を飾るなど云ことなき質樸なる風俗にて実地を踏み、事の簡径なるを先きとする国俗ゆへに、常話も書籍に著すことも同様にて、別に文章の辞と云ものなし」（『蘭学階梯』、1783（天明 3）年）と述べている。本居宣長の漢文観にも通ずる。

　こうした流れは、ついに前島密、南部義籌に至っている。前島密は、建白書「漢字御廃止之議」（慶応 2（1867）年 12 月）を経て、「興国文廃漢字議」（1874）の末尾に近く「将来五洲ノ文字一ニ羅馬ノアルハベットニ帰スルノ勢アリ、故ニ今国字ヲ用フルハ直ニ羅馬字ヲ用フルニ如カズト。此論固ヨリ然リ」と述べ、漢学者、南部義籌は、「修国語論」（1869）を建白して、洋字を仮りて国語を修めることによって、日本中の人が国学を勉強せざるを得なくなり、そののちに漢・洋の学問を修めれば、根本ができ、道がひらけると主張している。

　こうした論議は、「明六社」「共存同衆」などの同人を中心に盛んになり、西周「洋字ヲ以テ国語ヲ書スルノ論」（『明六雑誌』1 号、1874）は、表記例を示している。それは、si, zi、su, tu、zu, du などの蘭学（者）式を継いでいる。南部義籌も同じ蘭学式で『土佐日記』『四書素読指掌』を書いている。

　明治初年に至るころの日本人の発想では、このような五十音図式つづりが行われたのである。

3.2　ローマ字運動の出発

　「羅馬字会」結成の気運を開いた矢田部良吉の「羅馬字ヲ以テ日本語ヲ綴ルノ説」（『東洋学芸雑誌』7・8 号、1882）の例文では、shi, chi, ji などようやく英語式の勢力の及んだことを思わせる。ついで外山正一の「羅馬字ヲ主張スル者ニ告グ」（『東洋学芸雑誌』34 号、1884）にこたえて結成された「羅馬字会」では、それが過半の勢力となったようである。そこで、「羅馬字会」がこの英語式つづりを制式に選んだのは、前章の末尾に述べた通りである。当時、蘭学系の五十音図式つづり方は、小差で退けられた。

　田中館愛橘の「（本会雑誌ヲ羅馬字ニテ発兌スルノ発議及ヒ）羅馬字用法意見」と「発音考」（『理学協会雑誌』16・17 号、1885）は、改めて蘭学系のつづり方を推奨した。五十音図の各段に a, i, u, e, o を配当し、各行にも、それぞれ k, g, s, z, t, d, n, h, b, p, m, y, r, w を配当して、同行の音は同一字母を共有して変

108

わることがない。それは、ヤ行 ya, yi, yu, ye, yo、ワ行 wa, wi, wu, we, wo にまで及んでいる。拗音もその字母に ya, yu, yo をそえて、その原則を変えることがない。なお、次の通り例が示されている。

kono heimenno Sankaku　　此の（球面では無い）平面の三角

kono Heimen no Sankaku　　（彼の平面のでない）此平面にある三角

Mozi wo atosakini kaki　　文字を逆転して書き

Mozi wo Atosaki ni kaki　　文字を後と前とに書き

　この名詞を大文字で書く方式は、田丸卓郎の「日本式羅馬字」（『東洋学芸雑誌』293 号、1906）にも引き継がれた。そこで、このつづり方が始めて日本式羅馬字と呼ばれた。

　すでに 1878 年、J. A. ユーイングの指導で蓄音機の逆まわし実験を経験していた田中館は、音の聴きとりや発し方に各国語ごとの特性があることをさとり、その見地に立って音図本位のつづり方を見直したのであった。「向ノ人カ我国へ来テ我国ノ犬猫ヲ聞テモ矢張リ<u>バウ</u>、<u>ミウ</u>ト云フ、シテ英吉利ノ猫カ我国へ来テ居ナケレバ、迂生ハ未タ其声ヲ聞シコガナケレ共向カラ舶来ノ犬ノ声ヲ聞ケバ矢張リ<u>ワ</u>ント聞ヘル」（『発音考』6、発音ノ取調方）というのは、かれの見地を劇的に表わしたものである。

　「羅馬字会」で書き方調べ直しの動議を出したが通らず、かれは同志を語らって、“Rômazi Sinsi”（『ローマ字新誌』、1886）を発行している。こうして、ローマ字運動の当初から、英語式のつづりと五十音図式のつづりとの、両者の対立拮抗が見られるのである。

3.3　ローマ字文の実践

　「羅馬字会」は、1892 年に立ち消えになった。その 10 年のち、国語調査委員会が「文字ハ音韻文字ヲ採用スルコトトシ仮名羅馬字等ノ得失ヲ調査スルコト。」にしてはじまり、1904 年には「仮名羅馬字優劣比較一覧」を出した。

　「ローマ字ひろめ会」が 1905 年にでき、機関紙“Rômaji”を出し始めた。観念的な主張を離れて、ローマ字文が書かれ、文芸的な実作も試みられるように

なった。雑誌『明星』や『早稲田文学』などにもローマ字詩などが頻繁に現われた。茅野蕭々、北原白秋、与謝野寛、平野万里、秋庭俊彦、上田敏、吉井勇、窪田空穂、島村抱月、巌谷小波、相馬御風、人見東明、中村星湖、片上天弦、秋田雨雀、服部嘉香、土岐哀果、若山牧水、前田夕暮らが活躍し、のちにローマ字書きの作句もした荻原井泉水もこのころから活動した。

　ひき続いて、石川啄木の『ローマ字日記』(1909–1912)や土岐哀果の"Nakiwarai" 1910、北原白秋の"Omoide" 1911 などが出た。

　さらに大正にはいって、田丸卓郎の"Sindô" 1912、池野成一郎の"Zikken Idengaku" 1913、桑木厳翼の"Seiyô Kinsei Tetugakusi" 1925、などが続いた。寺田寅彦の随筆、田丸卓郎の"Rikigaku" 1935、などもこの中から生まれてくる。

　こうした時代に先立つ 1900 年に、国語調査委員会設置法の公布と並んで、文部省は、「羅馬字書方調査報告」(委員 11 名)を発表した。それは一種の妥協案で、si, sya, syu, syo を認めながら、ji, ja, ju, jo を認め、チ・ツ・チャ・チュ・チョを ci, tsu, ca, cu, co とつづっている。無声化母音の省略、母音間に y、w の挿入を考慮するなど語の表記をも考慮している。つづりの短縮と読みやすさをはかっているが、実践上ほとんど意味を持たず、その後も無視された。

　さて、"Rômaji" には、各種のつづり方が並んでいたが、やがて 1908 年 5 月に、標準(修正ヘボン)式つづりに統一することになった。しかし、日本式つづり方支持者を無視できなかったので、10 月には機関紙附録 "Nipponsiki Rômazi" を発刊した。これが "Rômazi Sinbun" となり、"Rômazi Sekai" を経て、やがて日本ローマ字会 (1921 創立)の機関紙となった。

　田中館・田丸・芳賀(矢一)は、ローマ字出版機関として「日本のローマ字社」を創立(1909)した。その同人は、1912 年 4 月に "Rômazi Sekai" を持って、ローマ字ひろめ会から退くことになったのである。

　ここでその支持者たちが袂を分かったふた通りのつづり方は、形式的にはさして違わない。(1)shi, sha, shu, sho 対 si, sya, syu, syo、(2)chi, cha, chu, cho 対 ti, tya, tyu, tyo、(3)ji, ja, ju, jo 対 zi (di), zya (dya), zyu (dyu), zyo (dyo)、(4)tsu 対 tu、(5)fu 対 hu のほかは一致しているのである。しかし、両者の根底には、本質的な違いがある。つまり、転写法と正書法の対照であり、外国語に馴れた耳で日本語音を書き分けるか、日本語の音韻意識のままに書き記すか、そのいずれであるかということである。外国人研究者たちは、オランダ人をも含め

110

て、日本語習得の便宜を忘れることができなかったし、蘭学者は日本語を母語とする者として、si と syi（shi）、ti と tyi（chi）、zi と zyi（ji）、tu と tsu、hu と fu を対立させない傾きがあった。

　明治末年のローマ字ひろめ会からの日本式支持者の離脱は、両式の対立を事実上決定的にした。つづく大正・昭和初期は、ローマ字論の分立期であるが、同時にその実践運動の展開が各方面に見られた時期である。

　田丸卓郎『ローマ字国字論』（1914）、左近義弼『国字としてのローマ字』（1917）、田丸卓郎『ローマ字文の研究』（1920）、今村明恒『東京弁』（1921）、日下部重太郎『標準ローマ字文法』（1926）、菊沢季生『国字問題の研究』（1931）、平岡伴一『国語国字問題文献目録』（1932）、後藤格次『ローマ字と口語文典の新しい見方』（1932）、日下部重太郎『ローマ字の研究（『国語科学講座八』）』（1934）、斎藤秀一・永田吉太郎『東京方言集』（1935）、頼阿佐夫『国語国字問題』（1938）、福永恭助・岩倉具実『口語辞典― Hanasikotoba o hiku Zibiki』（1939）、佐伯功介『国字問題の理論』（1941）などがこの時期に出ている。

　総選挙（1930）の投票にローマ字書きが 2 万 5,000 票あらわれる状況であり、リマでローマ字書き日本語雑誌 "Nippon to Amerika"（1931）が創刊された。そうしたひろがりは、黒滝成至の国語教育運動、高倉輝の農民教育運動、生活協同組合運動、宗教界などとも結びついていった。

　研究誌 "Mozi to Gengo" 1934-38 を独力で刊行して、そこで中国のローマ字運動を紹介している斎藤秀一は、『支那語ローマ字化の理論』（1936）も翻訳して出した。やがて、国際的な活動に疑いがかけられ、逮捕されるのである。

4.　国際交流とつづり方

4.1　昭和初期――臨時ローマ字調査会――

　H. E. パーマーは、文部省に語学教育の顧問として招かれ、音声記号の普及に貢献したイギリスの音声学者である。かれは、1922 年 10 月の講演で、D. ジョーンズの名をもって「音素」の概念を紹介して、日本式のつづり方を支持した。H. E. パーマー著、宮田斉訳、市河三喜序『国語羅馬字化の原理（*The Principles of Romanization*）』（1933）には、その考え方が示されている。1922 年は、たまたま、音韻論の建設者、N. S. トルベツコイがウィーン大学教授に迎えられた年であり、その 3 年後には、アメリカ言語学会の *Language* 創刊号

111

で E. サピアが"Sound patterns in Language"を発表し、さらにその翌年秋には、プラハ言語学サークルが結成され、1930 年には、プラハで第一回国際音韻論会議、1932 年にアムステルダムで第一回国際音声学会議が開催され、いずれも音韻論が基調となっていた。

日本では、1926 年に音声学協会が発足、『音声学協会会報』（のち『音声学会会報』）が創刊され、その紙上は、三浦勝吉、佐伯功介、大岩正仲、大西雅雄、石黒魯平、神保格、有坂秀世、佐久間鼎、金田一京助、菊沢季生、安藤正次らが音韻観を述べる場となった。

小林英夫が、トルベツコイの音韻論を翻訳紹介し、田口卯三郎が「母音と子音との関係」（『科学』第 3 巻第 12 号、1933）を書き、有坂秀世が『音韻論』（1939）を書き、小幡重一が『音』（1935）を書くのである。

さて、言語音を同じアルファベットで表記しても、目的にしたがって相違がある。日常の文字表記としての「正書法（orthography）」、読めない他国の文字を書き換える「翻字法（transliteration）」、仮に音韻を示そうとする「転写法（transcription）」、発音のくわしい観察の結果を忠実に記録する「音声表記（phonetic notation）」の区別がある。音声表記は別としても、これら三者のアルファベットの取扱いは、それぞれ異なっていることを認識すべきである。

ローマ字つづり方をめぐっての論争は、国字即ち正書法としてのつづり方に関する意見の対立であった。正書法の望ましい規準についても論議があった。正書法の理想を「一音素に一字」に置くことになり、さらに、その一音素の認め方が課題となった。この課題のあることに気がついたことは、本質的な前進であった。

こうした論議が過熱する傾きがあったが、それは海外から解決を要請されたときで、そのひとつは、昭和初頭の国際地理学会議を中心とする動きである。

1927 年 10 月国際地理学会議中央局常置地名委員会が日本政府に対し、政府関係の刊行物における日本地名のローマ字つづりの不統一なことに注意を喚起して、その統一を要請した。翌年 7 月、ケンブリッジの国際地理学会議でさらに日本地名のローマ字つづり方の統一を日本政府に要請する案が提案され、可決された。それは、大正の初めから漸次、中央気象台、陸地測量部、水路部がそれぞれの部内のローマ字を日本式つづり方に統一して、地図・海図でも地名のローマ字つづりが日本式になったのに対して、委員の中にヘボン式にしてほしいという期待をもつものがあったのが契機となった。しかし、決議案から

112

第6章　日本のローマ字

は、「ヘボン式に（統一）」という表現が除かれて可決されたのである。

　この気運をとらえて、ローマ字ひろめ会は、1928年3月政府に建白して、来るべき10月の万国信号書改訂会議において、日本語表記をヘボン式に統一すべしと要請した。国際地理学会議への政府回答は、つづり方につき、まだいずれとも決めかねるとし、10月の万国信号書改訂会議では日本式つづりの採用が決まった。意に反する結果を見て、ローマ字ひろめ会からは、各省および文部省に「ローマ字綴り方の調査会」の設置が建白された。その翌年から引き続いて国際連盟知的協力委員会からも毎年各国に対してローマ字表記についての要請がなされ、臨時ローマ字調査会（文部省、1930）が発足するに至った。

　1931年7月、知的協力委員会は、各国語のローマ字表記化についての調査を知的協力国際学院に委託した。（のちに、日本、中国、インド、エジプト、トルコなど14カ国について報告書ができた。）その8月、ジュネーヴの国際言語学会では、基調報告をトルベツコイがし、席上、範例として日本式つづり方が紹介された。9月には、パリで万国地理学会があり、その第6部会で日本地名のローマ字書き方を音韻論の原理に基づいて統一されるよう日本政府にすすめる決議がなされるに至った。（翌年2月、航空評議会の「航空用語集」が日本式つづり方を採用している。）

　臨時ローマ字調査会は、第一次主査委員が、「(1)ハ行の「フ」はhuとすること。(2)拗言は子音＋y＋母音の連結である。(3)サ行、ナ行、タ行に就て、日本式の通りの表はし方がいけないと、理論的にいふ事が出来ない。(4)標準式はサ行、タ行、ナ行、カ行等の表はし方に於て、態度一貫せず。(5)撥ねる音はすべてnを以て表はす。(6)日本式綴り方は、理論的に一貫せるものと認む。」──との結論に至った。さらに、第二次主査委員で実用方面の審議を済ませ、1936年の総会で日本式の一部を修正（di, du, dya, dyu, dyo, wo, kwa, gwaを削除）したものを可とするに至り、それが翌年の内閣訓令第三号「国語ノローマ字綴リ方」として告示された。

4.2　戦後──国際社会への復帰──

　戦後、国語国字運動が復活し、ひらがな口語体憲法が実現するなかで、占領軍の指令とアメリカ教育使節団の勧奨が重なった。

　占領政策に関しては、軍の便益のため、1945年9月に発せられた連合国最高司令部指令第2号第2部第17項で、「日本語ノ英語ヘノ転記ハ修正ヘボン

113

式」によることとされたことによって、鉄道・道路などの地名表示や身分証明書の人名などが規制された。その影響が今日も残っている。

　また、アメリカの第一次教育使節団はその報告書（1946年4月）の序論につづく、第2章で言語改革をとりあげ、日本語の現在の表記法になんらかの改革が必要であることを認めて、ローマ字の採用を考慮に入れることをすすめ、その採否の判断の機会と材料を国民に与えるよう、各界を代表する委員会によって、その長期計画が立案・推進されることを期待している。文部省は、これを受けて国語審議会の活動を再編するとともに、ただちにローマ字教育協議会を置いて、ローマ字教育を推進することになった。翌1947年1月「ローマ字教育の指針」が発表され、翌月通達が出されて、新学年から小・中学校の国語科における学校単位の選択授業として始まった。

　占領軍の便宜をはかった指令第2号が、海外からみて日本語を転写する、修正ヘボン式つづりを選び、いわゆる訓令式をかえりみる余裕などなかったのは、上陸を控えて当然のことだっただろう。それに対して、教育使節団のいう言語改革は、国民のためのものだから、国語の正書法が課題である。ローマ字教育協議会で、訓令式つづりの再確認をしたのは、もちろんその見地からであった。ところが、これについて連合国司令部民間情報教育局は、国民の選択の自由を保証しておくという趣旨をもって、訓令式・修正ヘボン式・日本式の三者のうちいずれを授業するかは、学校の自由とするよう指示して、その通り実施された。この三式並行は、1948年からローマ字調査会・同調査審議会・国語審議会ローマ字調査分科審議会を経て、1954年12月9日の内閣訓令第一号で「ローマ字のつづり方の実施について」が公示され、改めてもとのいわゆる訓令式に統一されるまで続けられた。これで、国語教育で扱うローマ字つづりは一本化したが、英語教育の中や一般社会には徹底しないままである。

4.3　現在——文献資料の国際規格——

　国際標準化機構（ISO、本部ジュネーヴ）の第46専門委員会は、各種国際機構と連絡をとって文献処理の規格を調整している。1950年代から「言語の変換法」を扱う第2小委員会でローマ字表記法の規格を各国語ごとにつくり始め、キリル（ロシア）、ギリシア、ヘブライ、アラブなどが済んだ。現在、中国語、日本について懸案となっている。日本語については、1964年以来、提案されたのは修正ヘボン式つづりであった。この問題は現在進行中であり、

日本側から訓令式つづりを対案として提出して結論を待っている。

　国会図書館の索引は見出しにローマ字を用い、日本語は訓令式つづりによっている。しかし、1964年に修正ヘボン式で日本関係の文献資料を処理しているアメリカを視察してきた当時の館長から国会図書館のローマ字つづりをヘボン式に改めようとの提案があった。この提案は、翌年までかかって論議ののち、現状のままという結果になった。

　これに先立って、1951年3月27日、ペンシルヴァニア大学でのアメリカ極東学会第3回大会で、訓令式ローマ字を日本関係文献の日本語表記に適用する提案が言語学者の間からなされ、相当の時間をかけて慎重に審議された。そして、そのつづり方の合理性は認められたが、在来使用してきた方式を新しく置きかえる時間と費用を考え、日本本国での実施状況を今後観察した上で最終的判断を下すべきだとの意見によって保留になった。ちなみに、戦中から現在に至るまで、アメリカの日本語研究論文中の日本語には、B. ブロックの「口語日本語研究Ⅱ構文論」*Language* 22（1946）に見るように、訓令式に準じたつづりを用いるものが多い。

　その国語の最終的なつづりは、その国に選択権があるのが当然だから、海外からはつねに日本の主体的判断が問われているのである。ところが、日本側はあなたまかせの態度に出る事例が多く、海外の諸機関がとまどうことになる。今回の国際標準化機構のローマ字表記の審議の過程にもいささかその傾向が見られたようである。

5.　理論的開発

5.1　つづり方

　ローマ字書きのつづり方の問題を契機として日本語の音韻体系や音節構造についておのずから啓発されるところがある。

　大槻玄沢の『蘭学階梯』では、五十音図がオランダ音を知らすために使われている。オランダの音を日本語の音韻の枡目にかけてはかったものである。各段に a, i, oe, e, o を（ウには u も）配当、各行はそれぞれ、k(g)・s(z)・t(d)・n・f, v, h(b・p)・m・j・l, r・w が配当され、シチジヂに si, ti, zi, di、スツズヅに soe, toe, zoe, doe が当てられている。われわれがたくまずして外国語を五十音の枠のなかに納めることを示している。

　大槻玄幹の『中野柳圃遺教西音発微』（1826（文政9）年）で長崎の蘭学者、

中野柳圃の五十音についての行き届いた観察を発掘したのは、杉本つとむである。柳圃が、サ行音を sa, se, si, so, su、ザ行音を za, ze, zi, zo, zu、タ行音を ta, te, ti, to, tu、ダ行音を da, de, di, do, du とするのは、日本語表記である。かれの観察によれば、サ行半濁音は「ツァザ、ツィジ、ツゥズ、ツェゼ、ツォゾ」、タ行は、「テァタ、ティチ、テゥツ、テェテ、テォト」である。チ・ツを「サ経ノシトスノ半濁音也、清音ニテハ差ツカヒナキ様ナレ圧濁音ニ呼時ハシノ濁リチノ濁リスノ濁リツノ濁リ混ジテ弁ジガタシ」とし、「チトツノ音ヲ今ノ如ク呼バントナラバタノ音ヲサノ半濁ニ呼テツァザトナササレバ律ニ協ハザル也」という。そして、むしろチ，ヂ・ツ，ヅを ti, di・tu, du と書いて、いずれはティ，ディ・トゥ，ドゥと古えに復してもいいとさえ考えたようである。かれの観察はまったく適確で、ツァ行半濁説などオランダ音との対比の結果を日本の音韻体系で消化したものであり、高く評価すべきである。また、かれは、タ行音に変異音が含まれることを知りながら、同一頭子音を持つものと認めて処置しているのである。そこに音韻論的判断があることを感じさせる。

　これらの五十音図の各段、各行に当てて、一定の字母を与えるのは、蘭学の伝統であって、オランダ式とも異なっている。『蘭学階梯』から百年ののち、英学者、馬場辰猪の『日本語基本文法』（英文。ロンドン、1888）にも引き継がれている。ただし、フ fu のほか、拗音表記において、sho, cho, jo など英語風のつづりが見られ、kio または kiyo、h'ya, k'wa などもある。

　この流れは、西周の「洋字ヲ以テ国語ヲ書スルノ論」にも及び、フ fu 以外は、si, zi, tu, du などとつづっている。用例を見ると、かなづかいや文語形になずんで benkiyau（勉強）、ikam（行かう）、mitari（見た）とあって、繁雑に過ぎる。

　ローマ字国字論が現われてからふたつの流れの対立が自覚された。チャンブレンら、東洋学者たちの支持を受けた修正ヘボン式つづり方の原則は、「第一、羅馬字を用ふるには、其子音は英吉利語に於て通常なる音を取り、其母字は伊太利亜語の音（即ち独逸語又は、拉丁語の音）を採用する事」（羅馬字会採択「羅馬字にて日本語の書き方」1885）である。語学入門書の凡例を読むようである。写音主義の英語式といっても、次の表のような旅行者用英語つづりとは異なり整頓されている。

116

第6章　日本のローマ字

ah	ee	oo	ay	aw	yah	yew	yaw
cah	ckee	coo	kay	caw	kiah	queue	kee-aw
sah	shee	soo	say	saw	shah	shoe	shaw
tah	chee	tsoo	tay	taw	chah	chew	chaw

Who-jee 「富士」　　　　　　Sheen-jew-coo 「新宿」

　日本式つづり方の原則は、「(1) 従来個々の仮名が単独に表はして居る諸音は各々の独立の存在を認める。(2) 仮名の書き方で書いてある通りに、即ち単独の仮名通りに発音しては実際と違ふ場合には、実際の発音を表はす書き方に従ふ」(『ローマ字文の研究』) と伝承された音との対応のさせ方をどうするかだけを問題として、その音価は本来問題としていない。

　日本式とヘボン式論者の関心のある所は全く食い違っている。その両者の間で論議が湧いたのは、意外にも音価・調音とその表記法についてだった。そして、論ずるにつれて言語音の本質が問われてきた。たまたま、世界の言語学界は、機能的・構造的な音韻論の建設期にあり、パーマーの論文が現われたように、それをいち早く招来する要因ともなった。また同時に、あまりの対立抗争が人々を遠ざけもしたようである。しかし、素朴な音声観察法から抜けでて、周到な音韻論の構築に至る階段を用意したのである。

　音韻史や音韻論が書かれ、具体音や抽象音が問題とされた。オシログラフができて、音波分析とその合成、子音母音間の接続・分断あるいは挿入・削除など実験観察が進められた。

　なお、ローマ字つづり方論争の焦点となったのは、この時代においても、チ・ツとジヂズヅ（四つがな）のことであった。一方の主張は、音価に忠実に記し分けるということで写音・表音的であり、他方は、音の資格のままに記すということであり、機能・形態論的である。四つがなや合拗音（クァ・グヮ）の書き分けについて、地方などに音の区別が残っている間は書き分けておくべきで、それを廃するかどうかはつづり方じしんよりも国語の問題だという田丸の主張（『ローマ字文の研究』34-42 節）は心にとめるべきことである。たとえば、訓令に示されたローマ字つづり方の表で、ダ行が da, zi, zu, de, do, zya, zyu, zyo であるのは、zi, zu, zya, zyu, zyo を除くか、di, du, dya, dyu, dyo に括弧

117

をつけて示すべきではなかっただろうか。

この時期に各種のつづり方案が発表されたが、歴史的・社会的な勢力にならなかったものだからとり上げない。しかし、"Akatki Bungak"(1915 創刊)を出した鳴海要吉の「有機式ローマ字」には、歴史的つづり方を含んでいるという意味で、注目してよかろう。これとは、異なるが、ローマ字つづりは、語種（和語・漢語・外来語）によって変えることもあり.うるのである。

音声学にくわしい研究者が音韻論にたって考案したローマ字つづり方を提案したのは、戦後の一時期であった。そのひとつは、佐久間鼎「国語表記のローマ字化——Ō式ラテン字の提唱——」(『自由評論』1-9、1946)である。じしんの「改訂音図」により、ガ行のほかに鼻濁音のガ行、ツァ行、補足的にファ行をたて、段にも補足的にイェ段、ワ段、ウィ段などを置いている。基本的なつづりは訓令式に似ているが、シチジが syi, tyi, zyi で su, tsu, zu がある。ラ行頭子音には l を当ててある。無声化母音は書かない。「梅」は mme。なお、フは hu。訓令式つづりを基礎として、極めて音声学的に展開したもので、性格はヘボン式に近い。

もうひとつは、服部四郎『音韻論と正書法』(1951)である。ガ行鼻濁音をたて、ツァ行をたてて、その頭子音に c を当てる。シチジが si, ci, zi、スツズが su, cu, zu となる。シャチャジャが sja, cja, zja で、フは hu である。訓令式との相違点は ci, cu, cja, cju, cjo の存在で、オランダ式に似ている。正書法としては j を y に置きかえ、新日本式つづり方と命名された。服部四郎は『国語ローマ字の綴字法の研究』(1947)で「ヘボン式は日本学式として最良のものであらう。」とし、「日本語特に標準的東京語の音韻体系に最もよく合致するやうに、そして最も国際的に通りがよいやうに字母を選ぶならば、「フ」及び「ン」の表はし方を除いては、結局ヘボン式と同じ綴字体系に達せざるを得ない。」とした。このようにヘボン式つづりの検討から出発して、その結論がツァ行を ci, cu, cya, cyu, cyo として設定することであった。1949 年改組された国語審議会のローマ字調査分科審議会委員になって、このつづり方を提案したが、採用されなかった。しかし、これが日本語の音韻表記の定式になった意義は無視できない。

アメリカの日本語研究の標準表記法となった B. ブロック = E. ジョーデン式つづりは、ブロックの『口語日本語研究 II 構文論』の第 1 章第 1 節注 3 に示されている音韻体系に基づいている。チツは ti, tu である。また、ハンブルグ

118

第6章　日本のローマ字

大学の G. ヴェンクは『日本語の音韻論・課題と試論』（1966）の第 3 章第 24
および 25 節で、ti, tu を支持し、J. D. マコーリーは『日本語文法の音韻部門』
（1968）の第 2 章第 3 節に示されたセグメント目録で見る通り、あるいは第 2
章第 2 節にある通り、ti, tu を採っている。生成文法では、基盤となる形式が
変形されて表面に現われるという考え方をするから、時代ごとの変化形や地方
ごとの変化形を変形とすれば、その源にあって、すべての時代的、地域的な変
種の土台に控えて歴史的脈絡の基準となるような表記こそ生成音韻論にふさわ
しい。その文献目録には修正ヘボン式を用いながら、研究用日本文には、訓令
式とほとんど変らないつづりを用いる例が多いのである。

5.2　分かち書き

　ローマ字文を書く立場から、田丸卓郎『ローマ字文の研究』、日下部重太郎
『標準ローマ字文法』、後藤格次『ローマ字と口語文典の新しい見方』、ローマ
字同志会編『ローマ字文章法』（1946）、宮田幸一『日本語文法の輪郭』（1948）
などが書かれている。

　ローマ字文は分かち書きするから、おのずから単語を認定することになる。
いわゆる接続助詞の「＝バ」「＝テ」や助動詞とされている「＝ウ（＝ヨウ）」
や「＝タ」などを動詞の活用形に組みこんでしまう。いわゆる助動詞「＝レル
（＝ラレル）」「＝セル（＝サセル）」や「＝ナイ」は、なんと考えるべきか。格
助詞は名詞の語形変化に組みこまれるのか。

　田丸は田中館の原則を継ぎ、名詞は大文字で書き始める。ただし、「コト」
「モノ」などの形式名詞は小文字のままで書く。Mô dekaketa *koto* wo sitta と
mite kita *Koto* wo monogataru. また、意味に従って分かち書きを変えることが
ある。*Tetu* no Hyôhon と tetuno Dôgu, kono heimenno Du と kono Heimen no（ue
no）Du とするのである。

　『ローマ字文章法』では、名詞は大文字でなく、できるだけ多く分けて書
く。ただし、hui*ni*, kitin*to*（副詞）、kudan*no*, hon*no*（副体詞）の ni, to, no は付け
て書く。sannin*no* oya（親が 3 人）と sannin *no* oya（3 人のこどもの親）のよう
に意味による分かち書きの区別はしない。なお、これには、特別な綴りとし
て、Oto*t*san（オットッツァン）が挙げてある。堀内庸村『やさしい分かち書き法』
（1959）は、この流れから生まれた。分かち書きはできるだけ単純化し、いわ
ゆる「東大システム」を紹介したものである。sanzi ni kita *no*（車）*de* kaetta と

119

sanzi ni kita *no de*（から）, kaetta と句読点 (,) の活用を心掛けるようになっている。

ローマ字書きの実践者あるいは主唱者で現代口語文法を書いているのは、三宅武郎、佐久間鼎、三尾砂、三上章らである。

宮田幸一『日本語文法の輪郭』は、「ローマ字による新体系打ち立ての試み」である。動詞の形態を立体的に組織した。先ず原形（連用形）を置いて、さらに本詞（現在形・過去形・現在叙想形・過去叙想形）と分詞（シテ分詞・スレバ分詞・シタラ分詞）に二分する。受動態・使役態などを派生動詞とし、シテ分詞に小動詞イル・ミルなどを添えたアスペクト（様態）を動詞の諸形態として組織する。ここから鈴木重幸『日本語文法　形態論』（1972）などにつながるものがみられる。

服部四郎「附属語と附属形式」（『言語研究』15 号、1950）は、ローマ字つづり方の研究と平行して生まれた分かち書きの基本的な参考文献である。マツサカ・タダノリ『ワカチガキ　ノ　ケンキュウ』（1943）は『ローマ字文の研究』を参考としている。

5.3　語彙、その他

ローマ字書きは、漢語に宿命的な同音異義語の多用を不適切とし、文体・語彙に関して口語言語への接近が要請される。そこで、「ことば直し」や「ことば拾い」が始まる。総会を Sôyoriai、領収書を Uketori、拝啓を Môsiagemasu とする類である。戦前、森馥、柴田武、山中襄太は、ことば拾いを推進したし、福永恭助・岩倉具実『口語辞典— Hanasikotoba o hiku Zibiki』が出ている。これには、漢語の工費・範例に対して、Kôzihi, tehon が口語として示されているような例が含まれている。

6.　実務のローマ字

世界の識字人口（1972 年統計。括弧内は総人口）を (1) ローマ字 8 億 1,560 万（14 億 9,354 万）、(2) 漢字 7 億 1,180 万（9 億 4,184 万）、(3) ギリシア・キリル文字 2 億 970 万（2 億 5,631 万）、(4) インド系文字 1 億 3,900 万（7 億 2,234 万）、(5) かな 1 億（1 億 696 万）、(6) セム系文字 3,500 万（2 億 8,011 万）、(7) 朝鮮文字 2,700 万（4,740 万）とみる。ローマ字圏は、世界各地にまたがっている上に、万国郵便連合の条約、国際信号書などで公用が認められている。

6.1 索引検索とローマ字

かつて、上田万年・山岸徳平の『ローマ字で引く国語辞典』があり、いま、福原麟太郎の『ローマ字で引く国語新辞典』(1952)がある。検索の便・不便は、予想外に大きな問題である。アルファベット順は検索を容易にする。岩波書店出版の『哲学小辞典』『数学辞典』『科学の事典』に採用されているのもそのためである。

なお、ローマ字には、音節文字のかなとは異なって、字母ごとに呼び名がある。それには、ローマ字教育協議会案(1946)がある。それは 26 字の順にアー・ベー・セー(ツー、チェー)・デー・エー・エフ・ゲー・ハー・イー・ヨー(ジェー)・カー・エル・エム・エヌ・オー・ペー・クー・ラー・エス・テー・ウー・ヴィ・ワー・エキス・ヤー・ゼットである。

1973 年の調査では、1,227 の図書館のうち 715 館が ABC 順、473 館が五十音順を使っている。駅名・道路名・市町村名の表示にはローマ字の併記が要請される。店名・商標などのローマ字表示も多い。電信略号(cable address)に用いられ、年間、往復で約 2 億通ある外国郵便物にもローマ字表示が用いられる。ちなみに、人名など姓・名の順で書いていいはずだが、実状は逆にするものだと考えている人が多い。

6.2 テレタイプとタイプライター

国際電電の 1974 年の売り上げで見ると、電報 70 億、テレックス(印刷電信)221 億である。ちなみに電話は 270 億である。つまり、291 億はアルファベットによるかせぎで、これは片道なのである。その使用言語を商社に聞くと、日本語が三井で約 60%、三菱で約 30%でいずれもローマ字文であることはいうまでもない。なお、テレックスは国内線にも乗り入れるし、国内間でもローマ字文が活用されている。商社では、テレックスもコンピュータもアルファベット用に統一しているのである。古くから電信に用いられてきたローマ字つづりは、si, ti, ji, su, tu, zu, sha, cha, ja に特徴がある折衷式である。これは字数を節約するためである。新聞社の場合、特派員みずからテレックスのキーボードに向かうことがあるという。

タイプライターのキーボードについては、1921 年に田丸卓郎らが母音字キー(ô と û も含む)を左手に、子音字キーを右手に配分した日本式配列を考案した。1949 年に、これを川上晃が改良している。川上晃と佐伯功介は、ローマ

字コードによる速記用タイプ「ソクタイプ」をつくり、1948年から裁判記録に用いられている。テープ・レコーダーが普及して、オーディオ・タイプライティングもできるようになった。

これらの新技術を通じて言えることは、ローマ字文を活用する場合に、専門的習練を必要とせず、多少の努力で一般人が利用でき、しかも国際的に互換性があるということである。

7. ローマ字の諸条件
7.1 語を書く

すべて文字は、言語表現の話線に沿って文字列として配列される。そして、文字としての機能を実現する。文字列は必ず、語まで分割され、語において、その表記法が慣習的に定まるのである。

漢字は、造語要素(形態素)ごとに分割して表記するのが原則である。「草花」「玉子」「目覚め」「薄紅色」「近寄る」「人生」「送信」「清潔」「断然」などのようになる。しかし、原則をはずれて、合成語に1字を当て、また単純語に数字を当てる例もある。「暁(明時)」「瞼(目蓋)」「偏る(片寄る)」や「海苔(のり)」「紅葉(もみじ)」などである。原則は原則として、漢字が結局、長短にかかわらず1語に一定の文字列として当てられてきたわけである。

かなは、音節文字で1字が短かい(1拍分の)音節に相当する。しかし、長短の音節をつづって表記することも多い。「きゃ」「しゅ」「ちょ」のような拗音は短かい音節だが、2字でつづられる。また、促まる音、撥ねる音が添わってできる長音節は、2、3字になる。音を引いてつくられる、いわゆる長音(音節)はやはり2、3字でつづられる。「かあ」「けい」「きょう」などと書かれる。長音には、「ねい(寧)」と「ねえ(姉)」、「ゆう(結)」と「いう(言)」のように同音語が書き分けられる例がある。かなも最終的には、語によって表記が決まっているのである。

ローマ字は、語を構成する音節の長短にかかわらず、音節をつづって書くのが原則である。母音音節は1字で書き、その他の直音は2字、拗音は3字、撥ねる音、促まる音を加えた音節はさらに1字を加える。そして、長音は母音字母に長音符号「＾」を加えて示すので、字数は増えない。ローマ字では、音のままにつづればいいとはいっても、実際には、'yû(夕)''yuu(結う)''iu(言う)'のように語によって書き分ける。ローマ字でも、語において表記が定まる

第6章　日本のローマ字

のである。

　以上見てきたように、文字表記の基本は、語を単位に成立するのである。その原則は、文字の種類によって変りはしない。書かれるべき語は、語義と語音との両面を合わせて成立している。漢字のような単語文字も、本来語義と語音をかねて表記するものである。しかし、漢字を借用して、その用法を日本語に適応させなければならなかった日本では過渡的措置に基づく混乱が見られるようになった。「音」や「文字」のように漢字表記を漢語として音読のまま借用するのは比較的単純である。和語を書くために漢字表記を訓読して用いる。訓には、「外(そと、ほか、はずれる)」「上手(うわて、かみて、じょうず)」のような同字異訓や「かたい(固、堅、硬、難い)」のような異字同訓があり、音を写した「目出度」「丁度」や、意味をとった熟語訓「小豆」「梅雨」などが含まれる。それらは、漢字1字で書き分けられない和語があり、逆に和語1語では訳し分けられない漢語があるために生まれる。和語になじむよう漢字を消化する過程は、まだ終わっていない。

　ふたつの国語の間には、当然概念のずれがある。「みず」は、漢字「水」で書かれるが、これは漢語の造語要素となる。「熱水」は常温以上、374度以下の「ゆ」のこととされている。Mizu と (nes-)sui とローマ字で書けば、そのままで明らかに異なっている。漢字の訓読でもっとも根本的な課題は、このような基礎的語彙における概念のずれが問題にされないままに同一の漢字に重なっていることであり、音と訓が安易に同一視されていることである。

　他方、ローマ字書きでは、派生語の間でも、語根が文字列の中に保存されて、語義の脈絡が失われない。sibaru(縛), siboru(搾、絞), sibomu(萎), subomeru(窄), sibo(皺), sibireru(痺), siburu(渋), sibui(渋) らが同じ語根 s-b- を持っているのや、semaru(迫), semeru(攻、責), simeru(閉、締、緊), sime(-kazari)(注連), simesu(示), simeru(占), simesu(湿), simiru(染、凍), someru(染) が sima(島) や semai(狭) と同根であることなどがわかる。語義は、語音とともにあって語を形成しているのだから、ローマ字によって忠実に語義の脈絡が表示される。和語の語義を漢籍を典拠とする漢字によってただすことは、日本語を組みあげる脈絡を断ち切ることになるわけである。

　語の系譜をたどって日本語の由来をさぐるときにも、アルファベットが有効に使われる。Take は*tiôk/tiuk/chu(竹) と変わってきた中国語を古く借用したもので、t-k が目印になっている。kuro(黒), kureru(暮), kuramu(眩), kurai(暗)

123

の語根をトルコ語の kara(黒)と共通のものとするにせよ、服部四郎説ではアイヌ語の kur(影)、村山七郎説では原始インドネシア語の*gəlap(暗やみ)と結びつける試みがある。また、siro(白), siramu(白), siru(知), sirusi(著), sirusi(印)をジャワ語の sila(光線)やモンゴル語の sira(黄色い)と結びつける村山説がある。これらの場合に、字母単位での音韻対応を論じるのが容易である。このように和語の脈絡・系譜については、字母によってよく示されるのである。

なお、同音異義語が聞いて分からないことを字面で明確にする。あるいは、日本語として成熟していないことを判明させる。kôten(好天—荒天)、seisi(製糸—製紙)、hi(日・火・樋・碑・婢)などがその例である。

ちなみに、ローマ字書きでは、ある時・ある所の「ある」は arù として、動詞の aru と区別している。その外、必要に応じて、顔の hanà と咲く haná、(糸を)màku と(種を)máku、(物を)kàu と(犬猫を)káu のようにアクセントを示すのである。

ここに述べてきた事柄がとくにローマ字の日本語向きな性格を示しているのではない。字母文字には、諸国語の語音(音韻)を公平に写し出す性格が備わっているからである。ここに高木茂男作の 'Usagi no ko nigasu'、'Ikina otoko no ko to aniki' は、漢字やかなの回文とは違って、録音の逆回しに耐えてあとさきどちらからも同一の文が聞かれる。もし、ezakutama と吹込んで、その順序を変えずに向きだけを逆転させて聞けば「天津風」が現れるのである。

漢字に支えられて、漢語が日本語に簡潔で力強い表現を加えたのは確かだが、その中の練れた漢語とともに和語を生かすのがローマ字文であろう。そこでは、「重量」に代わって omosa と mekata が用いられ、「水に沈んだ物体の omosa は軽くなるが、その mekata は変わらない」のように和語の概念が純粋に意識化され、「上圧力」に代わって 'ue kara no aturyoku' と 'uwamuki no aturyoku' のように漢語(漢字)では無視されがちなことばの働きが加わるだろう。こうしたことが日本文の叙述を完全に機能させるのである。miti「道路」、nami「波浪」、ki「樹木」、それに kangae「思慮」、aruku「歩行」、uturu「伝染」、atataka「温暖」、などと類義の漢字を重ねたり、目的語や補語を動詞にとりこんで、hairu「入学」、suwaru「着席」、máku「播種」とするのは、簡潔でもなく、力強いとは限らない。

第6章　日本のローマ字

7.2　ローマ字教育

　明治末年から盛んになったローマ字講習会のために教授法ができた。田中館、芳賀、田丸の『ローマ字読み方』(1913) は、敗戦間近まで版を重ねた。単音組立法ではなく、五十音図各行ごとの音節組立法がとられている。鬼頭礼蔵は、『曙ローマ字読本』(1931) でいわゆる語形法を導入し、戦後の『ローマ字教授法の理論』(1947) を経て、『ことばの教育』(1947 以降) を拠点として語形分解法と合わせて文章法にまでくみあげていった。

　教育科学研究会の秋田国語部会編『にっぽんご5 ──発音とローマ字』(1961) は上村幸雄が加わった発音教育の実験の成果である。 si, tsi, dzi, su, tsu, dzu などとつづっている。

　戦後まもなく国立教育研究所に置かれたローマ字教育実験調査委員会がローマ字教育実験学級 (1948・9-1951・3) を設けた。参加、約 60 校、約 120 学級。国語以外の全教科をローマ字で教えた。教科書は算数だけに用意された。「児童に、コトバに対する感覚を鋭くし、正しい感覚をもたせる上に役立つ。比較的低学年からやった方がよい成績がある。かな漢字の学習指導のさまたげにならない。」(文部省『ローマ字教育実験学級の調査報告』(1951)) という。教師の養成がさらによい成績をあげるために必要であるとされたが、その言は生かされていない。

　研究団体に全日本ローマ字教育協議会がある。

　ローマ字教育は、さして負担にならない。さらに、発音教育では、方言と標準語の指導にも有効である。文法教育では、分かち書きの効果が見られた。例えば、yonde と yama de, あるいは yonda と yama da のふたつの de とふたつの da それぞれの対比に気づくようになった。また、各字形の負担が軽くなって、一字一字にとらわれず、むしろ語句や文脈に目が届きやすくなる、などの成果を得ている。

7.3　ローマ字文をめぐる量

　普通の漢字かなまじり文の中にもローマ字がでてくる。その出現率は、漢字 36.0％、アラビア数字 0.1％に対して、0.2％でしかない (野村雅昭「漢字かなまじり文の文字連続」『国立国語研究所報告 46』1972、所収)。日本の表記法は、漢字、かな、ローマ字など各種の文字の併用に寛容である。しかし、横書き横組みにならないかぎり、アルファベットは語の表現としては登場しにく

125

い。横書きの習慣については、それがないかあまりないのが、大学生で 3.1％、一般社会人で 5.7％、またほとんど横書きか横書きの多いものが、大学生で 68.0％、一般社会人で 56.0％になっている（永野賢・高橋太郎・渡辺友左「横組みの字形に関する研究」『国立国語研究所報告 24』1964、所収）。このように横書きが普及し、各種の文書で横組みが好まれており、縦書きが好まれているのは、新聞、週刊誌、一般雑誌である。各種の年鑑類も『朝日年鑑』の 1947 年に始まって、主なものはほとんど横組みになり、1969 年には、『国語年鑑』が横組みになった。現状は、横書き、横組みを指向している。ローマ字がはいりやすくなってきている。

　漢字にしても、かなにしても、その字形は上から下、左から右へ引かれる筆画を基本としてできている。したがって、左横書きの筆勢に反するものではなく、横書きにも適している。かなは、最終筆画に左下で終わるものが多く、いくぶん次の字への筆運びに余分の動きが加わるが、それはローマ字の g, j, y などにも見られることで、決定的な不都合があるのではなく、むしろ字形を際立たせている。

　横書き、横組みの中にはいるローマ字書きは、多分、漢字やかたかな書きに置きかえられてか、または漢字を当てにくい特定の用語や目立たせたい語の表記に用いられるだろう。

　同一文をかな書きとローマ字で書いた字数とを比べてみると、ヤマと yama が 2 字対 4 字、パンと pan が 2 字対 3 字、ハイルと hairu が 3 字と 5 字、ハイッタと haitta が 4 字対 6 字、ガッコウと gakkô が 4 字対 5 字、ショウバイと syôbai が 5 字対 6 字、トウキョウと Tôkyô が 5 字対 5 字、アオイと aoi が 3 字対 3 字である。「あれはきょう汽車で東京へ発っていった。」（18 字）は、かなだけで 22 字、ローマ字文で 30 字になる。長い文章で平均をとってみると、ローマ字書きの字数は、かな書き字数の約 1.5 倍、漢字かなまじり字数の約 2 倍になる。なお、1 字当たりの筆画数は、片かなが 1 字 2.35 画（濁点・半濁点は除く）で、ローマ字が 1 字 2.05 画である。漢字の場合、さらに画数が増えることは言うまでもない。一例を示すと、自動読取り装置では、ローマ字や数字が 5 × 7 の枠で処理できるのに、漢字では 18 × 18 の枠が必要である。

　ローマ字の活字の寸法は、縦には同じでも、幅が字母ごとに異なっている。A、a の幅をそれぞれ 1 とすると、W、w は 1.6A、1.9a。I は 0.4A、i と l は 0.3a になっている。そして、ローマ字では、字面が活字いっぱいにはなく、

第6章　日本のローマ字

下にあきが少しとってある。小文字では上下とも空間が多い。和文活字のように、行間につめ物（インテル）を必ずいれるということはない。同一紙面に漢字かなより多くの行数を組み込め、しかも読み易さはまさっている。田丸卓郎は、普通の組み版で比べれば、ローマ字文の方がポイント数を落としてもいいということもあるので、漢字かな文の4分の3の紙面しか占めないという。次の例文を見よう。

　　　一方、後者を本来の発音と考えると、一定の音声環境のもとで狭い母音が脱落するという一般論として記述できることになる。（句読点を除いて54字）

　　　Ippô, kôsya o honrai no hatuon to kangaeru to, ittei no onsei kankyô no moto de semai boin ga daturaku suru to iu ippanron to site kizyutu dekiru koto ni naru.（句読点を除いて126字）

　この筆画数は、漢字かなで265画、ローマ字で242画である。両者の画数は、掛け隔っていない。

　別に本文が漢字かなで529字の文章を試みにローマ字書きにして1,036字になった。これを漢字かなで一行23字詰め、46行、2段組みにし、同じ紙面に同じポイントのローマ字で一行35字、52行、2段で組むと、漢字かなでは一頁の4分の1、ローマ字では3.5分の1を占めることになる。

　漢字かな文では、筆画の分布がバラツキ、その折れ曲り方と組み合わせ方の複雑さが読み易さを阻んでいるので、ずっと読みとりにくい。漢字では数カ所に集中する筆画が、ローマ字文では一行の中に平均に分布するということである。また、その横長に伸びる語形がまとまって見えることはよく知られている。したがって一字ごとの拾い読みはかえって困難である。意味の読みとりには当然まとめ読みになる。記憶も一語ごとにまとまってとどまりやすいことが知られている。

　ちなみに、日本の週刊紙の本文の活字は8ポイントであり、『ニューズウィーク』や『タイム』の本文活字は9ポイントである。そして、かりに同じ紙面として、漢字かな2,584字に対しローマ字5,950字はいっている。この数値によれば、ローマ字の方が一段大きくて、いっそう見易い紙面になって、同一内容が盛られることになる。

　和文電報は、かなで打たれるが、そのモールス符号（トン・ツー）は、多くが一字4打以上になり、ローマ字では一字3打以下で済む。かなで打てば、

127

8,047 字、送信に 10,926.75 秒かかる電報をローマ字で 11,884 字、10,574.59 秒かかる。ローマ字の方がモールス符号の打数が少なくて、送信時間も少なくなるのである。タイプライターによって送信される現在もキーを選びとる負担や、装備のコストの多少にかかわってくるのである。コンピュータの入・出力に当たってキーパンチャーの打ち出すせん孔テープの一字当りビット数がかなで 7、ローマ字で 5 であることが装備のコストに響いてくる。

　文字の機能は、文字列となって語ごとの表記を定めることにある。画数の問題も語ごとの文字列として総合して判断すべきであり、その視覚的語形を造る画数の多少が対比されなければならない。そうすると、字種（文字素）の少いほど一字ごとの負担量、機能は高く、しかも的確となり、語ごとの筆画数は少くなり、その処理に要する負担は軽くなるのである。

7.4　表記の基準

　文字が自然に言語に触れるとき放っておいてもしかるべき結果が生まれるとはいえるものの、やはりそれを扱う人の教養や扱われることばの出自が影響して変ってくるものであろう。そこにひとつの方向を見出さなければ混乱がおこってくる。

　ローマ字で書かれた文は、言語外と言語内の文脈によって日本語として読まれるか、どうか決まってくる。英文としてのローマ字の連鎖に見なれた人にとって、are, made, me, site, some, take, to, tie などが英語にしか見えないことが多いだろう。しかし、日本文としては全く別な語として読まれる。星の sirius（スィリアス）、原素の titanium（タイテイニアム）、radio（レイディオウ）、tuberculin（トゥーバーキュリン）、doek（蘭、ドゥック）をわれわれは現にシリウス、チタン、ラジオ、ツベルクリン、ズックと言っている。

　日本語らしいなまりをはばかることはないのだが、特徴のあるなまりの表記もなるべく国際的なものにしたい。しかし、chi などは「チ」のほかにフランスの「シ」、イタリアの「キ」、ドイツの「ヒ」のように揺れが激しく、規準が求めにくい。それに対して、ti などは国際的基準が明らかである。それを読むに当たって日本人がなまるのはやむをえない。そうして、本来ローマ字でつづられていた語がそのつづり（文字列）のまま借用されることもある。やがて、それが正書法としてならされていくだろう。しかし、まだそれがおこるほどのローマ字書きの日常性がないから、ある基準を設けて理想的表記をすることに

なる。

　現在の表記法は純粋培養のようなものだが、その中にも語の出自の違いによる書き分けがある。現代かなづかいとも並行しているが、nêsan と an*nei* 秩序のように字音であれば、エ段長音が ei とつづられるのがその例である。

　各種のつづり方の提案があるが、それらは次のように分類できる。

　(a) 音節の境界を示す。e → ye, o → wo, tan'i → tanyi など。(b) 語形に変化を付ける。Yuky ni ki（雪に木）— yuki ny ky（行きにき）。これは大正初期に"Akatki Bungak"を刊行した鳴海要吉の「有機式」である。別に Lingo ga ar, など。(c) 音韻変遷をたどれるようにする。鳴海要吉の ow（オウ）、aw（アウ）、wow（ヲウ）、waw（ワウ）、oh（オフ）、ah（アフ）、woh（ヲフ）、wah（ワフ）、など。(d) 出自を示す。南部義籌の方式で、和漢を区別する。ku*ti* — i*tyi*. hito*tu* — hatta*twu*, *sirusi* — *syizen* など。(e) 音価に従う。佐久間鼎の O 式ローマ字で鼻濁音、口蓋化音、無声化などをつづりわける、などがある。そのほか、(f) 形態素つづり。'arigata Oo gozaRi mas Ru も考えられるだろう。(g) その他。日ごろ、genkou no utsi mo ihsjo ni ookli site al haz, yeumuki wa tjokset mousiagemas のようにつづっている人もある。

　基本的なつづり方についてつねに意見の対立が残るのは、いわゆる「四つがな（ジヂ、ズヅ）」に関連のあるシ・ジ、チ・ヂ、ス・ズ、ツ・ヅの表記である。まず、「シ」[ʃi] に典型を見るように、そのイ段の頭子音に起こっている口蓋化（拗音化）palatalization が今日一般に認められている。それはそれとして、狭母音の i[i] と u[ɯ] が平行して起こす破擦音化 assibilation の方が口蓋化に先行しているのである。ウ段音の母音 u はごく日本的で円唇性でなく、口をすぼめない。それがイ段音のような破擦音化を起こしやすくしている。タ行頭子音などの歯（ぐき）音の調音について唇も舌も平らに延べられていることに特色がある。そしてそれも重要なかかわりではあるが、狭母音のひら口であることから起きる破擦音化が閉鎖音のすべてに関係してくる。ホフマンらが「ピ」psi、「ク」kf(oe) としたのは、この破擦化音を写したものである。

fi	fu	/s/	si	su	/x/	zɪ	zu	hi	hu
psi	pfu	/c/	tsi	tsu	/z/	dzi	dzu	ksi	kfu
pi	pu	/t/	ti	tu	/d/	di	du	ki	ku

129

このような共時態に見られる破擦音化の現象にかぶって、歴史的には摩擦音化 spirantization の現象があった。前ページの表は、それらの関係を示すものである。ちなみに 'psi, ksi' の音価は、[pçi][kçi]か[psɨ][ksɨ]であろう。そこでもし、これらの破擦音、psi や kfu を閉鎖音の pi や ku と分ける意識がなければ、pi と psi を 'pi'、ku と kfu を 'ku' で書くことになる。それなら、tsi を 'ti' と書き、dzu を 'du' とする理由もある。

　しかし、清音でそうなるのは、歴史的に摩擦音化が進んでしまって、摩擦音のサ行音が破擦音から分離独立しているからである。ところが、濁音（有声頭子音）では、その進みが遅く、破擦音と摩擦音の間で揺れ動いて、識別されないまま一体となり、摩擦音として定着できないでいる。その性格が破擦音に残されているのに、そこへ閉鎖音の破擦音化は容赦なくかぶさってきて、見分けられなくなってしまっている。それがいわゆる「四つがな」の現象である。もし、清音の系列に摩擦音 's'、破擦音 'c'、閉鎖音 't' の3段階を認め、これに濁音の系列を平行させるためには、かりに摩擦音 'x' をたてて、それと破擦音 'z'、閉鎖音 'd' を置くことになる。

　このような通時的課題をせおわせている一方で共時態の求め方がかかわっている。本来の日本語のつまる音が清音に先行する、つまり必ず無声音であるが、外来音などのためには、濁音に先行させる場合もある。いま、つまる音につねに口腔性の閉鎖を調音上の特徴としている方言を語る場合には、サ行音に先行するつまる音から生まれる[tot:saɴ]（トッツァン）、[mat:ʃiro]（マッチロ）、[got:so:]（ゴッツォー）、[mat:sɯŋɯ]（マッツグ）のような発音が聞かれることになるだろう。そして、この現象は、歴史（通時態）として見れば、先の時代の音の保持なのである。

　こうした課題に対処するには、海外の研究者たちが日本語を和語層、漢語層、外来語層と3層に分けて音韻を扱っていることに注目すべきであろう。破擦音の 'di' に対立させて摩擦音の 'zi' を意識していて、フヂ（藤）とフジ（富士）を区別する地方音や、フィレンツェやツァーなどの外来音をどのように扱うか。二重言語あるいは位層言語としての取り扱いでフィ 'fi' やツァ 'ca' を認めるかどうかも課題であり、代りにフィ 'hwi'、ツァ 'twa' とする方式もある。もとのつづりの受け入れ方も大きな課題である。

　日本のローマ字の歴史を見ると、転写方式と五十音図式とが対立してきた。それはつづり自身も課題ではあるが、それに加えて、社会言語学的に、時勢と

第6章　日本のローマ字

地域的環境や諸階層の問題でもある。近年は「(野球の)ティーム」としてティが発音としても定着するようになってきたかと思われるが、チームという例もあいかわらず聞かれている。

　Chi と区別して ti とつづっても、チと読まれることもあり、Yotsuya, jûji, Yamachô と書いたつもりが、いつの間にか Yotuya, Jyûji, Yamachyô に化けているといったことも見うけられる。そこに日本人の言語意識が露呈されるのである。こうしたことを海外について考えれば、転写方式もまた用いられていくに違いないし、国内のローマ字つづりが諸国語の中まで統制できるとは思われない。例えば、Tôkyô と Tokio とは異なる環境を分けあって、お互いに許されるべきものである。最後に表記の各種を例示しておこう。

正書法の各種

Kyô no Kwaigô wa, Sinzyuku Ittyôme no Resutoran Meiditei de atta.（日本式）

Kyô no kaigô wa, Shinjuku Itchôme no Resutoran Meijitei de atta.（ヘボン式）

Kyô no kaigô wa, Sinzyuku Ittyôme no Resutoran Meizitei de atta.（訓令式）

Keh no kwaygah ha, Sinzyuk Ittyawme no Restaurant Meyditey de arta.（有機式）

表記の諸段階

Kehu no kwaigahu ha, Sinzyuku Ittyaume no Resutoran Meiditei de atta.（翻字法）

Kio no kaigoh wa, Shinjuku Itchiome no Restoran Meijitei de atta.（転写法）

/kjórno kaɪgoʀwa, sɪɴzjuku 'iɒtjoʀmeno resutóraɴ merzíteʀde 'áɒta./（音韻表記）

[kjoːno kaiŋoːwa, ʃɪndʑɯkɯ ittʃoːmeno resɯtoraɴ meːdʑiteːde atta]（音声表記）

参考文献

田丸卓郎 1914『ローマ字国字論』日本のローマ字社.　1930 改版第 3 版　岩波書店. 1950
　　　第 9 版　ローマ字教育会.

田丸卓郎 1920『ローマ字文の研究』日本のローマ字社.　1952 第 7 版　ローマ字教育会.

日下部重太郎 1934「ローマ字の研究」『国語科学講座 8　文字学』明治書院.

堀内庸村 1959『やさしい分かち書き法──実用分かち書き辞典──』ダイヤモンド社.

Palmer, Harold E. 1930 *The principles of romanization with special reference to the romanization of Japanese.* Tokyo: Maruzen Co.（宮田斉訳 1933『国語羅馬字化の原理
　　　──特に日本語羅馬字化に就て──』岩波書店.）

臨時ローマ字調査会編 1936、1937『臨時ローマ字調査会議事録上、下』同調査会刊.

兼常清佐 1939『日本語の研究』中央公論社.

服部四郎 1951『音韻論と正書法』研究社.

松浦四郎 1947『ローマ字正字法の研究』ローマ字教育会.

福永恭助・岩倉具実 1939『口語辞典―― Hanasikotoba o hiku Zibiki ――』日本のローマ字社.

土岐善麿 1928「ローマ字日本語文献研究」『日本文学講座 6』新潮社.

平井昌夫 1947『ローマ字教育の理論と実際』開隆堂出版株式会社.

杉本つとむ 1967『近代日本語の新研究――その構造と形成――』桜楓社.

松村明 1970『洋学資料と近代日本語の研究』東京堂出版.

倉石武四郎 1952『漢字の運命』(岩波新書 93) 岩波書店.

さねとう・けいしゅう 1958『中国の文字改革』くろしお出版.

佐伯功介 1932「各国におけるローマ字の使ひ方及び国際的の立場から見た日本式ローマ字」『国字問題研究叢書 1』日本のローマ字会出版部.

第7章

ローマ字論者の言いぶん

1. アルファベットを知っているか

　いわゆる欧文活字の一揃い、つまり個数割当てをフォント fount scheme という が、それには例えば4A20a フォントがあって、小文字 a20 本、i20 本、s20 本、t20 本なのに、日本語用については、そのフォントがどうなるか、知って いないのが欧文印刷界の実情だ。日本語用には、2A150a フォントがある。小 文字の a150 本に対して、i110 本、s40 本、t82 本の見当、さらに欧文にない ô14 本や û2 本なども加わっている。

　このフォントには、¥のような記号や句読点、さらに数字がある。数字は文 字ではないから、一般に文中では、数詞もアルファベットの字母をつづって示 す。まして、「一般」「一心」とか「二枚貝」「二の次」とか「三脚」「三振」と かいったものを"1-pan, 1-sin；2-maigai, 2-no-tugi；3-kyaku, 3-sin"などと 書くのは許せない。ところが、世間では、文字である漢数字に馴れて文字でな い（数概念の記号である）アラビア数字の相違に気が付かないためか、横書き のなかでアラビア数字を乱用する傾向があって、国際的な慣習とずれるばかり でなく、言語形式の本性を破壊している。

　字形はどうか。大文字 I と小文字 l とが数字の 1 とどのように書き分けられ るか。これもアルファベット常用国では決して小さな問題ではない。ヨーロッ パで数字の 1 が 1 のように斜めのセリフ（飾り線）を付けて書かれるのは、証 書類のカイザンを許さないことも含めて、見分けを確実にするためだ。

　アルファベットの"O"はまんまるで、数字の"0"は縦長なこと、校正に当たっ て母音字"u"の逆さと子音字"n"の逆さが紛れ易く、ことに"S"の逆さと"O"の 逆さを見逃がしがちなことを知るべきだ。街の看板に"N"の逆さがはめこんで

133

あることも多い。それほどに一字一字を知っていない。

　アルファベット各字母の名、a, be, ce などが、ア・ベ・セでなく、英語読みでエー・ビー・シーとして通用することの不公正さはともかくとして、それぞれの字母の音価についてとらわれない認識がほとんどない。"C" は元来 K と読むべきものだが、なまってチにもツにもシにもなる。それで、ch もクともチともシともなる。そのように chi をチと言うのは、なまった結果なのだ。とすれば、ti でチと言うのも、なまった結果なので驚くことはない。"ch" にも "t" にもいろいろな音価があり、そのどれがもっとも標準に近いかを見るのに、もっとも不適当なのが英語音だろう。その構音基底にまるめこむ強い僻がある上に、綴りが非常に不安定で読みが一定しないからだ。Christian がなんと発音されるか知っていて、"ti" はチではない、"chi" でなければチと読めないと、まるで "chi" をチと言うのがなまりでないかのように主張する半可通がなんと多いことだろう。

　アルファベット常用の国々から見れば、ローマ字つづりは、対等の国語同志の侵すべからざる正書法なのだが、この正書法という意識がなく、ようやく転写法の段階にしかないのが日本の現状なのだ。情ないことに、転写法とは母国語を表記するものではないのだ。

　ロンドンをフランス語で Londre とするように、ヨーロッパで東京を Tokio としてもかまわないが、もし日本人がつづるのに Tokyo や Tôkyô や Tokio などいろいろあって決まらないとしたら、面くらうのは海外諸国だし、不都合が内外に生じるのだ。漢字やカナなら正書法が確立しているといっても、国際舞台では役に立たないから。

　国際流通性は、ローマ字書きで保証されるのだが（いや現にされているのだが）、その国際性は、近代のヨーロッパ支配にもよるが、深く字母文字の各国語の特性に素直に従う本質に根ざしていることを忘れてはならない。つまり、民族的つづりとアルファベットの国際性とは互に支えあっているのだ。

　国際連盟知的協力委員会からの要請（昭和 2 年）に始まる国際地理学会や国際言語学会、さらに最近になって国際規格機構の日本語ローマ字つづり法統一の要請あるいは問い合わせがあるのも、その基準を決めて統一を実現するのは、その国民でなくてはならないからだ。こんなことは言わでものことと思っても、ローマ字書きでは姓名を逆にひっくりかえさなければならないと思いこんでいる、それほど人々は、「国語本位に、国民の手で」つづって始めて最終

的な基準を得ることを知らない。国際的には、発音の案内をしてくれと言われているのではなく、まず正式のつづりを示してほしいと言われていることを理解しない。同じつづりでも国語ごとになまって読む常識を思い起こさない。つまり、アルファベットを使うことが正書法を確立することであり、そうなって始めて国際的に一人前の付き合いができるのに。

まだまだアルファベットについて開眼していない。

2. では、「国語」を知っているだろうか

日本語を「国語」と呼んだのは明治維新に始まり、その教科を「国語」と言うのは明治30年代に始まったことを国語学者は知っているが、一般には自覚されていない。維新の活用が生んだものを明治国家が受けとめたのが「国語」と呼ばれる日本語なのだ。それがいまも形づくられつつあり、探り求められている。

さて、海外電報にはアルファベットや数字しか利かない。料金を語数で数える。それが、その単語さえ確立していない、それを打とうとする時など、日本語の単語を知っていなかったことに気付くに違いない。もっとも、それで字数制限いっぱいに適当に一語をまとめることができて、ずいぶん電報料金を節約できてきただろう。しかし、外人に日本語の単語をどう説明するか。

「書いた」には完了の助動詞"ta"、「書いて」には接続助詞"te"というバラバラ式学校文法ではなく、kaita と kaite のようにどちらも一語として、互いに（同じ完了の勢の）話法による変化形同志と見るのは、ローマ字書きの自然の帰結であり、それが現代語の実態に即している。「書い」（kai）などという語を、いつどこで口にしたり、書いたりするだろうか。

何行のものといちいち区別される、いわゆる五段活用動詞を、子音語根に語幹形成母音（a、e、i、o、u が入れ替わる）が添わる強変化動詞と一言で言い尽くせるのも、字母でつづるからだ、カタカナでは五段活用がそんなに分析されず、その語幹は語根をさえ含みえない「か」、また語尾は母音の入れ替えを明らかにできない「か、き、く、く、け、け、こ」にされてしまう。

「書こう」の「う」を推量の助動詞とするより、kaku（直説法）の期待法 kakô とした方がどれだけ次のような現代語の活用体系を組むのに役立つかわからない。

"kaku"	中立法	例示法	前提法	立言法	期待立言法
未完(マダ)の勢	kaki	kaki	kakeba	kaku	kakô
完了(モウ)の勢	kaite	kaitari	kaitara	kaita	kaitarô

　日本語のこれらの語形がカナ書きよりローマ字書きに適していることは、活用の実態を知れば明らかだ。それでも、日本語は開音節でカナ書きに適わしいという説は根強い。なるほど、英語のように多様な音節に比べては、そう言えるに違いないが、それも程度の問題で本質的とまではいかない。つまる音やはねる音などで終わる閉音節があるから、ひとり立ちしないカナ「ん」や「っ」までできている。現代日本語の音節の種類は、開閉あわせて 500 ほどあるものを 100 ほどしかないと錯覚させているのは、カナを完全な音節文字と思い誤まっているせいもある。

　この音節を造る音について、その子音の中に ch や f や j という単位を認めた言語学者があるだろうか。日本の英語教育に音声学の土台を据えた H. E. Palmer 1930 *Principles of Romanization* Tokyo も、D. Jones 1950 *The Phoneme: its nature and use*, Cambridge も、アメリカの日本語教育を指導した B. Bloch 1950 Studies in Colloquial Japanese Ⅳ, Phonemics, *Language* 26 も、ch, f, j が必要だとはしていない。昨年来朝した R. Jakobson もチャを tya と書いて見せた。わが服部四郎博士にしても、c (t) の存在を認めたが、ch や f や j は認めなかった。

　カナが日本語の姿を被い隠している以上に漢字が目隠しをしている。近ごろ「続柄」をゾクガラとかゾクヘイとか言うのを聞くように音読化が進むのもそのひとつだが、‥例えば、「攻める、責める、迫まる・搾める、締める、(閉める) 標め、示す、占める・滲みる、凍みる、湿める・染める」などの間に共通の語根√s―m があり、それが (√s―b とも交替しつつ) sema「狭」に結集できるように、日本語の意義素は子音で骨組みができているのに、それを分析できないばかりか、語根を共有する各語の間柄を断切り、被い隠して、別の秩序に誘うのは漢字なのだ。Kiru「切る」、Karu「刈る」、Koru「樵る」から味付けの母音を除いて、共通語根√k―r に着目できず、その子音による繋がりを断たれるようでは、日本語本来の意義素が日本人じしんの心中で息絶え絶えな

第 7 章　ローマ字論者の言いぶん

のも止むを得ない。そうして、かえって漢字にまたないでは、意義を保ちえないかのように思い込むのだ。

　ローマ字（カナ）書きに当たっては、特に漢語における同音語の存在がその障害になるとして脅える人が多い。しかし、かつての漢字文化圏が崩壊していく中で、ベトナム語が全くローマ字化し、朝鮮語が朝鮮文字（字母文字）専用に踏み切り、それらの国語の中で圧倒的な文化語彙をつくっている漢語に途をはばまれてはいない事実をどう評価するか。中国にさえローマ字化の試みが進んでいるものを。

3.　結び

　すでにローマ字つづりは単なる代替物ではなく、国際社会ではこれが日本語の正式の代表なのだし、語の意味や形をわたしたちがつかむのに欠くことのできない正書法として、すでにその歩みを進めているのだ。今日、5、6 世紀の人人が漢字を取り入れたように、積極的に消化しなければならないのはアルファベットなのだ。それができて、日本語の新生があり、国際的位置付けもその言語生産性（世界 3、4 位をくだらない）相当に通用することになるのだが。

137

第8章

現代日本語における助詞分類の基準
——助詞の相関——

0. まえおき
0.0

　ここでは、助詞を外の品詞と区別することではなく、助詞の類で相互に区分けする基準を考えたい。また、諸説をあげて検討しようというのではない。ただ助詞の意義を考えて、その相関を見極めれば、それを分類の基準にできるだろうと期待するわけだ。意義を考えるに当たっては、語形の同一性を尊重し文脈的な意味[1]による分裂を避けるようにしたい。

　まず、参考のために助詞分類の例として、基準を断続関係と体言・用言のどちらに付くかとに置いた橋本博士の場合を挙げることにする。

　橋本進吉、国語法体系論「辞の種類」から[2]

　　副助詞　　　だけ、まで、ばかり、など、ぐらゐ、か、やら。

---

[1] 「自立語の意義素は、『文法的特徴』と『語義的特徴』とから成り、それにさらに『文体的特徴』が加わることがある。」（服部四郎 1964「意義素の構造と機能」『言語研究』45、p.13）しかし、この特徴とは、服部教授のいわれる「文脈的機能」や「場面的機能」が直ちにそれであるわけではないから、目前にする機能にかかずらわっていて特徴をつきつめることを忘れかねない。ここで文脈の意味といったのは、主として文脈的機能を差すが、場面的機能も含めて言ったつもりだ。

[2] 　ここでは、承接関係などの語の職能を基準として分類されている。一般の文法でもそうだが、ここでも「まで」は副助詞で、外の類には属していない。ところが、「から」は格助詞と接続助詞と準体助詞に分属しているが、副助詞には属していない。また、一般に格助詞に入れる「の」は準副体助詞とされているが、準体助詞にも属している。それに、接続助詞とされている「のに」「ので」と並立助詞「だの」に含まれている「の」も独立の助詞として取り扱う可能性がある。日野資純 1963「いわゆる接続助詞「ので」の語構成——それを二語に分ける説を中心として——」『国語学』52 では、このような考え方が否定されている。

準体助詞	の、ぞ、から、ほど。
接続助詞	ば、と、ても、けれども、のに、が、から、ので、し、て。
並立助詞	と、や、やら、に、か、なり、だの。
準副体助詞	の。
格助詞	が、を、に、へ、と、から、より、で。
係助詞	は、も、こそ、さへ、でも、なりと、しか、ほか。
準副助詞	ながら、がてら、きり、まま。
終助詞	ぜ、ぞ、とも、て、な（禁止）、な（ナサイ）、わ（以上用言に付く）；や、よ、か、い（種々の語につく）。
間投助詞	ね、な、さ。

1. ひとつの形にいくつかの機能

1.1

次のふたつの文を見よう。

（1）　冷たい mizu が飲みたい。

（2）　Mizu が出て、家を流した。

このふたつの文における mizu は互に派生関係にあるというほどではないにしろ、その意味は別物になっている。

（3）　この焼き物の aka は、すばらしい。

（4）　屋根には、aka をふきましょう。

このふたつの aka の間は、派生関係になるだろうか。

いずれにせよ、同一語根から出た同一語形は、できるだけ分裂させないで、同一語と認めるよう努めたい。

（5）　そんなに先に iku na![3]

（6）　もっと先に iki na!

このふたつの na は、語形が同一だが、意味が違っている。その違いを iku と iki との活用形に求めれば、ふたつを同一語だとすることができないではない[4]。ひとつの語には、いくつかの用い方を許す幅が認められていい。

---

[3]　この na は、文語の係助詞（副詞）の na に由来するとも言われ、同じ終助詞でも、次の na とは違うとされている。蔵中進 1958「禁止表現における否定辞「な」について」『国語学』32、でその事情を見ることができる。

[4]　日下部文夫 1956「口語動詞の活用の考え方」『岡山大学法文学部学術紀要』7、ですでに

第 8 章　現代日本語における助詞分類の基準

　元来、「Yama は、yama だ」の前後の yama は、実体と概念または主体と属
性という対比を見せていながら、同一語とされているし、同じ対比が「このひ
でりで kawa ni 水がない」と「大雨で道が kawa ni なった」のふたつの kawa ni
の間にも見られるにも拘らず語として区別されてはいない。その違いは、まっ
たく構文論の中に解けこんでしまっていて、一般には取り上げられることさえ
ないのだ。

1.2

　さて、従来助詞の分類には、同じ語形を別項に取り分けたものが見受けられ
る。その点で、まず注意を引かれたのは、次のような場合だった。

　（7）　「向ふへ着いて kara が心配だ。」（準体助詞）

　（8）　山 kara 風が吹く。（格助詞）

　このふたつの kara は、同じ語ではないか。その用法が異なるだけではない
か。

　（9）　水が家 made 流した。

　（10）　船に乗って made 行きたくはない。

　（11）　向こうに着く made は安心だ。

　（12）　山向こう made 風が吹いていく。

（9 〜 12、副助詞）

　これらの made のうち、（11）のは準体助詞、（12）のは格助詞ではないのか。
このような用例が見られるにも拘らず、すべての made が副助詞とされている
ではないか。用法が異なろうとも、kara もひとつにまとめてよかろう。

　（13）　母 made 野球が好きだ。

　（14）　母 kara して野球が好きだ。

　この（14）の kara は、副助詞らしいではないか。

　（15）　雨が止む made うちにおいで。（副助詞）

　（16）　雨が降る kara、うちにおいで。（接続助詞）

　これは、同じ事柄の裏表いや前後ではないか。

　（17）　聞いた kara、言った made だ。

　表現効果はともかくとして、形式としては、因果関係がこのふたつの照応で

この考えを実行に移した。その際、iku na の iku を連体形としておいたが、それはさらに検討
が必要だ。終止形としてのアクセントを持っているといえるから。

141

完全に示されている。このような言い方は、よほど気張って見せた時にしかしないとしても、——強調の場面でだが—— made がいわゆる接続助詞の機能の一端を荷なうことにならないだろうか。ただこの場合、made が前提に立つことは、その語義が許さないのだ。

　もし、kara と made とがひと組みになってその機能の一端（両端）を荷なうことを認めるとなれば、次の (18) (19) の場合は並立助詞に当たっている。

　(18)　おじいさん kara あかちゃん made 満足する。

　(19)　なに kara なに made.（並立助詞？）

　(20)　母 made 野球が好きだ。(13)

　(21)　水が出て、家 made 流した。(→ 2)

　そして、副助詞としての機能 (20、21) は、この組を成した並立助詞から先の kara を省いたあとの made から生まれていることがわかる。思うに、kara と made とは、もともと対を成しているものではないか[5]。

1.3

　格助詞は、述語用言からの支配関係に立つ。つまり、連用語に付くのが原則だろう。それで、橋本博士の格助詞には、no がはいっていない。

　(22)　a.　兄 no 靴。　　b.　花 no 色。　　　c.　鉄 no 扉。

　いうまでもなく、連体語に添わるので、準副体助詞なのだ。でも、よく知られている修飾節の場合がある。

　(23)　風 no 強い時には、大木も倒れる。

　(24)　月 no 残る空に、そよ風が渡る。

　これは、いわゆる主語に添わって連用の機能があるものとして、格助詞に数えられる。

　また、(22) のように連体語に添わるからと言って、それは、属格という格を示す助詞（不変化小詞）に適わしい機能とされ、一般に no は格助詞に組みこまれている。

　(25)　帯は、姉 no を借りた。

　(26)　あそこに来る no は、兄だ。

---

[5]　鈴木孝夫氏から、この考え方が英語の even の語義の解明に通じていると指摘された。なお、kara と made とを組み合わせた模型的な文脈を建てて、どちらかの単独の用例を理解しようとするのは、generative grammar に通じるだろうか。

第 8 章　現代日本語における助詞分類の基準

このどちらの no も準体助詞とされているが、連体語を受けている (26) の方だけがそう呼ばれる資格があるだろう。それは、「熱い hazu で、背中のたき木が燃えていた。」や「そんな tumori がない。」や「雷は遠い yô だ。」の hazu や tumori (このふたつは接続名詞[6])、それに yô (サマの形式名詞[7]) などと同じ接続関係に立つ。それで、これを接続形式名詞、もっとも形式的な名詞としたい。つまり、(26) の場合は、名詞化が完成していると言える。その意味で一般にこの no を唯一の準体助詞とするのならよかろう[8]。

なお、no de、no ni[9] の no は、この準体助詞 (接続形式名詞) だと考えるので、いわゆる接続助詞 node、noni は、2 語に解消してしまう。

それらに対して、(25) の場合は、当然 no を受けて存在すべき体言の省略された表現でしかなかろう[10]。

　(27)　あなた、こんなに遅く出かける no ?

　(28)　ええ、行く no。

このふたつは、準体名詞から出たのだろうが、特に終助詞 (文末助詞) に数える人もあり[11]、その場合 (27) を疑問の、(28) を平叙の終助詞と区分けす

---

[6]　一応自立語でありながら、連体詞などで修飾を受けない限り用いにくく、事の手順を示す補助的な名詞の一群を私案で接続名詞と呼ぶ。外に sei、tame などがある。

[7]　たとえば、名詞のうちにモノの名詞 (リンゴやイヌ)、コトの名詞 (勉強やタビ)、サマの名詞 (ハルカや上等) があるとすると、それぞれの形式名詞が、mono、koto、yô。連体修飾を受ける準体助詞 no は、接続名詞の形式名詞として位置づけ、また形式名詞のすべてを代表するものとする。それは、no が接続名詞にも、外の形式名詞にも置き換わるからだ。

[8]　杉山栄一 1943『国語法 品詞論』で「名助詞」として一括されている。そこでは、それの「附いた『文節』は「名詞」と同じ職能を持つ」(p.100) として、no 自身の資格を論じていないので、そうなるわけだ。山田孝雄 1936『日本文法学概論』の 407 ページでは、「…その下の体言を省き去ることあり。この時にはその『の』にて体言の存在を標示するを以て、その体言なくても、もとそれが存せしことを推測しうべきものなり。」として、「又これより再転して『の』にて体言を代表して、その地位を補充することあり。」という場合とは区別を立てている。しかし、どちらも格助詞「の」の用法として説明してある。「『の』の本性にたがふことなし。」(p.411) という判断によると思われる。私案としては、連体修飾を受ける場合に限り、注 7 で示したように接続形式名詞として派生を認める。

[9]　並立助詞 dano も、指定の助動詞 da と準副体助詞 no の並立機能を持つものに解消させて考えたい。この並立機能は、連体形のそのまま体言の資格を持つことのできる性格に由来している。つまり、no による並立は、体言の列挙に相当する。

[10]　この「姉 no」は、連体形の名詞的用法と一致する。それで必ずしも被修飾語を示さなくてもよい。なお、注 8 を見よ。

[11]　時枝誠記 1950『日本文法口語篇』、228 ページで「感動を表はす助詞」に組み込んであ

143

ることさえある。現実の文が語気、特にイントネーションによってその文脈上の意味――疑問文か平叙文か――を変えるのは、原則的に認められることで、このふたつの no には、なんの差別もない。また、これらの no が終助詞でなくても、体言どめの文はいくらでも成立するのだ。

　　（29）　出る no、ひく no と騒いでいる。

　　（30）　大きい no、小さい no と言う。

　　（31）　なん no かん no と言う。

　　（32）　海 no、山 no、大空 no と行きたがる。

　これらは、並立助詞ということになるだろう。（26）の「来る no は」と（27、28）の終助詞の場合を除いて、一切の no の用例をまとめ、同じ語の持つ機能が、その現われる環境に応じて異なったものとしたい。それらに共通する本質は、なんと言っても連体修飾にあり、準副体助詞としての機能が土台になっていると思われる。

1.4

　このように、助詞の kara、made；no の機能を見てくると、この 3 語だけで、すでに格助詞・副助詞・並立助詞・接続助詞・準副体助詞、それに準体助詞と終助詞、合わせて 7 種の助詞を見終わり、あと準副助詞と係助詞と間投助詞[12]のみっつを余すだけになっている。これほど自由で目まぐるしい機能の幅が、かえってそのひとつひとつごとに別語を立てさせる資格に欠けていることを示している。

　これらの語を語形によってひとつにまとめ、それで突き崩された分類の外に新しい枠を考えなければなるまい。それには、意味論から見ていく方法を試みたい。

2.　位置関係を示す助詞

2.1

　助詞としてもっとも代表的で普遍的なのは、格助詞だろう。それから検討をするにしても、その中に、相当に性格の違った助詞があって、必ずしも単純ではない。そこで、まずわかりのいい位置関係を示すもので検討してみよう。

るのも、その一例だろう。

[12]　これには、終助詞とされる no と紛らわしい nau ＞ nô ＞ no がある。

第8章　現代日本語における助詞分類の基準

（33）　京都 ni 行く。

（34）　京都 e 行く。

このどちらも同じ方向性を持ちながら、あと（34）の方が経過・移動に焦点をおいて用いられ、まえ（33）のは、到達点に重きを置いていると対比されている[13]。どちらも、目標を建てることは同じだが、ni は目標それ自体の選択にだけ関わりを持ち、e は目標へ向かっての動作・作用の選択にも関わっているとも言えよう。

（35）　大学生 ni なる。　　○

（36）　大学生 e なる。　　　×

e の選択する動作・作用は、移動の実質を含んでいなければならない。そこで、その実質がない動詞「なる」では、e（36）と言えない。

このように、ni と e が、重点の掛けかたの相違として、対比されるものの、重なりあって使われることが多い。ところが、ni について言われる「帰着点を示す」というのには、別におあつらえの助詞 made があるではないか[14]。made なら、はっきり到達点そのものを指し示しているから、e とは紛れようがない。そこで、ni と e ではなく、made と e を組み合わせることにしよう。

（37）　京都 made 行く。　　——到達点

（38）　京都 e 行く。　（34）——指向線

これは、到達点（made）対 指向線（e）なのだ。

---

[13]　石垣謙二 1955「助詞「へ」の通時的考察」『助詞の歴史的研究』所収。そこでは、e について経由性から方向性へ変わっていったとしている。青木伶子「移動動作の目標を示す助詞「へ」について」『お茶の水女子大学国語国文学会・国文』2 では、それを方向性から場所性へとしてある。そこでは語 ni について、「移動動作の目標を示す場合には広く自由に用いられ」るとしてある。杉井鈴子 1954「助詞「へ」の成立」『国語学』19 では、上代の「あたり」の意味を添える「へ」が移動性助詞との結合が固くなるとともに助詞化していったあとをたどっている。『岩波国語辞典』1963 では、格助詞 ni の解説「△動作・作用の及ぶ所、特に帰着点やその動作をさせられるものを示す。」、格助詞 e の解説「①動作の向けられる方向を示すのに使う。」国広哲弥「日本語格助詞の意義素試論」『島根大学論集（人文科学）』12 では、ni「密着の対象を示す。副詞的意義質」、e「漠然と場所の観念を含めて方向を示す。副詞的意義質」。

[14]　『岩波国語辞典』で「まで［副］①時の流れ、空間的移動、状態・動作の継続によって至り及ぶ限界点を示すのに使う。」『明解国語辞典改訂版』1952 は made について「①到達する場所・地点をあらわす。」吉川泰雄 1957「格・副助詞「まで」」『国語研究』6 は、格助詞としての用法が早く確立していることを教えている。国広氏（前出）「到達点を示す。」

145

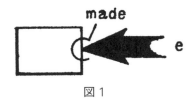

図1

2.2

このような組み合わせは、made に対する kara については、ちょっとないように見受けられる。しかし、kara の示す出発点の抽象度を高めてみると、次のような例がある[15]。

(39)　熱が 37 度 kara あがった。
　　　熱が 37 度 kara さがった。
(40)　熱が 37 度 yori あがった。
　　　熱が 37 度 yori さがった。

kara(39)が「出発点」を示して、「37度」を含むのに対して、yori(40)が、示された点「37度」を含まないで、それから次第に離れていく目盛りを示す。つまり逆指向線に当たっている。

(41)　神戸 kara 汽車に乗る。
(42)　神戸 kara 先で乗る。
(43)　神戸 yori 先で乗る。

この(42)では、神戸で乗ることもあるわけだ。(40、43)の例では、体温計や鉄道線路の上の経過・移動をたどることができるが、特定の温度や駅を除けものに、つまり排除して、しかも離れていくので、それが選択の効果を生んでいる。

(44)　それ yori これを買おう。
(45)　そちら yori こちらが好きだ。

---

[15]　石垣謙二 1955「助詞「から」の通時的考察」『助詞の歴史的研究』、で接尾辞的用法から助詞の資格を得る過程、また、内容的には、面的に沿うことから点的に起こることを示すに至るということを知ることができる。文語の「より」とはほとんど違いを指摘されない。『日本文法講座6　日本文法辞典』1960 では、口語の kara について「(一)格助詞。(1)時間的、空間的起点や、抽象的な事象、論理の起点・根拠を表わす。」また、「(二)接続助詞。(1)原因・理由を表わす。」と。国広氏(前出)「出発点を示す。」

第8章　現代日本語における助詞分類の基準

（46）　山 yori 海がいい。

そして、結局選択が比較を生むに至る。

（47）　せいは、姉 yori 妹の方が高い。

そこで、比較の機能⁽¹⁶⁾も yori の逆指向線に含まれるものと考えるならば、kara（出発点）対 yori（逆指向線）は、made 対 e に逆方向で向きあっているひと組になる。これらの組み合せの対照的な性格を内指向性（made-e）と外指向性（kara-yori）と呼ぼう。

2.3

さて、次のような場合に助詞 o⁽¹⁷⁾は位置に関わり合う。

（48）　人も、空 o 飛ぶ。

　　　　近道 o 通って行く。

これらでは、近づいても行かないし、遠ざかりもしない。

（49）　村 o 離れる。

　　　　家 o 出る。

　　　　矢は、つる o 離れた。

（50）　村 kara 離れる。

この（49）にしても、（50）が村を客観して、ただの場所としか思わないのに対して、離郷の思いが村をおおっている。というより、「離れる」「出る」などの動詞に鍵があって、それらが対象点にある方向性をもって働きかける類だから、なのだろう。

（51）　車は、峠 o 過ぎた。

これを、さきの（48）と（49）の間に置いて見れば、動作の行われる一定の場所の内側（48）から外側（51）へ拡がり、さらに遠くに離れていく（49）違いが、

（16）　古い「ゆり」（のちという意味）と同源の「ゆり」が yori のもとだとされている。（『大日本国語辞典』を見よ。）『日本文法講座6　日本文法辞典』では、口語の yori について、「(1) 動作・状態に関する比較の基準を示す。」とある。国広氏（前出）「比較の基準を示す。」

（17）　その由来については、松尾拾 1944「客語表示の助詞「を」について」『橋本博士紀念国語学論集』や小山敦子 1958「頻度から見た目的格表示の「を」の機能と表現価値――源氏物語とその先行作品を資料として――」『国語学』33 で、本来が格を示すというより、一種の主情的な強調の機能を持ち、それが間投詞の「を」に由来することを教えられる。国広氏（前出）「動作・作用の対象を示す。」なお、o には、「まだ注意信号なの o、押し切って渡ってしまった」のように接続助詞と呼ばれそうな機能もある。

147

専ら動詞の意義によって決定されていることに気が付く。

「飛ぶ」や「通る」にしても、その動作は必ずしも「空」や「道」の内にとどまるものではなく、oの示すものは、いわゆる経過点[18]なのだ。

(52) 庭o掘る。

(53) 穴o掘る。

(54) 土o掘る。

このどれについても、動作「掘る」の経過点が「庭」であり、「穴」であり、するのだと言えよう。掘る人は、「庭」に居るが、「穴」の中には、居ることのできる場合も、できない場合もあり、「土」では人がはいりようもない[19]。

(55) 遠く富士o望む。

　　　　優勝o目指す。

こんな場合には、人は場外に居て、対象に対して働きかけが迫っていく。その方向性は、(49)の場合とは逆だが、やはり「望む」「目指す」という動詞の意義に含まれているのだ。

とにかく、oの示すものは運動の働きかける場なので、積極的に場や事や物に直面する能動性——貫通指向性と呼んでもよかろう。つまりは、助詞oをe、yoriと並べることができる。

となれば、made、karaと並んで、その場をはっきりと限るものは、あるだろうか。

(56) 皮madeたべる。

(57) ごはんdakeたべる。

(58) 好きなものkaraたべる。

このdake(57)[20]なら、はっきり限定している。そして、前後に及ばず当面のことだけを浮かびあがらせる点で、至りつくmade、とりかかるkaraに挟まれた固有の意義を持っている。

(59) 庭dake散歩する。

---

[18] 『岩波国語辞典』で「を㊀[格]①動作・作用の対象となるものを動的に見て示すのに使う。…㈧移動の意を持つ動詞と共に使って、起点、経過する時・所を示す。」

[19] 松下文法では、(53)が生産的他動、(54)が処置的他動。これについて、小林英夫教授が質問と補足をされた。「パンを焼く」は、どの段階を指すか、言表だけではわからないと。

[20] 『日本文法講座6 日本文法辞典』「だけ㊁〔助〕副助詞。形式名詞「たけ(「限り」の意)」が転じて成立したもの。…(1)限度や範囲を示す。」「かたつむりmadeたべる。松は幹の肌kara風情がある。」と並んで「泳ぎは山登りdakeの面白さがない。」などとも言う。

148

優勝 dake 目指す。
（60） 大阪 dake 行く。
熱が 37 度 dake ある。
これを 10 キロ dake ください。

まえの (59) は、o の限定、あとの (60) は、その限定の機能の応用と考えてよかろう。

すると、dake（限定点）対 o（汎指向性）という組み合わせができて、made-e や kara-yori と並べて束ねられる。その相関を平面に展開して、図2にする。

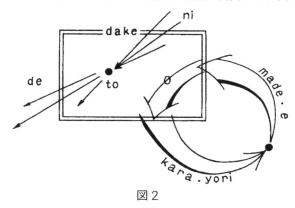

図2

ちなみに、ni は made-e に重なる内指向性、de は kara-yori に重なる外指向性、to は dake-o と重なる汎指向性をそれぞれの特徴とすると言えよう。それらは、e、yori、o に比べて抽象度が高く、位置の指示にも用いられるが、その経過や拡がりを指示し得ず、属性の指示を本領とするものとして、ここではいわゆる指定の助動詞 da[21] の変化形と見ることにしている[22]。

3. 「が」「は」「も」

3.1

いわゆる対格の o は、位置関係を示す助詞に組み込まれたが、いわゆる主格の ga は残ってしまった。格助詞といわれる ga と同じ文脈の中で互に押し除け

---

[21] 私案の名詞性形式用言。「らしい」は、形容詞性形式用言。「（たび）する」は、動詞性形式用言。
[22] 節 3.3 を見よ。

あうのは、いわゆる主語に付く係助詞、wa と mo なのだ[23]。

(61)　豚 wa しっぽが短かい。

(62)　象 mo しっぽが短かい。

(63)　兎 ga 耳が長い。　（鼠 ga しっぽが長い。）

このうち mo(62) では、いろいろ話題に登すべきものがあって、さらに添加されるのが「象」なのだ。

ga(63) では、いろいろあるとしても、外ではない「兎」こそ、つまり兎dake と限っている。

mo や ga に比べて、wa の性格ははっきりしないようだ。でも、いろいろあろうが、とにもかくにも、それらのうちで「豚について言えば、」と話に取り掛かっている[24]。それは、「**先立たれていない前提**」を示している。

(64)　A 君は行くが、あなた wa ？

(65)　A 君は行くが、あなた mo ？

---

[23]　主語の問題ともからみ、特に ga と wa の機能の別には論議が集中している。いくつかの関連論文を挙げよう。Imbrie1914「Wa and Ga」Tokyo。松下大三郎 1930『標準日本口語法』では、「が」は叙述の主体を、「は」は題目を示す。佐久間鼎 1941『現代日本語法の研究』では、「が」眼前に展開される場面の表現；「は」非現場に於て提題の役割をつとめ、その提起せる題目につき残りなく行きわたる事を示す、とする。松村明 1942「主格表現における助詞「が」と「は」の問題」『現代日本語の研究』。有賀憲三 1944「主語につく場合の助詞「が」と「は」の用法」『日本語』。石垣謙二 1944「主格がより接続がへ」『国語と国文学』21 (3)。青木伶子 1954「主格承接の「は」助詞について」『国語と国文学』。速川浩 1954「国語「A は Bが～」構文の英語学的考察」『英語青年』100 (8)。宮地敦子 1956「誤用――「ガ」を中心として――」『国語国文』25 (1)。服部四郎 1955 監修者注『世界言語概説』下 305 ページ。泉井久之助 1955「語順の原理」『国語国文』24 (8)。井手至 1957「対比的限定と特立的限定」『人文研究』8 (1)。森重敏 1959『日本文法通論』。三上章 1960『象ハ鼻ガ長イ』。Haguenauer1960 *Les enclitiques wa et ga en japonais ancien, classique et moyen*。空西哲郎 1963『英語・日本語』、第 6 章 3「は」と「が」、6「は」、7「も」。黒田成幸 1965「ガ、ヲ及ビニについて」『国語学』63。泉井久之助 1966「二重主語の現象と日本語」『言語生活』176。小山敦子 1966「「の」「が」「は」の使い分けについて――展成文法理論の日本語への適用――」『国語学』66。国広哲弥 1967「'And' と「と・に・や・も」」『言語研究』50。Edward Herman Bendix1966 Componental Analysis of General Vocabulary: The Semantic Structure of a set of verbs in English, Hindi, and Japanese, *IJAL*。湯川恭敏 1967「「主語」に関する考察」『言語研究』51。なお、雑誌『ことばの宇宙』誌上で、1967 年 9 月から「連続討論＝主語」が続いている。国広氏によれば、wa は、「主題を既存の観念として提示し、陳述を要求する繋辞的意義質」；ga は、「心理的に先に存在する述語の主題を初出の観念として、補足的に示す補語的意義質」；mo は、「同類の及ぶ範囲を付け足して示す」ことなどをそれぞれに認めている。

[24]　wa は、演繹的、ga は帰納的という見方もできる。

第 8 章　現代日本語における助詞分類の基準

この前の文（64）の、しまいの wa にしても、あとの文と比べてもよくわかるように「あなた」の意志がなんの条件も付けられていないという点で、先立たれてはいない。それまたはそこから始まるのだ。

（66）　豚 kara 言えば、（豚は）しっぽが短かいよ。

（67）　象 made しっぽが短かいよ。

（68）　（豚でも象でもなく、）兎 dake が耳が長いよ。

こんな風に（61、62、63）を強調して言えるのではなかろうか。

とすると、mo には加わっていく内指向性、wa にはそれで始まる外指向性、また ga にはなにかについて限る汎指向性があるとしてよかろう。こうして、さきの位置関係を示す助詞に新たな三つを加えて、made-e-mo（内）、kara-yori-wa（外）、dake-o-ga（汎）という三つの組み合わせができ、それらを束ねることができる。

3.2

ここに見てきたような関係を、R. Jakobson 博士は、いわゆる格助詞 ni-de-to も組み込んだ「格助詞の相関」としてたくみに示した[25]。

図 3 で見る通り、そこでは、抽象性（上）――具象性（下）[26] などの語義的特徴がよく整理されている。また、kara = yori-de と並んだ made = e-ni の位置づけに無理がない。そこで、

（69）　ロミオ ga 一目 de ジュリエット ni 恋 o した。

という因果あるいは論理的関係や、

（70）　山 kara 近く yori（も）遠く e（と）海 made 行った。

という位置あるいは移動の前後関係が、図 3 の軸に沿って順にたどることで自然に結び合わされる。

---

[25]　1967 年 7 月 26 日から 8 月 5 日まで、第 2 回理論言語学国際セミナーに、東京言語研究所が、講師として、Roman Jakobson 博士を招待した。その席上、博士は試みに「格助詞の相関」を示した。

[26]　私の解釈として、これらの特徴を考えた。下は、具象的な位置関係に関わるものが集まっている。上は、論理的関係にまさっている。no-to は固定的で、ga から de に遠ざかり、e から made で近付いてくる。時計まわりに置かれている。

151

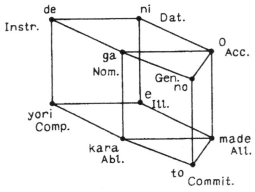

図3　格助詞の相関

　その一方では、これが格助詞だけをまとめたものなので止むを得ないにしても、ga がはいりながら、wa と mo が組み込まれていないのは残念だし、また dake のような副助詞がとられていないのも当然だろうが、これも補うべきだろう。
　もし、dake を kara と made を底辺とする三角形の頂点に置き、kara の上に wa、made の上に mo を置くならば、dake の上には ga が移されるだろう。
　さて、yori と e を底辺とする三角形を書き、その頂点には mo に追い出された o を置くならば、それに被ぶせて de と ni を底辺として書くべき三角形の頂点には、dake に追われた to が移されることになる。そして、to（上）と o（下）が向きあうべきだろう[27]。（図2を見よ。）
　いまここで、これらの助詞について、内 introversive、外 extroversive、汎 retroversive の三指向性と、具象性 concretive 対 抽象性 abstractive の外に、対象性 objective（接点）対 従属性 subjective（動線）[28] を特徴として設けるならば、

---

[27]　どちらも対象に真正面に向きあう。小林好日 1936『日本文法史』、で「『と』は『それ、されば』などの指示の意味のある『そ』『さ』と語根を同じくするもので、『とかく』『とまれかくまれ』『とある家』などの『と』とも関係があり、…下に付く『と』は、いづれもその上の語句を『それ』と指すのであるから、指示されるものに付属して、一つづつ添うたもの」とある。「『田中』to 名のる」「実家の姓 o 名のる」を比べたらどうか。「兄 to 思う」「兄 o 思う」では、内容はずれてくるが、対面の関係は変わらない。

[28]　subjective より projective 企図性（開発性）の方がましかも知れない。従属性では、この運動または働きかけの特質が感じられ過ぎる。従属という漢語がよくない。

図4のように配列することができる。

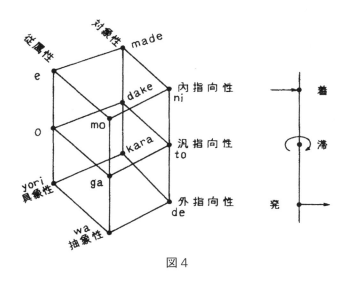

図4

3.3

さて、ni-to-de（抽象的対象性）は、節2.3で述べたように助動詞の活用形とするのだが、次に見る通り、助詞の用法と重なることがある。
  (71)　山 ni 行く。太郎 to 名のる。木 de 造る。
  (72)　山 e 行く。 太郎 o 名のる。 土 kara 造る[29]。
そのせいで、ni-to-de を格助詞に組み込むことを疑う人はないけれども、同一形態の機能に幅があるならば、助動詞の活用形に格助詞相当の機能も認めてよかろう。
  (73)　庭 ni おりる。　子ども to 遊ぶ。庭 de 遊ぶ。
  (74)　実 ni なる。　　花 to 見る。　こま de 遊ぶ。
  (75)　はるか ni 見る。はるか to なる。はるか de ある。
この(73)の用例も、構文として、(74)や(75)から格段の隔たりがあるわけではない。やはり ni には、それに成り向かう動き、de には、それを種とし拠り所として発する性格、to には、それと一体化し帰一する傾向が、それぞれ

---
[29] 「病気 de こまる」「病気 kara くる」の組み合わせと比べて見よ。

に変わりなく認められる。とすれば、そのような性格の由来を格助詞寄りの（73）のところに置こうと、助動詞寄りの（75）の方に置こうと、原則的には自由なのだ。ところが、e-o-yori が助動詞的な抽象性を荷なって、属性の叙述に用いられることがないのに対して、ni-to-de には、そこまで及ぶ幅が認められるとすれば、その特性は、抽象性、つまりは属性表現にあずかる点にあることになる。これら ni-to-de の本性を助動詞だとし、格助詞から除かなければならない。

　そこで、ni-to-de がなんらかの活用形なら、それと重なる e-o-yori が、その活用形にならって整理できるはずだ。引いては、ni-to-de を除かれた残りの九つの助詞が、なんらかの活用体系にならおうとしても、いわゆる終止形などに相当するものがなくては、体系としてまず基本的に欠けたところができてしまう。助詞で、終止の機能を持つもの；この問題は、次に譲ろう。

4.　活用体系にならって

4.1

　助詞に活用の枠を試みるとして、終止形と連体形に当たるべきものには、まだ触れてなかった。助詞を見る目は、どうしても、まずいわゆる格助詞に集中して、終助詞の存在は軽くあと回わしに扱いがちなのだ。でも、終助詞は、現にあるわけだ。

　（76）　絵を書くの da.

　（77）　これは、山の絵 da.

　（78）　これは、山の絵 sa.

　（79）　これは、山の絵なの sa.

　これらの例で見る通り、助動詞の終止形 da に相当する終助詞は、ただ終止法ということなら、外に yo や wa もある。しかし、wa は体言には付けないので失格、yo はただの指定を超える語気を含んでいるので[30]、適格と認められない。そこで、あえて間投助詞とされている sa を採ることにしよう。

　（80）　それは sa、遠くの sa、山で sa、……

　（81）　それは da、遠くの da、山で da、……

　などと、da でも言うではないか。また、da と sa は、互に排除しあう。sa を

---

[30]　yo には、誘い、押し付け、希望、呼び掛けなどの機能があるが、sa は端的に叙述を認めるに過ぎない。

基本的な終助詞と言うべきだ。

次に、連体形担当が no なことは、言うまでもない。これは、すでに格助詞に数え込むのが一般で、Jakobson 博士の五角柱にも組み込んである。

(82) たくさん na 人、別 na 人。
(83) たくさん no 人、別 no 人。

この対比についての、三上章氏の注意[31]は参考にすべきだが、no(83) の用法は、na(82, 指定の助詞の連体形)に全く重なっている。

このような終助詞 sa や準副体助詞 no を補うと、たとえそれが仮のものだとしても、活用体系を助詞分類の枠に選ぶ試みに確かさが生まれてくる。

4.2

ところで、ここで言っている活用体系とは、どんな活用形がどんな配列をしているものなのか。それを紹介しなければならない。それは、話法と勢[32]を示すための活用形の組み合わせで、その基本は用言――助動詞[33]も含めて――すべてに共通として考えられた[34]。

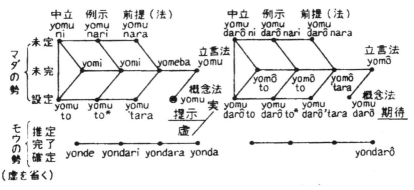

図5　基本活用体系（モウの勢の一部を省く）

---

[31] 三上章 1953『現代語法序説』124 ページを見よ。na の系列は、対象に密着して性質を示す。no の系列は、同格だろうと一応対象を離れた説明で、取り分けられる形象があると感じられる。
[32] aspect に相当する。時制 tense とは異なるが、tense に当たる場合も出てくる。
[33] 私案の助動詞――形式用言はみいろしかない。注 21 を見よ。
[34] 命令形などは、形容詞やある種の動詞にはないが、基本活用体系には入れてない。命令

図で示された通り、活用体系は、話法でまず提示法 indicatives と期待法 optatives のふたつに、　勢でまずマダ imperfects とモウ perfects のふたつに別かれる。ふたつの話法は、さらにおのおのが中立法 indefinitive・例示法 definitive・前提法 copulative と立言法 predicative・概念法 attributive に別かれる。

　立言法を含む勢の軸を「実」presentatives とすれば、「虚」representatives の勢を示す複合活用の土台（自立語形）としては、概念法が用いられている。虚の勢をすべて概念法に属するものとしてよい。また提示概念法は、その動詞を概念化して取り扱うときの話法として、その動詞を代表する。その意義内容を偏りなく示しているし、文の叙述に対する接続関係（連用修飾など）は何も示していないので、不定法とすることもできる[35]。

　実の勢は、実現とその可能性を眼前のこととして示すので、マダなら言うまでもなく、モウであっても命令の語気で使うことができる[36]。このふたつの軸を未完 initiative（マダ）・完了 decisive（モウ）と呼ぶ。虚のうち、中立法 ～ni に始まる勢は、その時点でまだ実現あるいは決定していないこととして言うので、未定 subjunctive（マダ）と推定 constructive（モウ）、中立法 ～to に始まる勢は、その時点で実現あるいは決定したこととして言うので、設定 conditional

---

形の位置は、未完の軸を中立法から延長したところだろう。指定の助動詞（モノの形式用言）に限って、期待法未完の中立・例示・前提法が欠けている。ちょうどその欠けるところと未定・推定、設定・確定の軸では複合活用形——つまり2語または3語によって活用が完成される。日下部文夫 1956「口語動詞の活用の考え方」『岡山大学法文学部学術紀要』7。

[35]　立言法はいわゆる終止形で示され、概念法は連体形で示される。アクセントなどで確かめてみると、用言をひとつの語として抽象して取り扱おうとする（単語を選び、索引したり、品詞論など文法で研究対象とする）とき、無意識にその語を概念法で示している。言いかえれば、体言としての資格を与えている。辞書にもこの形を見出し語として載せるべきだし、これがその用言を代表する不定形なのだ。概念法は、この不定形と、これを土台として指定の助動詞を添えた複合活用形によってつくられる。不定形が提示法モウの勢にも成立することに注意が必要、それは分詞というべきだろう。概念形と叙述形について近く発表するつもりでいる。連用形についても、本来の叙述形と名詞化すなわちその概念形があり、それがアクセントで区別されている。

[36]　連用形つまり中立法 yomi は、命令法の基本だが、その完了形 yonde も、前提法 yomeba、yondara とともに一種の語気をこめた命令法になっている。例示法の yondari も立言法の yomu もそのまま命令になる。期待立言法 yomô も勧誘という形の一種の命令になることがある。もっとも、所動詞（aru、dekiru、mieru など）や形容詞には、固定的な命令形は備わっていない。命令形の分化は、歴史時代にはいってからかとも思われる。

156

（マダ）と確定 confirmative（モウ）と呼ぶことにしている。

なお、〜-mai 拒否法 rejective（マダ）、〜kke 回想法 reflective（モウ）などは、命令法 imperative とともに副次的な位置しか与えられないにしても、活用のうちにはいる[37]。それらに比べ、〜-masu や〜-nai（否定形容詞）、〜-reru（所動相動詞）は、派生語として扱われ、従って活用には組み込まれない[38]。

この活用体系では、いわゆる助詞の類のあるもの——nari（並立）; -ba, to, si, -te または -de, -tari または -dari[39]（以上五つ接続）; 'tara[40]（係助詞）——が、ni-de-to と並んで、用言や助動詞の活用形に組み込まれてしまう。それらを改めて助詞として考慮するには及ばない。

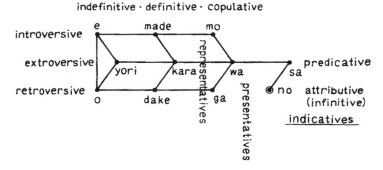

図 6a　基本な助詞の相関（提示類）

---

[37]　注 34 で言った通り、命令法は実の勢に属するが、形は提示法にしかない。拒否・回想の 2 法は、ともに虚に属し、拒否はマダしかなく、回想はモウしかない。このように所属の偏るものは、基本活用形に数えられない。なお、金田一春彦 1955「日本語 III 文法」『世界言語概説』下では、感歎形 yomâ、反復形 yomi-yomi などがあげてある。

[38]　接尾辞 -reru(-rareru) は、相 voice、-masu は文体 style、-nai は芳賀矢一博士の式 formula を示す。それらは、話法や勢のために添わるのではなく、じしんがまた活用をする。

[39]　これが橋本博士の助詞のなかにないのは、助動詞「た」の活用形とするからだが、一般には、並立助詞または接続助詞とされている。

[40]　これも橋本博士の分類にはいっていない。多分あまりに俗に感じられ、また to ittara の省略形などと考えられるからだろう。しかし、すでに省略形とする段階は過ぎて、語形が固まっている。一般には、係助詞で、「（軽い非難や親しみの気持をこめて）人を話題として提示する」（『岩波国語辞典』1963）、「親しみ・非難・難詰の気持をこめて提題する」（『日本文法講座 6　日本文法辞典』1958 明治書院）などとされている。非難に用いられるのは確かだが、それを本来の属性とするのは行き過ぎだろう。それは、だれそれ naraba という言い方に、賞賛な

4.3

　さて、節 3.3 で述べた図 4 の ni-to-de を除く残り九つの助詞に、節 4.1 で述べた終助詞 sa（立言法相当）と準副体助詞 no（概念法相当）を加えた 11 個の助詞は、図 6a のように「マダの勢・提示法」の枠によって配列してみることができる。

　活用の未定は、これからそこに達する勢として、助詞の内指向性に、未完は、そこから始まる勢として外指向性に、設定は、ちょうどそこに当面するものとして汎指向性に、それぞれ相当する。また、中立法では内容が固定的ではなく移動的に進行において示されるので、具象的従属性（e-o-yori）を、例示法では内容が固定的にとらえられているので、具象的対象性（made-dake-kara）を、前提法では内容にもまさって叙述の筋道が示されるので、抽象的従属性（mo-ga-wa）を、それぞれの特徴として当てはめて考えることができる。

　特徴の立て方として、特に話法についての三分法は、図 4 の二分法のように極めて弁別的・相互対立的とは言えないが、実践的には、この方が反って、助詞の機能を単純明確に把みやすい。勢では、未定・未完・設定よりも、図 4 の内・外・汎の三指向性の方が、同じ三分法ながら、ずっと単純明確だ。

　なお、「マダの勢・期待法」の枠によって配列される助詞を試みに当たってみると、次のようになろうか[41]。

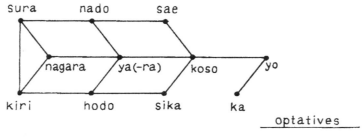

図 6b　副次的な助詞の相関（期待類）

り、得意なりの響きがまつわることの裏の味わいで、naraba に離れゆく指向が含まれ、出発があるのに対して、'tara がそこに密着したまま、保持しつづけることが、あまりに事を見せ付けにする感じがすることに由来するだろうし、成立の歴史が浅く、語感が生まなましいからでもあろう。どちらにせよ、活用体系の空き間に座を占めるようになった、臨時に終わらない形式として取り上げたい。'tara は、助動詞の活用形なのだ。それが虚の勢の体系を完成する。

[41]　これらのほかにもうひと組み 11 の座を枠組みすれば、助詞のおよそを尽すことができ

第 8 章　現代日本語における助詞分類の基準

5.　解決できること・できないこと
5.1

　活用体系の枠を支える特徴とその特徴に伴っている機能が、はたしてそこに配当された助詞の行動を説明するのに役立つだろうか。この問いが、この枠の妥当性を検証することになる。

　立言法と概念法が助詞に妥当することは、一見して疑えない。中立法と前提法についても、その妥当性が比較的容易に見て取られる。そこで、はじめに疑問とした made と kara（節 1.2）の取り扱いについて考えてみよう。

　助詞 made-kara は、例示法に座を占めている。この法は、もともと列挙に用いられる。

（84）　Yomu nari、utau nari する。　（未定例示法）

（85）　Yomi、kaki、算盤(42)。　　（未完例示法）

（86）　Yomu to、kaku to は違う。　（設定例示法）

（87）　そう ittari、(kaitari) する。　（完了例示法）

これらに対して、made-kara は、時にその両方を組み合わせなければならないが、次の通りやはり列挙の機能を持っている。

（88）　読み、語り、歌い made する。

（89）　魚、肉、野菜、果物、花 made ある。あのころの村、畑、林、小川、小路、家、庭の小さな池 made 思い出した。

（90）　庭は、池 kara なに kara みんな (その匂い made) 思い出した。

（91）　一週間に、日曜、月曜、水曜、金曜、それ dake 会い続けた。

　例示法は、言うまでもなく例示に用いられ、同時にまた、例示がおのずから概念化を招くせいか、そのまま体言として扱われる。(85) の例がすでにそうだった。

（92）　Yomu nari、kaku nari が大切だ。　　（未定例示法）

（93）　Yomi、kaki、そろばんが大切だ。(85)　（未完例示法）

（94）　Yomu to、miru to は、大違い。　　（設定例示法）

る。goto、gurumi、tote；gatera、gurai、teba('te)、zo；hoka、bakari、nante、ne のほかに、用言のあとでなければ現われない keredo；wa、na、ze が残っている。このみっつめの枠がモウの勢に相当するだろうか。

(42)　この yómi、káki は、yomí、kakí でないから、名詞化していない。つまり、叙述形で、概念形ではない。例示法だ。

159

この座の助詞には、列挙つまり並立の機能がひとつだけでも現われ、それが体言相当の資格を生んでいる。その結果が準体助詞となり、またそのそれぞれに固有の語義が副助詞としての効果を生む。副助詞は、これも体言相当の接続をする点で、その機能が終始一貫している。すべて例示の一種なのだ。

（95）　そのあばた made を愛した。

（96）　向こうに着く made は安心だ。（11）

（97）　幹の肌（にして）kara が美しい。

（98）　「向ふへ着いて kara が心配だ。」（7）

　このうち、（95, 97）のように、助詞それぞれの語義が抽象的表現効果を持つ場合が副助詞と呼ばれる[43]。

　例示法は、また一種の接続の機能を果すことがある。

（99）　最初の一句を yomu nari、笑いだした。（副助詞の nari として）

（100）口にたばこを kuwaeta nari、見つめている。

（101）大声で yomu to、赤ちゃんが起きる。

　いわゆる接続助詞 kara は、それに当たっている。

（102）人が来る kara、待っている。

　　　　そう思える kara、きみは幸福だ。

（103）そう思える dake、きみは幸福だ。

　　　　気の済む dake、待ってみる。

　このような dake も、一種の接続助詞にはならないだろうか[44]。もっとも、kara で受ける節では「の」が使えないが[45]。

　例示法に、格助詞 kara の働きを生む幅があるだろうか。そう考えるとき、（102）の「そう思える（こと）kara、きみは幸福だ、」の場合などが格助詞に相当している。

（104）　　港を deru nari、波しぶきが打ちつけた。

---

[43]　橋本進吉 1948「国語法要説」『国語法研究』で、「他に対して種々の関係に立ち得るが、それ自身としては断続の意味を持たないもの」（p.69）と規定してあるのは、副助詞で、それが準体助詞より「連用語にも付く」（p.78 の表）点で自由でありながら、下への接続関係では、どちらも体言に相当することを示している。

[44]　「気の済む made、待っている、」「そう思う made（にも）、きみは幸福なのだ、」も比べてみたい。

[45]　kara は実の勢に属するが、made も dake も虚に属する。実には叙述性が共通にあるが、虚は概念性で共通する。でも、「が」は叙述性を保ち、「の」は概念性をまとめる。

第８章　現代日本語における助詞分類の基準

（105）　きょう kara 彼岸にはいる。

（106）　右に magaru to、駅がある。

（107）　そこを右に曲がる dake で駅に行く。

（108）　そこを曲がる made 川が見える。

（109）　そこを曲がって kara 山が見える。

　この（107）を見ると、「それ dake 効めがある。」の副助詞 dake の中にも、例示法の働きが認められると同時に、「で」の助けを得ながらも、格助詞の機能の一部を荷なっているとさえも感じられないだろうか。

　なお、いわゆる終助詞にも働けないではない。中でも kara がそうだ。

（110）　そんなことをしたら、おこる kara(46).

（111）　とてもおかしかったんで、笑った made.

（112）　ちょっと泣いてみた dake.

　「おこる kara」（110）は、終助詞「よ」の助けを借りながらの「okotte よ」にそっくり当たっているし、「泣いてみた dake」（112）は、口をとがらせて言う「naite mita to」に似ている。この okotte や naite mita to は、例示法ではなく、中立法ではないのか。その点からみれば、終助詞の機能まで例示法に負わせるわけにはいかないようでもあるが、しかし、例示法による一種の体言止めの効果が終助詞の機能を生んでいると言えないことはない。

5.2

　このようだから、例示法が、助詞 made-kara-dake の類の――並立助詞から終助詞に至る――機能のしかたを説明する共通の枠になっていると言ってよかろう。その構文上のもっとも大きい特性は、――それぞれの指向性を含みながら――体言相当の接続をすることだ。もし、中立法相当の助詞 e-yori-o を格助詞らしい格助詞とするならば、例示法相当の助詞は、すべて副助詞とすべきだろう。また、前提法の mo-wa-ga は、まとめて係助詞とすべきで、そのうちの ga だけを格助詞に送りこむのはよくない。立言法相当の sa が終助詞、概念法相当の no が準副体助詞として別けられるのは、適当だろう。

　この最後の準副体助詞についても、体言相当の接続が見られる。それは、概

---

(46)　この kara には、da や sa を添えることができない。次の made や dake には、da も sa も添わる。これにも実の勢が関係して、虚の概念性と違ってきていると考えられるが、それにしても形の上では kara だけが終助詞の資格じゅうぶんと言える。

161

念法が概念化した用言を表わすことに相当している。

（113）　　行きたいなら、早く iku（の）がよい。

（114）　　そこに iku（ところ no）人

　（113）の括弧内の「の」は形式名詞[47]だが、（114）と合わせて見ると、概念法と助詞 no との間に同じ機能が現われていることに気が付くだろう。

　格・副・係の 3 類については、内・外・汎の指向の別を立てるのは、言うまでもない。それで、語形の占める座が決まって、同一語形が各種の助詞に分属することはなくなる。

5.3

　なお、格助詞のようにその適用範囲を慣用上誤まる恐れのある名称を避け、内（指向）中立助詞 e、外（指向）例示助詞 kara、汎（指向）前提助詞 ga のように呼ぶこともでき、それに、提示法と期待法の区別がかぶさることになる。この度は、期待法の詳細にわたって検討することは控えたい[48]。

　また、「マダ」と「モウ」の勢の別を助詞にも認めるべきかどうかが問題として残っている。それは、さらに余まっている副次的な助詞[49]の配列を試るときにおのずから解決するだろう。ただ、みっつの指向性、内・外・汎に、未来・現在・過去を押し当てて、それらを勢としてよかろう。いまは、詳細を述べない。

　また、助動詞活用形 ni-de-to のほかに格助詞 ni-de-to を認めないことについては、検討を終わった（節 3.3）ことにする。

　以上のような諸問題はさておき、助詞 made-kara について、はじめに見た分類法の矛盾は、新しい試みで解消できたと思われる。

---

[47]　さきに注 7 で述べた接続（名詞の）形式名詞。

[48]　ただ、概念法に当てた ka は、例示法それも未完のところに座を占めそうにも思えた。しかし、期待を含むが、概念法でなくてはならない。「なに ka」「だれ ka」や「山 ka どこ ka に」「花 ka 木 ka を」などと体言なみの続きざまを見せるのも概念法としてと思われる。概念であり、それに期待の語気が現われるので、さがし求めることになり、それが疑問の効果を生むと解釈できないか。

[49]　注 41 を見よ。

162

第 8 章　現代日本語における助詞分類の基準

6.　むすび

6.1

　この度の試みで最も留意すべきことは、語形についてその意味を構造（相関）的に明らかにする意味論的な取り扱いが、文法研究でどのような位置を占めるかなのだ。形態論は言うまでもなく、構文論に対しても、意味論的方法がその土台を築くことになるのではなかろうか。連合的構造は、統合的契機をも含めていると考えられるから。ここで言う語形とは、接続関係などの形式上の差違に敏感に反応して、その差違ごとに変わるとされる、分裂ぎみな語形ではない。ここで言う意味とは、前後関係による表現効果の違いごとに別語とされる、解釈的な意味ではない。現象を解釈できなくては困るけれど、現象を体系的に切り取ることをしないで、表面だけのそれに引き回されるのでは、分析資料とは言えても、分類とは言えまい。しかし、このような基本的問題についても、ここでは述べないことにする。

6.2

　動詞における未定・未完・設定（マダ）と推定・完了・確定（モウ）それぞれのみっつの座は、助詞における内・外・汎の各指向性に相当する。この指向性・の方が原理的に特徴をとらえているので、これを動詞の勢の細分にも当てはめる。未定（推定）以下は、その機能に従った解説的名付けなのだ。

　内・外・汎を、基準点から見ると、接近・離去・滞留と言える。また、中立・例示・前提の各法が、文脈的にある内容に対する接近・滞留・離去をそれぞれ示している。つまり、勢の時間・空間的座標、法の力動的座標、どちらもが、集約（収）intensive、拡張（発）extensive、保持（中）retentive に三分されているのだ[50]。

　それに加えて、法の軸の延長には立言法、勢の軸の延長には概念法が全体をまとめている。

6.3

　助詞分類に積極的な疑問を持ち、それを相関束に仕立てようとの考えと、その相関が活用体系に重なってくるという見通しは、1955 年の末に起こり、そ

---

[50]　時間空間の次元的座標は連合関係に偏り、論述展開の力動的座標は、統合関係に偏ると言えよう。

の翌年に提示類助詞の相関図ができた。その後、これについていくたびか教室の講義で語ってきた。しかし、期待法以下については、まだ自信がなく、正規な発表には踏み切れなかった。ところが、ことし (1967 年) 夏、R. Jakobson 博士によって、格助詞体系 (図 3) が示されたのを機縁として、思い切ることとした。第 52 回日本言語学会大会で多くの批判を得たのは、幸いだったが、さらに大方のご批判をこいたい[51]。

なお、この試みによって得たところに従って、R. Jakobson 博士の格助詞体系をあえて修正すると、下の通りになる。

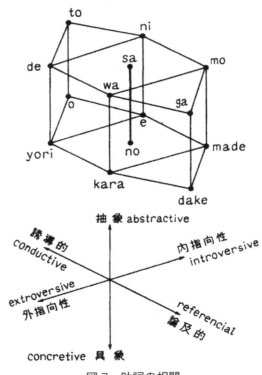

図 7　助詞の相関

---

(51) 日本言語学会第 57 回大会で発表ののち多少の修正を加えた。発表の際、小林英夫博士をはじめ、橋本万太郎、大岩正仲、鈴木孝夫などの諸氏から示唆的な質問を受けたことを感謝

第 8 章　現代日本語における助詞分類の基準

したい。なお、中立法に infinitive の訳語を与えることは、中立法という用語を苦心して考え
だした過程を考えても不満であり、概念形こそそう呼びたいところだったが、佐藤純一氏の示
唆によって直ちに中立法を indefinitive と改めることにした。橋本氏の「助詞が重ねて用いら
れたときをどう解釈するか」ということは、特に助詞 ni に助詞が重ねられる場合を取り上げ
られたが、それは鈴木氏の made についての示唆とともに ni や made のかげに潜在する文脈を
意識にのぼせたいという趣旨だったと思う。とくに ni は叙述性が強い、そこにひとつの文が
凝縮していると仮定することはできよう。語の機能は、文の理想形を頭に描いた方が説明しや
すくなることは確かだろう。意義素の中には、そのような文法的特徴も結びついているはずな
のだ。

165

第9章

北をミレ　南だけをミサセルな

　「ミレル」というと、「それは、『ミラレル』ですよ。聞きぐるしい」とたしなめられることがあります。しかし、こうした語形は、明治・大正期から中央でも使われはじめていたものでしょうし、「ミラレル」の多義を防ごうとする人びとの意欲に押されて出てきたものですから、あながち捨てたものではありません。

　「カク」には、「カカレル」とは別に「カケル」という独立の可能の派生形が用意されているのにならって、「ミル」にも「ミラレル」とは別に可能の「ミレル」があるべきでしょう。'–rare–ru' という接辞が 'kak–(r)are–ru' とそろえて 'mi–*rare*–ru' を生むように、接辞 '–re–ru' が 'kak–(r)e–ru' をつくるなら、'mi–*re*–ru' をつくることも妨げることはできません。

　ことばは移りかわります。かまえて意図的に手を加えずとも、人びとが知らず知らずに新しい秩序をつくりだし、えらびだすのです。

　新潟県下を含めて、東北から北海道にかけて命令するのに「ミレ」と言います。これも「カク、カケ」という語形が 'kak–(r)u, kak–(r)e' と分析され、同じく「ミル、ミレ」が 'mi–ru, mi–re' となるわけですから、まったく合理的だと言えましょう。中央の「ミロ」という命令形は、かつての中央方言で接辞の母音を選び損なったのではないでしょうか。

　ことばは乱れるとは限らず、このように人びとの巧まざる知恵によって整えられるものです。ことばのかわるとき、人びとがそれを選びとっているのです。ことばの現在は、すべての世のできごとと同じように、ひとりひとりの行動によって刻々につくられているのです。それが時にことばを乱す方向に進むことがないではないでしょう。

167

○NHK では、日本語番組を充実**サセル**ことになった。

○電電公社では、……レーザー光を連続的に発振**サセ**ているが、……欠陥は全く見当らず、…

これらの「サセル」は、どう思われますか。次のものを見てください。

○鉄骨系は、歴史が古く、最も普及**サレ**ていて、メーカーも数多くあります。

○出没したサルを花火でおどし、撃退**サセ**た。

○日本の読書界にはこれまで紹介されてこなかった大部な著書の訳を刊行**サセ**た労を多としたい。

これらは、奇妙な「サセル」の用いざまではありませんか。

○16 両編成・全重量 960 トンの新幹線が時速 160 キロの高速運転でつり橋を通過**サセル**ことを可能にした。

この「サセル」に至って、まったくの誤りとすべきでしょう。

○本当は孫子の代まで働けるきれいな海を残したいと思っていても、手放さざるを得なく**サレテ**いく。

これは、ひとり立ちの「サレル」ですが、この裏返しがやはり「ひとの責任において」という語義を共通にする「サセル」です。

次の例は、さもあるべき「サセル」です。

○国政調査権の強化、情報公開制の導入などにより、いまなお秘匿されている関係資料を国民の前に公開**サセ**、腐敗の責任を明らかにすべきだ。

中途半端な用法で、「サセル」を使うのが適切ともとれ、またわざわざ使うまでもないとも思われもする例はいくらでもあります。

○報告書が最も心配しているのは、燃焼**サセ**た（**シ**た）あとに残る石炭灰の処理問題。

○米政権としては、こうした措置を通じて…日本、欧州などの同盟国側の共通認識を深め**サセ**よう（深めよう）という政治的配慮を働かせたものといって間違いないだろう。

○私人のものでもないはずの水面、海岸が、いとも簡単に一私企業のものに変わるのを、可能に**サセ**て（**シ**て）いるのが、この法律（公有水面埋立法）です。

○警察小説はハメットやチャンドラーなどによって押しすすめられた探偵小説のリアリズム化を一層推進**サセ**た（**シ**た）といえよう。

第9章　北をミレ　南だけをミサセルな

○介護者の健康を維持**サセ**（シ）、障害児を人間らしく世話するためにこ
　　そ、看護用介助ロボットは必要なのです。

　どうでしょう。「万一、品質に御不満がございましたら、郵送料当社負担で
お取りかえ**サセ**ていただきます」のは、当社の方だが、「取りかえ**サセ**」るの
は、当社の責任において「スル」ことを求める客の方です。自身は手をこまね
いていて、その上に「シ」てもらうわけです。そう考えられる、こうなるのが
当然だが、そうするのはだれか。語り手の関り知らないところだ、というので
しょうか。客観的に公平な語り口かも知れませんが、近ごろとくにこうした言
い回わしが目に付いて仕方がないのです。世の風潮がそこにある。それをこと
ばが映し出したまでだと投げる気にはなれないのです。そこには、人びとの隠
れた意欲がある。いやあるべきだからです。述べることがらを語り手の意欲が
支えてしかるべきでしょう。

　近ごろしきりに用いられる「○○**サセル**」には、できるだけ遠回わしにして
本心をはぐらかそうとする語り手の弱よわしい姿勢を感じ**サセ**られます。なぜ、素直に「スル」と言えないのでしょう。なぜ、率直にみずから「スル」よ
うにしむけないのでしょう。

○見えている世界にとらわれている自分を解放**サセル**ことが必要。

　こういうのは、だれのことか。「スル」ではいけないのでしょうか。

○S…は、自分を宇宙に拡大**サセル**のではなく、宇宙を自分に縮小**サセ**て
　　緊張の空間を描こうとしている。

　際どいところだが、「拡大スル」「縮小シて」でいいというより、やはりその
方が自然なのではないか。それを折れ曲った世相を映そうとして、わざわざ
「サセ」を使ったのでしょうか。

○それがまた、今日の子どもの内面的な弱さを克服**サセル**指導のひとつで
　　もあるのである。

　とは、なるはずもなく、かえってそれを保証するものとなっているのです。

　「目をそらすな。ミレルものはしっかりミレ。」こうした「ミレ」や「ミレ
ル」のようなたくましい誤用は、未来を開いてくれます。しかし、奇妙に味わ
いに富んでねじ曲がった逃げ口上にことばの形が流されていってほしくないも
のです。

169

添えがき

1 命令の「カケ」は元来 'kaki + ya' であり、「ミロ」も 'mi + yo／ro' だったわけで接辞 'ro' の母音 'o' と子音 'r' は、ともに 'a' と 'y' の交替形と考えられます。子音語幹の 'kak–i–(y)a' では進んだ母音 'a' の融合が、母音語幹の 'mi–ro' でははばまれたということでしょう。

2 近ごろさかんなのに、出発点や開始の時点、つまり起点を示す「カラ」に代えて「ヨリ」を用いることがあります。口語ででは、「カラ」と「ヨリ」の語義には厳しい区別があり、しかもそれが「マデ」と「ヘ」の区別と並んでひとつの体系をなしているのです。せっかくの口語の論理を崩したくないものです。

晩秋の車窓

防雪林縫ひて駅々来たるなり　砂丘の屋並きれぎれにして
行き行けど防雪林の尽くるなく　薄なびける車窓明るむ
見え隠れ屋並もありて幾駅か　防雪林のいつしか止みぬ
打ちよする波頭高く迫りきて　くだけ散りゆく汽車の窓かな
山田打つ人のあり駈け抜くる　わだちのかなた晴れゆくらしき
少年の夏の日ありし山あいの　レールに沿える月見草はや
ただ煙ひたすらのぼる夕空を　澄みとほるまで茜なる嶺

——越後路の記念のために——

第10章
平良市（宮古島）における所の呼びかた

0.　まえおき

0.1　報告の目標

　固有名詞研究（onomastics）は、従来言語研究の正面に立ってこなかった[1]といってよかろう。けれども、固有名詞を一定の時所における生活者に結び付けてそのあり方を解明することによって、次のようなふたつの側面を切りひらく効果があると思われる。

　そのひとつは、その内部構造を分析することによって、普通名詞を始めとする一般語彙の概念体系が裏付けられる。逆に、固有名詞の個別的な取り扱いから抜け出て、一般語彙体系を裏付けとした組織的処理が可能になる。（第一部）もうひとつは、その分布状況を考察することによって、言語体系のもっとも個性的な部分に光を当て、個人言語（idiolect）の実態をもっとも具体的に展望できるようになる。（第二部）

0.2　調査体制

　このようなふたつの側面を切り開くために、ここでいう固有名詞は、その土地の本来の生活者の日常の語彙として伝承されてきたものであって、外来的勢力に支えられてその上にかぶさったものでないことが望ましい[2]。この意味

---

[1]　地名・人名などの固有名詞は、いろいろな意味で、もっとも使用効率の高い語種で、外部的に強力なことは明らかだが、それじしんの内部では、脆弱で、もっとも動揺の多い語彙というべきである。しかもなお、体系的な観点が設けられることをいいたい。

[2]　ちょっとした例を挙げておこう。平たくて、ようやく100メートルを余るヌゥバリダキ「野原岳」が最高地点として地図にのっている。平良市の人に土地のことばでその高みの名を聞いてみると、だれもがヌゥバリンミ「野原嶺」としか答えない。ヌゥバリダキは、沖縄本島

171

で、土地の旧来の地名を、特にその通称の面から掘りおこすのに、仲宗根恵三、塩川寛令両氏（教育委員会）の援助と、塩川カマド（荷川取）、下地静（西仲宗根）、砂川恵達（東仲宗根）、三島秀（西里）、下地盛路（西里）、立津元康（下里）、下地カニメガ（下里）の7人の方々の協力を得た。ここでは、これらの方々から得た位置関係語彙をまず扱い、それから、塩川カマドさん、下地静さん、三島秀さんの提供された固有名詞（通称）に照明を当てて報告することにする。

　なお、今回の平良市における生活環境語彙体系についての臨地調査は、昭和46、47両年の夏季、それぞれ約3週間ずつ平良に滞在した加藤正信、日下部文夫、柴田武の共同作業によってなされた。

1.　概念的空間

1.1　上下

　空間には、まずタティ「縦」とユクゥ「横」（片かな表記は以下付表音韻がなによる）の軸が考えられる。そこに行動を置いてみると、タティは、垂直・水平に拘りなく、進退の方向（予定の線上）であり、ユクゥはそれから外れる方向（交差線上）である。進退方向の対極を分けあうのには、マヴキャ「前方」──チビ「後方」に並ぶマイ「前・表」──ッシカタ「後・裏」あるいはアトゥ「跡」──サク「先」の外に、ワーグゥ／ワーギ「上」──スタ「下」がある。立方体についていえば、ナカ「内部」──プゥカ「外部」に伴なって、ナカーラ「内面」、ユカーラ「側面」、その「周辺」のアラーに加えてワービ／ワーブゥ「上面」とシターラ「下面」がある。（図1）

での呼び方に従ったものなのである。

第10章　平良市（宮古島）における所の呼びかた

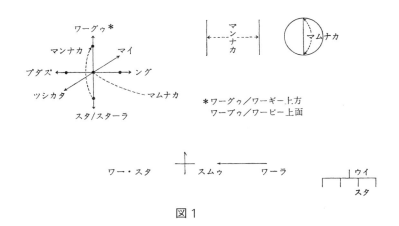

図1

　このように、平良市では、「上」がワーグゥ「上方」とワービ「上面」とに明確に分けられ、派生語が成立している。また、上下を組んでワー・スタとかウイ・スタと言うことがあり、前者は物理的位置関係に、後者は心理的位置関係に当てるようにその持ち場を分けている。ワーグ「上着」──スタグ「下着」と言い、ウイヌプトゥ「上の人」──スタヌプトゥ「下の人」と言う。いずれにせよ、成句か複合語の中で始めてスタと離れて用いられるのがワーまたはウイである。

　なお、この複合要素となるウイ（上）が、地名では、顕在するかしないかに拘らず、スムゥ（下）と対立したものとして用いられる。プサラ「平良」の市街に対するウイバリ「上原」の位置を見ても、市街地のスムゥダティ「下里／下立」の西南に位置を占めるのに対して、東北に位するのである。市街の中で東北と西南に位置してウイニーマ「上根間」とスムゥニーマ「下根間」と呼ばれる両家がある。これで、ウイ・スムゥが一定の軸に沿っていることが察せられるのである。そして、このウイ・スムゥは、のちに見る通りニス・パイに重なる。[3]

　ところが、スムゥと組むのには、別にワーラ「上（かみ）」がある。これは、水平な位置関係に社会的な（上下の）位置関係がかぶさったもので、専ら住居と方位に結びついて人々の行動を規制している。

---

[3] 村や町は、日常の間にひとつのまとまった集団として生活活動の単位であり、「前」とか「裏」とかを分ける回帰的な視線を内蔵している。沖縄はその典型を見せる。

173

1.2 間取り（図2）

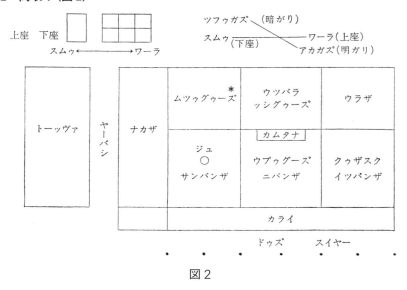

図2

　家には、ウプゥヤー「母屋」とトーッヴァ「台所」がまず備わり、アガズ「東」とイス「西」に配される。ウプゥヤーのととのったものは、表側では、アガズからクゥザスク「小座敷」（イツバンザ）——ウプゥグゥーズ「大庫裡」（ニバンザ）——サンバンザ、裏手では、ウラザ「裏座」——ウツバラ（ッシグゥーズ「裏庫裡」）——ムツゥグゥーズ「味噌庫裡」が並び、さらに土間のナカザがある。このうちクゥザスクには、トゥクゥ「床」があり、かつてはタラマムゥッスゥ「多良間筵」が敷かれ、女子供は立ち入ることを控えなければならない最上位の部屋として、ワーラに位置づけられ、多くはカラユゥカ「板の間」だったニバンザ、サンバンザの方へスムゥ「下」とされる[4]。

　このようなウプゥヤーとトーッヴァ、またクゥザスクからサンバンザに向かう配置は、現在に至るまで崩れずに守られている。ワーラつまりアガズから、スムゥつまりイスに並ぶわけである。

---

[4] ニバンザには、カムタナ「神棚、仏壇」やマヴ「守り神」をまつる。サンバンザには、ジュ「爐」があって湯を沸かしておく。

1.3 邸内（図3）

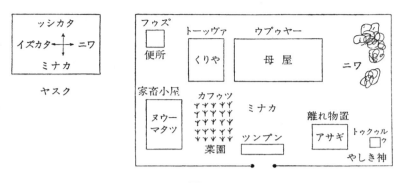

図3

ヤスク「邸」のワーラには、ニワ「庭」があって、草花や植木がしつらえられ、スムゥはイスカタ「西方」と呼ばれて、フゥズ「豚小屋・便所」が置かれる。表側に面した地面は、木など植えず、作業や集会の場として用意されているミナカ「前庭」である。それに対する裏手はッシカタ「裏」である。

ワーラとアガズとニワが重なり、それに対してスムゥとイスまたはイスカタとトーッヴァが重なる。また、ミナカとパイ「南」、それに対してッシカタとニス「北」が重なる[5]。

1.4 方位（図4）

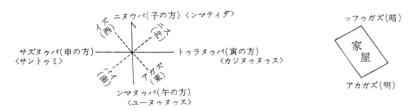

図4

---

[5] ミナカのイスカタには、ヌゥーマタツ「馬小屋」があって、牛・馬・羊を置き、ニワよりにはアサギ「高倉、離れ」があって、物置や別棟の住居にする。また、アガズのニワの角には、トゥクゥルゥ「邸神」をまつる。

住居がその平面を方位を軸に展開するのは、いま見た通りだが、逆に方位が建築によって定められているというべき事情がある。ニワ、クッザスクがアガスに、トーッヴァがイスに位置づけられるといっても、このイス・アガスの軸は、西北から東南に引かれ、それに伴ってミナカのパイとッシカタのニスの軸は、西南に東北から引かれる。これは、住居の角々の方向として意識されている。ニヌゥパ「子の方──『北極星』ニヌゥパブゥスがある」─ンマヌゥパ「午の方」、あるいはトゥラヌゥパ「寅の方」──サズヌゥパ「申の方」の軸と交差していて、この食い違いが明確である。

　このイス・アガス、ニス・パイの軸が建築の平面に規制されるとするのには、まだ早いかもしれない。というのは、プサラ「平良」の街区がまず東北から西南に斜めなりの海岸線に対して直角に延びる大通りと、それを横切る道とで条里を成していて、その条里の邸のゴー「敷地」は当然、その大通りのイス・アガスの軸と、それに交差するニス・パイの軸に沿わないわけにはいかないからである。しかし、宮古島の外の集落、例えば与那覇など──ここの海岸線の方位角は平良と同一とはいえない──にも同様な方位のずれが認められるのだから、一応の家の構え方の規制を第一義のものとすることができよう。

　このように人文方位は、自然方位と明確に食い違っていることがあり、ここでは、東西南北が時計回わりに 45 度ずれていると概括される。なお、住居・邸のンマヌゥパよりはアカガス「明がり」、ニヌゥパよりはッフゥガス「暗がり」とされ、さきのワーラースムゥの軸を斜めによぎって、ともに善悪吉凶の価値評価にあずかる[6]。

---

[6]　寝るのに枕をイズカタにはしない。ッシカタにも余り向けない。また、ニヌゥパ・ンマティダ「子の方母神」（宮古の祖神）、トゥラヌゥパ・カジヌゥヌゥス「寅の方風の主」、ンマヌゥパ・ユーヌゥヌゥス「子の方世の主」（豊凶の司）、サズヌゥパ・サントゥミ「申の方算の主」（運命の司）と言われ、それぞれに当たって祠がある。なお、竜宮や天国についての伝説はあっても、東海の果てや西海のかなたについて理想境が考えられてはいない。天国、地獄の考えは行われている。

第10章　平良市（宮古島）における所の呼びかた

1.5　隣り近所（図5）

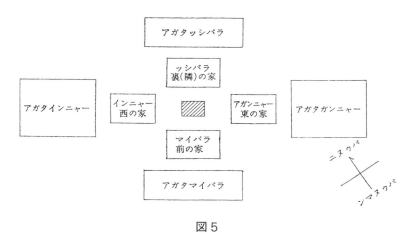

図 5

　東西をアガス・イス、南北をニス・パイとは、その発音には変りがあるにせよ、琉球語の全域を通じてそう呼んでいる。イス「入り」・アガス「上がり」が天日の運行を基準としていっていることは自明で、ニス・パイがそれと基準をともにできないことは言うまでもなかろう。このニスとパイそれぞれに冬と夏の季節風の名だということは、疑う余地がなく、ここでは南北が風を基準として呼ばれているわけなのである。冬風（寒風）は、沖縄で北寄りに、西日本で西寄りに吹くのが、本土と沖縄でニシ（ニス）の方位を90度食い違わせたと想像できることは、風と見ることに理を与える[7]。

　同一次元で空間を四分するのが、東西南北なのではない。そこには、天日と風とのそれぞれ別の次元が両極化されて重ね合わされている。それが隣りや、

---

[7] ニシとヒガシのシをもって風を示すとの説は、『時代別国語大辞典上代篇』（1957）でも見ることができる。また、ヒガシはヒムカシであったことも周知のことである。ヒムカ——ヒンガ——ヒガだから、日向も比嘉もそのままで東を差しているわけだろう。比嘉と呼ぶ土地は、いつも東海に面している。宮古でもその例外ではない。そうすると、本土では、東西が風を軸として呼ばれているわけである。

なお、鎌田久子氏に紹介された区長の下地富雄氏によれば、大浦では、分家は常に本家よりイスカタに家を造るから、集落が西に向けて拡がるという。ニシが風を差すということは、常見純一氏も指摘したところで、氏は沖縄できょうのニシはイリ「西」にまわって吹くなどということに着目している。

街区の呼び方に現われるのである。

トゥナス「隣り近所」は、次のように概括される。インニャー「西の屋・西隣り」とアガンニャー「東の屋・東隣り」があるのに対し、マイバラ「前原屋・向い」とッシバラ「裏原屋」があって、それらにアガタ「かなた」をかぶせれば、すぐ隣より遠い近所の家を差すことになる。マイとッシがパイ「南」とニス「北」に当てられている。ここで注目されるのは、南北線上の隣りと、東西線上の隣りとで呼び方に明確な相違が認められることである。南北に代って前後としながら、東西を左右とせず、接尾辞バラもニャーと異なっている。

1.6 街区 (図6)

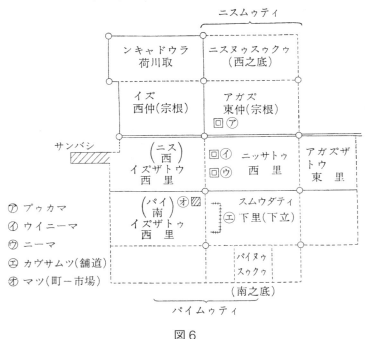

図6

プサラ「平良」の町は、元来グゥカアザ五個字で、しかもふたつの間切(村)に分かれていたものが合わさってできたという。北のプサラマグス「平良間

178

第10章　平良市（宮古島）における所の呼びかた

切」にンキヤドゥラ「荷川取」、アガズナカズゥニ「東仲宗根」、イズナカズゥ
ニ「西仲宗根」の三つの字、南のウルゥカマグス「砂川間切」にニッサトゥ
「西里」、スムゥダティ「下里／下立」のふたつの字があってまとまった。砂川
の北辺はニッサトで、そのパイ「南」にスムゥダティがある。このスムゥ「下」
が南を表わすことは明白だろう。

　この旧街区（図7）スマナカ（島中）の周辺に新街区があって、スゥスゥビ「裾
辺」（時にイブスゥ「夷」）と呼ばれる。このスゥスゥビにアガズザトゥ「東里」
とイズザトゥ「西里」がありながら、パイザトゥ「南里」とニッサトゥ「北
里」がない。それがすでにスマナカにニッサトゥのあることによるだろう。で
も、ニスヌゥスゥクゥ「北之底（低地）」を含むニスムゥティ「北手」に対す
るパイヌゥスゥクゥ「南之底」を含むパイヌゥティ「南手」があることは、イ
ス・アガズではサトゥ「里」なのに、ニス・パイの軸がムゥティを極としてい
ることを示している[8]。

---

[8]　先年（1960年夏）のこと、日下部が同じ宮古島の下地町与那覇で、与那覇金一郎氏に紹
介された友利恵昌氏に教わったところでは、そこでも、人文方位が時計まわり45度ずれてい
る。そうした東西と南北の軸に沿って交差する道で四分割された各地域が、ニヌゥパディー
「子の方里」、トゥラメゥパディー「寅の方里」、ンマヌゥパディー「午の方里」、サズヌゥパ
ディー「申の方里」となっている。四分制である。また、上野村の宮国で砂川清氏に教わった
のでは、やはり人文方位には同じようなずれがあり、その東西に従って、この区域はアガズザ
トゥ「東里」とイズザトゥ「西里」の二分制になっているという。自然方位と「民俗方位」の
ずれということは、すでに Mabuchi, T.（馬淵東一）1968 *Toward the Reconstruction of Ryukyuan
Cosmology.* 村武精一氏の 1964/65 *Dualism in the Southern Ryukyu* でも、示され、沖縄本島南部
では、民俗方位が自然方位に対して時計まわりと逆に45度ずれているという。家屋は自然方
位の南に面して建てられ、その東北隅がアガリ「東」、東南隅がフェー「南」とされるという。
そのような民俗方位を家屋の隅々に固定して、家屋の向きを回転して自然方位に合わせるなら
ば、家は西南を向くことになる。その正面を改めて民俗方位のパイ「南」としたのが宮古島平
良市の場合である。

179

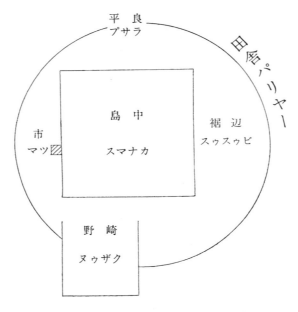

図7　プサラ（町）とパリヤー（田舎）

　隣家の呼び方といい、新街区の通称といい、天日の軸と風の軸との次元の違いを引き移して、接尾辞に反映させているものと思われる。
　ちなみに、イズザトゥやアガズザトゥは通称で、公称ではない。従って字名・登録地番としては、ニッサトゥ「西里」やスムゥダティ「下里」などの何番地かになるわけで、公称ニッサトゥの中で通称イズザトゥの地区などがある。しかも用字の上では、どちらも「西里」と書かれるわけだし、共通語としては、どちらもニシザトと呼ばれるからさらにややこしいことになっている。地名の調査に当たって通称をその本来の読みのまま取り扱う必要を充分に示している例である。

1.7 村・海・島(図8)

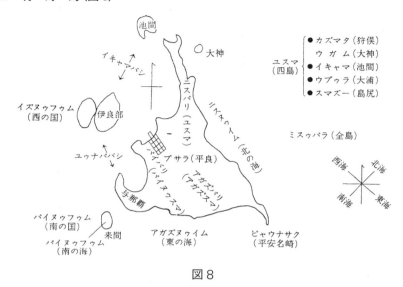

図 8

　人文方位のずれは、当然のことながら、プサラ市街の外にも延びている。ミャークゥ「宮古」を少しばかりせい高の二等辺三角形としてみると、その底辺は自然方位の東西の軸に沿っている。そして、プサラは左手、西の一辺の上に位置している。右の一辺をこえた外海は、自然方位で言えば東の海と呼ぶべきだろう。ところが、通称はこれをニスヌゥイム「北の海」とし、底辺に沿った海をアガスヌゥイム「東の海」としている。底辺の左端に当ってッフャマ「来間」の島があるが、別称パイヌゥフゥム「南の国」、その辺りから左の海はパイヌゥイム「南の海」であり、プサラの西に幾分北寄りにあるイラヴ「伊良部」の島は、別称イズヌゥフゥム「西の国」である。これから見ても人文方位と自然方位の45度のずれが明白である。
　なお、島内はニスパリ「北原」、アガスパリ「東原」またはアガススマ「東島」(城辺町方面)、パイバリ「南原」またはパイヌゥスマ「南の島」(下地町方面)とそれぞれ、北寄り、東南寄り、西南寄りの地域に三分して呼び別けられる。ニスパリは、実質的にプサラに直属するユスマ「四島」、つまりカズマタ「狩俣」(ウガム「大神」を含む)、イキャマ「池間」、ウプゥラ「大浦」、スマズー「島尻」を差し、ニゥパ「北」からトゥラヌゥパ「東」にかかる。

以上取り上げられた人文方位の二次元制と、方位角のずれは、プサラの地域言語の通性であって、地域に普遍的な dialectal な構造である。

1.8　綱引きの組別け

　プサラのツナプク「綱引き」は、毎年ではないが、アガズナカズゥニ「東仲宗根」にあるアガズガーニムツ「東川根道」で行われていた。今日では、ニッサトゥ「西里」の市役所前のマクラム通りで行うという。どちらもイス・アガズに通う道なので、綱引きも東西に対いあう組で行われる。

　その組そのものは南北で分ける。ニスグゥミ「北組」は、かつてのプサラマグス「平良間切（村）」、パイグゥミ「南組」は、かつてのウルゥカマグス「砂川間切」の各字である。北組には、ンキャドゥラ「荷川取」、イスナカズゥニ「西仲宗根」（ナカプゥヤ「仲保屋」、フゥサティ「保里」）アガズナカズゥニ「東仲宗根」（アガズガーニ「東川根」、タカーラ「高阿良」、ナカヤー「仲屋」）の三個字があり、南組には、ニッサトゥ「西里」（ニーマ「根間」、スムゥヤー「下屋」、パダティ「羽立」、イディウツ「出口」）、スムゥダティ「下里」（ウプゥガフ「大角」、カンミャ「神屋」、ウプゥムターラ「大三俵」、マイピャー「前比屋」、ウイズヌゥ「上角」、ウプゥバリ「大原」）の二個字がはいる。

1.9　ツナプク綱引きの表

　現在の南北の組分けは、五個字が一体化した結果であり、ずっと昔は、間切ごとに別々に綱引きがあったのではないかと想像される。その場合も、平良間切では、ンキャドゥラ「荷川取」とナカズゥニ「仲宗根」が南北に位置し、砂川間切では、ニッサトゥ「西里」とスムゥダティ「下里」が南北になるので、組別けは一貫して南北にされたのだろう。

　沖縄県内一帯に行われる村内の二分法には、地域により東西か南北（前後）か上下かの種別がある。プサラ「平良」では、それについて南北が基準だったかと思われるが、まだ断定はできない。

第10章　平良市（宮古島）における所の呼びかた

ツナプク　綱引き（東仲宗根にある東川根道で）

荷川取（ンキャドゥラ）

西　仲（イズナカズゥニ）
　　ナカプゥヤ
　　フゥサティ

東　仲（アガズナカズゥニ）
　　アガズガーニ
　　タカーラ
　　ナカヤー

北組ニスグゥミ
（平良間切）

西　里（ニッサトゥ）
　　ニーマ
　　スムゥヤー
　　パダティ
　　イディウツ

南組パイグゥミ
（砂川間切）

下　里（スムゥダティ）
　　ウプゥガフゥ
　　カンミャ
　　ウプゥムターラ
　　マイピャー
　　ウイズヌゥ
　　ウプゥバリ

2.　個別的空間

2.1　町筋の呼び名

　こまかな地名をとりあげるために、まずプサラ平良の町筋が旧来どのように呼ばれてきたかを見よう。ンキャドゥラ「荷川取」在住の塩川さんに聞いてみると次の通りである。（地点は図中の弓形で示す）

　住居の所在から見て、000台の拠点は014スゥミズ、100台の拠点は109ナムダティ、200台の拠点は230ッシナムサトゥにある。そこを中心にそれぞれの呼び名の分布がまとまっていることは、図9を見るとひと目でわかる。

183

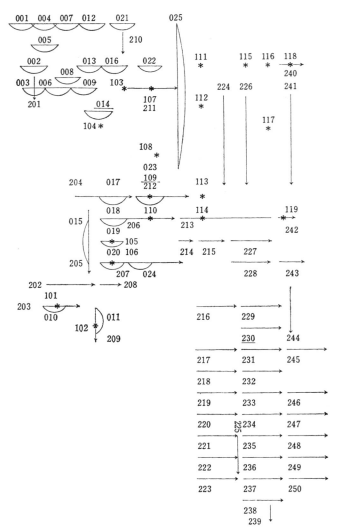

図9 プサラの町筋の呼び名の分布概念図

第10章 平良市（宮古島）における所の呼びかた

000台	塩川カマドさんによる。	
001	バクガー	[bakɨgaː]
002	パスタ	[pasɨta]
003	マダマ	[madama]
004	ンミャガティ	[mmjagati]
005	トーンカズムツ	[toːŋkaz̩m̩tsɨ]
006	タカヤー	[takajaː]
007	イキャマズゥクゥ	['ikjamadzuku]
008	アカンミ	['akam̩mi]
009	ウプゥサフゥ	['upusafu]
010	プダ	[pɨda]
011	ウヤグゥス	['ujagusɨ]
012	ブンミャー	[bum̩mjaː]
013	キスタ	[kisɨta]
<u>014</u>	スゥミズ	[sumidzɨ]
015	プゥズカー	[puz̩kaː]
016	プズ	[pɨdzɨ]
017	ナカイダティ	[nakaidati]
018	イスキャー	['isɨkjaː]
019	ンカイザトゥ	[ŋkaidzatu]
020	マイヌゥモー	[mainumoː]
021	ナグゥムゥズザトゥ	[nagumuz̩dzatu]
022	フゥサティ	[fusati]
023	ナカヤー	[nakajaː]
024	ティラ	[tira]
025	ウヤムツ	['ujam̩tsɨ]
100台	下地　静さんによる。	
101	プダ	[pɨda]
102	ウヤグゥス	[ujagusɨ]
103	タコーリ	[takoːri]
104	スゥミズ	[sumidzɨ]
105	マイヌゥモー	[mainumoː]
106	ンカイザトゥ	[ŋkaidzatu]
107	フゥサティ	[fusati]
108	ッシダティ	[ʃʃidati]

185

<u>1 0 9</u>	ナムダティ	[naᴍdati]
1 1 0	プゥカマ	[pukama]
1 1 1	ッシマズゥクゥ	[ʃʃimadzuku]
1 1 2	アガズバス	['agaẓbasɨ]
1 1 3	ウヤキヤー	['ujakijaː]
1 1 4	タカーラ	[takaːra]
1 1 5	アガズザー	['agaẓdzaː]
1 1 6	ッシャーズゥクゥ	[ʃʃaːdzuku]
1 1 7	ンタガー	[ntagaː]
1 1 8	ムゥズカガー	[muẓkagaː]
1 1 9	アガズガーニ	['agaẓgaːni]
2 0 0台	三島　秀さんによる。————————————
2 0 1	マダマ	[madama]
2 0 2	ッサビ	[ssabi]
2 0 3	プダ	[pɨda]
2 0 4	ッシダティ	[ʃʃidati]
2 0 5	ンカイズムゥズ	[ŋkaidzɨmuẓ]
2 0 6	プゥカマ	[pukama]
2 0 7	ンカイサトゥ	[ŋkaisatu]
2 0 8	マイヌゥモー	[mainumoː]
2 0 9	ウヤグゥス	['ujagusɨ]
2 1 0	タコーリザカマ	[takoːridzakama]
2 1 1	フゥサティ	[fusati]
2 1 2	ナムダティ	[naᴍdati]
2 1 3	タカーラ	[takaːra]
2 1 4	ウイニーマ	['uiniːma]
2 1 5	ワーサグゥムゥズムツ	[waːsagumuẓm̩tsɨ]
2 1 6	ウカズジャームツ	['ukaẓdʒaːm̩tsɨ]
2 1 7	ニーマサトゥ	[niːmasatu]
2 1 8	ナカグゥムゥズ	[nakagumuẓ]
2 1 9	ウプゥガフゥサトゥ	['upugafusatu]
2 2 0	イツカフゥサトゥ	['itsɨkafusatu]
2 2 1	カンミャサトゥ	[kammjasatu]
2 2 2	ビョーヴムツ	[bjoːʋmtsɨ]
2 2 3	カンミャヌゥカーズゥクゥ	[kammjanukaːdzuku]

第10章 平良市（宮古島）における所の呼びかた

224	ウヤキヤームツ	['ujakija:ṃtsɨ]
225	ナヴサムツ	[navsamtsɨ]
226	ウプゥダラ	['upudara]
227	ッズァガームツ	[zzaga:ṃtsɨ]
228	スゥクゥニャームツ	[sukuɳa:ṃtsɨ]
229	パビラサトゥ	[pabirasatu]
<u>230</u>	ッシナムサトゥ	[ʃʃinaṃsatu]
231	スムゥヤーサトゥ	[sɨmuja:satu]
232	ウマリガーサトゥ	['umariga:satu]
233	トゥナクシャサトゥ	[tunakɨʃasatu]
234	ウプゥマイピャーサトゥ	['upumaipja:satu]
235	ウプゥムターラ	['upuṃta:ra]
236	マクナカサトゥ	[makɨnakasatu]
237	イキャマヤーサトゥ	['ikjamaja:satu]
238	パイヌゥスゥクゥ	[painusuku]
239	ウイズヌゥカーズゥクゥ	['uidzɨnuka:dzuku]
240	ニスヌゥスゥクゥ	[niṣnusuku]
241	ムゥズカガー	[muẓkaga:]
242	アガズガーニサトゥ	['agaẓga:nisatu]
243	ヤキナーサトゥ	[jakina:satu]
244	パダティサトゥ	[padatisatu]
245	イディウツサトゥ	['idi'utsɨsatu]
246	ヤカランミ	[jakarammi]
247	マツドーヤーサトゥ	[matsɨdo:ja:satu]
248	サディフゥカーサトゥ	[sadifuka:satu]
249	ウプゥバリサトゥ	['upubarisatu]
250	ウイズヌゥサトゥ	['uidzɨnusatu]

　これらの呼び名は、222については別人の助言があったが、その他について
は、それぞれひとりあての保有語彙としてよい。身辺の環境に与えた呼び名が
いかに限られていて、偏ったものか、どんなにそれらが住居を中心としてまと
まっているものかがよくわかる。また三人ともに名を挙げている、023／109
／212、018／110／206、020／106／207、010／101／203、011／102
／209の五か所の辺りが三者の接触点である。206は、プゥカマ「外間」を屋
号とするナカズゥニ・トゥユミャ「仲宗根豊見親」の里であり、203はプダの

187

浜、つまり埠頭があって船がつく浜である[9]。

2.2 「荷川取」

プサラでもっとも早く開かれたためか、または地形に変化が多いためか、ン
キャドゥラ「荷川取」は、条理制がはっきりせず、道路が湾曲して、複雑に交
錯している。そのせいか、ここを中心とする000台では、町筋の名というよ
り、区画の呼び名という傾向がある。中に005トーンカズムツ「唐向かい道」
があるのは、早くは船着き場もこの地区にあったからなのだろう。しかし、現
在この地区は町外れに当たっていて、南に続くイヅ・アガズ「西東」のナカ
ズゥニ「仲宗根」の山手(旧来の住宅地)を経て、ニッサトゥ「西里」、スムダ
ティ「下里」の商業地区に至る街区とは、多少異なる村らしさがある。海ばた
のイヅザトゥ「西里」の商工業地区、陸のうちのアガズザトゥ「東里」の文教
住宅地区などとも違った一区画にまとまっている。そのせいか、買物圏は「仲
宗根」の北市場や、「下里」の市場、「西里大通り」や「下里大通り」の商店街
にひろがっているだろうが、旧来の地区名については「荷川取」と「西仲宗
根」を出るとほとんど白紙になる。生活圏が強く近隣に結び付いていることを
知らされる。

2.3 「西仲宗根」

イヅナカズゥニ「西仲宗根」(共通語としては、よくニシナカと略称されて
いる。)を中心とした100台は、100台と200台との中間地帯という性格を持っ
ている。町筋の呼び名が、北隣りの「荷川取」についても南の「西里・下里」
についても空白になって、その間をふさいでいる。

スゥミズ104「染地」の名は、014と同じだが、場所は居住地点の109に引
き寄せられている。

また、106ンカイザトゥ「迎え里」と105マイヌゥモー「前の毛」の名が、

---

[9]　203ブダは桟橋の所在に当たり、216ウカズジャームツと229パビラサトゥは「サンバシ
通り」、または「マクラム通り」である。この道は、229の東端で折れて南下する。217ニー
マサトゥと231スムウヤーサトゥは「ニシザト通り」、219ウブガフサトゥと233トゥナ
クシャサトゥは「ガイセン道路」、221カンミャサトゥと235ウブムターラサトゥは「シモ
ザト通り」である。また、025ウヤムツは「カリマタ街道(線)」で街道は一般にウヤムツだ
が、000台ではここだけに適用されるとして固有名詞化している。239ウイズヌゥカーズゥ
クゥは「シモジ街道(線)」に合流する。

188

019 と 020 とで入れ替わっている。このふたつの名は、互に結びついていて、207 ンカイサトゥと 208 マイヌゥモーでは、その位置関係が 019 ンカイサトゥと 020 マイヌゥモーと変わりのないままひと筋ずつずれている。このふたつの町筋は、結び付きが強く、一体として意識されているために、それを分離するとき、どこへ引き当てるか、どちらをどちらに回わすか、迷うような状態なのかと想像される。いずれにせよ、「迎え里・前の毛」は、出船入り船を見る、船見・潮見の展望台として、ひと組みで人々の念願にあるので、プサラの街についての談話でも、何人かの口から、この名が一対のまま聞かれた。つまり、一般によく知られた名であり、組み合わせなのだが、それが実際の地点となると混乱を引き起こしているのである。

2.4 「西里（ニッサトゥ）」

ニッサトゥ「西里」を中心とする 200 台になると、条里制が明確で、家並みがそろいやすい旧砂川間切の町並みをおおって、さらに「荷川取」や「仲宗根」にもひろがっている。「西里」と「下里」については、ひとり舞台といってよい。

204 ッシダティ「後立」と 212 ナムダティ「並立」の位置関係は、108 ッシダティと 109 ナムダティの場合と縦横が変わり、「後立」と呼ばれる町筋が食い違っているが、これは 108 ッシダティの方をとるべきだろう。109 ナムダティがそもそも 100 台の呼び名の提供者、下地静さんの住居のあるところであり、212 や 204 については、たまたま 200 台の三島秀さんが友人である下地静さんを通じて得ていた知識であるからである。

また、201 マダマ「真玉」についての三島さんの知識は、その先に三島さんの姻戚関係の家があったことによるものと思われ、224 ウヤキヤームツ「公屋道」、226 ウプゥダラ「大太良」、240 ニスヌゥスゥクゥ「西之底」、241 ムゥスプカガー「守児川」の知識も、特にそのうちの 223 と 225 については、226 ウプゥダラにあったという三島さんの乳母の家に関連して得られたものと思われる。

これら以外で、北寄りに呼び名が得られた 210 タコーリザカマ「高折坂」は、103 タコーリとともに狩俣に向かう街道のプサラの街を離れる北口の坂として、平良の住民のみんなが念頭に置いたものだったろうし、その辺で目立つ高み、フゥサティンミ「保里嶺」の存在が、211 フゥサティと 107 フゥサティ

を印象づけたに違いない。

こうみてくると、200台の真のまとまりは、206プゥカマ「外間」、213タ
カーラ「高阿良」、242アガスガーニ「東川根」から南にあって、その居住地
生活圏を反映しているといえる。そして、それが000台の塩川さんの014スゥ
ミズ「染地」から北の「荷川取」に集中して、その居住地生活圏を反映してい
るのと明確な対照地域を成している。この両者の接触点と中間地域を100台
の下地さんが埋めているのである。

なお、三者が接触する019ンカイザトゥ／020マイヌゥモー／106ンカイ
ザトゥ／207ンカイサトゥから、その下の浜辺010／101／203プダ、さら
にそれから南寄りに向けて登る坂、011／102／209ウヤグゥス「親越」は、
すべて宮古からの旅出に関係する桟橋に出るところである。プサラ全住民が関
心を持たないわけにいかない。従って、だれもがその呼び名を挙げるのだろ
う。

2.5 辻の呼び名 (1)

プサラのユマタ交差点はどのように呼ばれるか。この呼び方も、さきの三婦
人によって提供された。

以上の呼び名は、ユマタを付けて呼ばれるのだが、同一地点について二者あ
るいは三者から呼び名を得たところが11地点だった。それについての重複を
除くと、地点数としては55になる。町筋の場合より辻の方が地点が紛れにく
く、明確な勘定ができる。

第 10 章　平良市（宮古島）における所の呼びかた

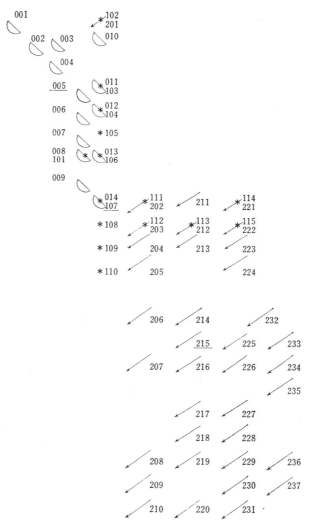

図 10　プサラのユマタの呼び名の分布概念図

０００台	塩川カマドさんによる。————	
００１	バクガー	[bakɨgaː]
００２	ウプゥ	['upu]
００３	カーナヤ	[kaːnaja]
００４	スゥガーザー	[sugaːdzaː]
００５	ンナグゥズズヤー	[nnaguẓdzɨjaː]
００６	スゥミズ	[sumidzɨ]
００７	キージュヤ	[kiːdʒuja]
００８	ナカガニヤー	[nakaɡaɲijaː]
００９	カムムゥプヤー	[kaṃmuẓjaː]
０１０	ナグゥムゥプザー	[naɡumuẓdzaː]
０１１	ブゥンミャー	[buṃmjaː]
０１２	シンドゥーヤ	[ʃinduːja]
０１３	ギンジ（ヌゥ）	[ɡindʒi(nu)]
０１４	ナカヤー	[nakajaː]
１００台	下地　静さんによる。————	
１０１	ポーザク	[poːdzakɨ]
１０２	ナグゥムゥズザー	[naɡumuẓdzaː]
１０３	タコーリ	[takoːri]
１０４	シンドゥー	[ʃinduː]
１０５	スゥミズ	[sumidzɨ]
１０６	ッシダティ	[ʃʃidati]
１０７	ナムダティ	[namdati]
１０８	ナカプゥヤ	[nakapuja]
１０９	ンカイ	[ŋkai]
１１０	ティラ（ヌゥ）	[tira(nu)]
１１１	ユーラジー	[juːradʒiː]
１１２	プゥカマ	[pukama]
１１３	タカーラ	[takaːra]
１１４	ムタガー	[mtaɡaː]
１１５	アガズガーニ	['aɡaẓɡaːɲi]
２００台	三島　秀さんによる。————	
２０１	ナグゥムゥズザー	[naɡumuẓdzaː]
２０２	ユーラジー	[juːradʒiː]
２０３	プゥカマザー	[pukamadzaː]

第10章 平良市（宮古島）における所の呼びかた

204	ナカヤー	[nakaja:]
205	ッサビ	[ssabi]
206	ウカズジャー	['ukaẓdza:]
207	ニーマ／ウヤグゥス	[ɲi:ma／'ujagusɨ]
208	カンミャ	[kammja]
209	カーカム	[ka:kam]
210	カンミャカーズゥクゥ	[kammjaka:dzuku]
211	ウヤキヤー	['ujakija:]
212	タカーラ	[taka:ra]
213	プゥサダティ	[pusadati]
214	パビラ	[pabira]
215	スミャー	[sumja:]
216	カームツ	[ka:mtsɨ]
217	ウプゥガフゥ	['upu̜gafu]
218	イツカフゥ	['itsɨkafu]
219	ウプゥムターラ	['upu̜nta:ra]
220	ヤマヌゥミー	[jamanumi:]
221	ムタガー	[mtaga:]
222	パンツキヤー	[pantsɨkija:]
223	アブゥ	['abu]
224	ウプゥグゥムゥズ	['upugu̜mu̜ẓ]
225	ッシナム	[ʃʃinam̩]
226	アカンミ	['akammi]
227	トゥナクシャ	[tunakɨʃa]
228	ウプゥマイピャー	['upu̜maipja:]
229	サディフゥカー	[sadifuka:]
230	マクナカ	[makɨnaka]
231	ウイズヌゥ	['uidzinu̜]
232	ニブゥイフッズ	[ɲibuifuddɨ]
233	ヌゥバリヤー	[nu̜barija:]
234	アツママー	['atsɨmama:]
235	フゥガヌゥシュー（ガ）	[fuganuʃu:(ga)]
236	ウプゥバリ	['upubari]
237	ガングゥルゥ	[gaŋguru]

193

2.6 辻の呼び名 (2)

000台の辻の名 14 は、北寄りに固まり、200 台の 37 は南寄りに集まり、ただひとつ狩俣街道の北口に 200 台がとび離れているだけである。この両者が重なっているのは、015 と 203 の一個所だけ。そして、中間で 100 台が、両者の端と端に重なって一本のかがり糸をつけたようになっている。町筋の名よりも辻の名の方が個人的色彩が明確なせいか、その居住地域中心性が強く、際立った分布の対照と、その集約性を見せている。試みに、200 台の分布でうずめられる地域の輪郭をたどると、「東仲宗根」「西里」「下里」三個字の旧来の集落の境界を明確に画していることに驚かされる。イプザトゥ「西里」、アガプザトゥ「東里」、ニスムゥティ「北手」、パイムゥティ「南手」などの町並みは、はっきり切り落とされている。そこに辻がないのではない。辻（ユマタ）の名が、人によって、どの程度記憶にとどまるかという違いはあるにせよ、地区住民の共有語彙体系としての枠はあることが示されているといえよう。

2.7 同所異名

同地点に異なった呼び名が与えられていたのが 5 例ある。(a) 008 ナカガニヤーと 101 ポーザク、(b) 011 ブゥンミャーと 103 タコーリ、(c) 013 ギンジと 106 ッシダティ、(d) 014 ナカヤーと 107 ナムダティ、(e) 115 アガプザガーニと 222 パンツキヤーである。あるいは、これらは相互に折り合いの付くものかもしれないが、念を入れてたずね直すことはしなかった。その差異がとらえられれば、一応の結論は得られるからである。住居が隔たるとこれほど固有名詞の実際が変わるということが知れる。

この例のうち (d) は、000 荷川取に住む人が東仲宗根の三つの字のひとつナカヤー「仲屋」にはいろうとするところに当たっている。仲屋に接して 107 ナムダティに住む人から見ては、「仲屋」で呼べる辻は別にあるべきだろう。とにかく 100 台では、住居のある町筋の始まる辻として、その町筋の名ナムダティで呼んだのである。(c) の 106 ッシダティも、(e) のアガプザガーニも同じように町筋の西端の辻にその名が用いられている。そしてまた、西里から来て「仲屋」にはいろうとするところに 204 ナカヤーが当てられているのである。

(a、b、c) にみられる 008 ナカガニヤーと 013 ギンジは、ともにその角にある屋号であり、011 はかつてあった役所である。一方、101 ポーザクは、そこ

194

第 10 章　平良市（宮古島）における所の呼びかた

から海岸に降りてゆくとポーザクという岬に出るのであり、103 タコーリは、
町筋の方の 210 タコーリザカマへ降りてゆく前に当たる。

2.8　同名異所

　同じ名が異なった辻にずれていたのは 3 例あった。(x) 006 と 105 のスゥミ
ズ「染地」、(y) 010 と 102 ／ 201 のナグゥムゥスザー[10]、(z) 014 と 204 の
ナカヤー「仲屋」[11]である。町筋がある拡がりを持つのに対して、辻は一点
に絞られるので、名がずれることが予想しにくかった。それでも、ずれること
が実例によってわかった。その場合、ずれ方にある型があることが観察され
る。

　まず、最初にこれらの呼び名が、みな地区名にかかわっていることに着目
されるので、そのことを前提に置いて考えるべきだろう。ところですでに(z)
014 と 204 ナカヤー「仲屋」については、同所異名の (d) に引き合いとして述
べたように、「仲屋」なる小字が、000 台の中心である荷川取からも、200 台
の中心である西里からも、比較的離れて中間に位置する。そして、014 は荷川
取寄りの、また 204 は西里寄りの境界線上にある辻として、ナカヤーの呼び
名を与えられているのである。

　「染地」も「ナグゥムゥス」も 000 台の中心あるいは、そこから手の届く近
さにある。006 スゥミズは、「染地」の内部の辻であり、010 ナグゥムゥスザー
は、幾分中心から隔たるせいか、座の名になっていて座としてその位置が動か
せないせいか、境界線に置かれながら、取っ付きでもなく、行き果てでもな
い、道筋としての中途に当たっている。要するにその地区の内側に寄せられ
て、そこの名が付けられる傾きを見せている。105 のスゥミズは、100 台の中
心 107 から歩いていって染地にはいるところに当たる。さらにこれらの地区
から隔たっている西里からたどっていかなければならない場合の 201 は、102
とともにナグゥムゥスザーの名をナグゥムゥスザトゥ（021）の境界線上の道を
進んで行き果てに与えている。そこからさらに進めば、その里を離れることに
なる。つまり、遠くからは、ある地区の名が、その外郭、それもそのこちらか

---

[10]　ザーが接尾している、004、010 と 012 ／ 201、203 には、かつて「座」と呼ばれて集会
が成立していた。その地区の人人の（特に若者の）遊びと語らいの場であり、評定や裁きを長老
のもとで行なう場であった。010 ナグゥムゥスザーは、特に知られた「座」のひとつであった。
[11]　ナカヤー・マブゥナーヤという女傑の出た里。

195

むこうの極に当たる辻に与えられやすいのかと思われる。

　日常生活圏に含まれる地区の名を辻にかぶせる場合、その地区の中心または
それに近いところを選ぶのが自然であり、居住地の日常生活圏から離れたとこ
ろの地区の名では、その地区の向う側であろうとこちら側であろうと、地区境
界線上にある地点に当てることがあるのだろう。たった3例からの結論なのだ
が、この傾向は記録に止めるべきだろう。

3.　まとめ
3.1　固有名詞の相関体系

　地域社会に接するに当たって、その地区名を行政面から与えられたまま、そ
れが固有名詞であるために、その土地に密着したものと受け取るのは誤りであ
る。アガズザトゥ「東里」など、行政的にはいくつかのナイカイ「内会」に分
かれ、東区、栄区などになっていて、表面には出てこないのである。しかし、
平良市街としては、通称として行われているアガズザトゥこそ、むしろその構
造をよく反映している重要語である。そのような語彙は、アガズザトゥ「東
里」がイズザトゥ「西里」に対向し、さらにその東西の軸が、ニスムゥティと
パイムゥティの軸と重ねられるように、組み合わせをつくって、固有名詞外の
一般語彙体系と結びつく。時には、普通一般語彙がそのまま地名かその俗称と
して用いられることさえある。その意味からみると、プサラは平良というよ
り、普通名詞のパリヤー「田舎」に対立して「町場」を意味するものである。
さらに、その「町場」は、さきのユマタ「辻」の名の分布がおのずから浮き上
がらすスマナカ「島中」と、その周辺のスゥスゥビ「裾辺」と漁港のヌゥザ
ク「野崎」（久見・松原地区のこと）とでできている。「野崎」だけが固有名詞
であるというより、「島中」も「裾辺」も、この両者のピダティ「隔て・境界」
上のある一点に置かれたマツ「町・市場」も、組み合わさって、日常的地域生
活の中で、固有名詞としての機能を果たすのである。

　「島中―裾辺―町」の型は、外の集落にも適用できるひとつの型であり、こ
のような一般語彙の特定地点への適用は、自足的で循環的な閉鎖体系を成して
いる。西里・東里なども、そのような閉鎖体系を成す地域共通語彙と評価さ
れ、島中と組み合う裾辺の要素として相関体系を荷なうのである。これは、こ
の地区住民の共有するものといえよう。そして、平良においては、島中では、
南北対照が、裾辺では東西照応が土台となっていると判定される。

3.2 固有名詞の分布形態

　街区の呼び名についてみると、その密度・増減は、個々人の生活歴により、またはその個性により、たとえ同じ地区の住民であっても、差異の生まれる余地が大きい。そして、個々の語の組み合わせが組織体系を成すとも期待できない。いつでも補充が利く代りには、欠落も許される並列的な開放体系である。平良について見た通り、語彙体系としての内部構造にとらえるべき点があるよりも、その分布形態について、その個人差あるいは地域差がどのような現われ方をするか、また、その分布の描きだす人文的輪郭あるいは生活圏がどのような形を成すかという形象的外観または外部関係に着目される。

　いずれにせよ、一定地域の生活者にとって、歴史的地理的に幾重にも層を成した言語生活の bilingual なあり方の中で、基底を成している言語層を掘り起せば、そこには、日常生活に根づいた語彙体系の共有的普遍的で組織的な面と、孤立的特性的で類別的な面との相反するにも見える両面がそれぞれに際立った形で浮き上がってくるのである。

参考文献

村武精一 1964/65 "Dualism in the Southern Ryukyu" *Archiv für Völkerkunde* 19, pp.120-128.
阪巻俊三 1965「琉球の名前と地名」.
奥田良寛春 1971『沖縄の地名考』月刊沖縄社.
馬淵東一 1968 "Toward the Reconstruction of Ryukyuan Cosmology" *Fork heligion and the world view in the Southern Pacific*, pp.119-140. Tokyo.
村武精一 1971「沖縄本島・名城の descent・家・ヤシキと村落空間」『民族学研究』36 (2), pp.109-150.
常見純一 1971「台湾・アミ族の住民と方位観」『都市住宅』1971(10), pp.71-76.

ア	イ	ズ゚ *	ウ	エー	オー	ヤ	ユ	ヨー	ワ
[a]	[i]	$[\overline{zt/z}]$	$[\overline{u}]$	[e:]	[o:]	[ja]	[ju]	[jo:]	[wa]
カ	キ	ク $[k^{s}f]$	クゥ [ku]	ケー	コー	キャ	キュ	キョー	クワ [kwa]
ガ	ギ	グ $[\eta^{z}f]$	グゥ [ŋu]	ゲー	ゴー	ギャ	ギュ	キョー	グヮ
サ	シ	ス [sf/s]	スゥ [su]	セー	ソー	シャ [ʃa]	シュ	ショー	$\left(\begin{array}{c}\text{ジ゚}\\ \text{[s]}\end{array}\right)$
ツァ	チ	ツ $[ts^{f}]$	ツゥ [tu]	ツェー	ツォー	チャ [tʃa]	チュ	チョー	
ザ	ジ	ズ [dzf]	ズゥ [dzu]	ゼー	ゾー	ジャ [dʒa]	ジュ	ジョー	$\left(\begin{array}{c}\text{ズ゚}\\ \text{[z]}\end{array}\right)$
タ	ティ		トゥ [tu]	テー	トー	テャ [tja]	テュ	テョー	
ダ	ディ		ドゥ [du]	デー	ドー	デャ [dja]	デュ	デョー	
ナ	ニ	ヌ [nf/n]	ヌゥ [nu]	ネー	ノー	ニャ [ɲia]	ニュ	ニョー	ン [m/n]
ファ	フィ	フ [ft/f]	フゥ [fu]	ヘー	ホー	フャ [fja]	フュ	フョー	$\left(\begin{array}{c}\text{ふ}\\ \text{[f]}\end{array}\right)$
ヴァ	ヴィ	ヴ [vf/v]	ヴゥ [vu]	ヴェー	ヴォー	ヴャ [vja]	ヴュ	ヴョー	$\left(\begin{array}{c}\text{ヴ゚}\\ \text{[v]}\end{array}\right)$
パ	ピ	プ $[p^{s}f]$	プゥ [pu]	ペー	ポー	ピャ	ピュ	ピョー	
バ	ビ	ブ $[b^{z}f]$	ブゥ [bu]	ベー	ボー	ビャ	ビュ	ビョー	
マ	ミ	ム [mf/m]	ムゥ [mu]	メー	モー	ミャ	ミュ	ミョー	$\left(\begin{array}{c}\text{ム゚}\\ \text{[m]}\end{array}\right)$
ラ	リ	ル [ʃf]	ルゥ [ʃu]	レー	ロー	リャ	リュ	リョー	

＊ イ゚ではどうか

付表「音韻がな」

（　）の内、柴田武案（1971）
「琉球宮古語の音韻体型と「宮古仮名」」『言語学論叢』

下線は柴田案との相違点。

第11章

空間関係をあらわすことば

0. まえおき

　空間に関係した語彙といえば、名詞に限るとして、地目や地勢、河川湖沼や海洋、天空地中にまで及ぶ。村落市街や邸内居宅の間取りから商工業や公共の施設、道路鉄道などから諸種の目標物などが考えられるところの無数の累積補充が可能な開放体系に属するものがある。しかし、忘れてならない基本的語彙は、前後、上下、左右から東西南北、さらに内外表裏などの循環自足の閉鎖体系にはいるものである。

　これらは、相対的な位置関係を示すものであり、それらの相互関係の基本図式は、極めて簡単明瞭でわかりやすく、ほとんど説明を要しない。しかし、これらを地域生活の実際に適用するのには、その地域ごとの特定の慣例となったきまりがあって、その一定の様式に従うことが必要となるのである。

　なお、平面に展開する日常的・地域的生活空間を取り扱うとき、元来垂直軸で対立すべき上下の関係は、高低という性格を媒介として、平面上に投影して山手と浜手になり、また流れの「かみ・しも」と重なって、心理的に上座・下座に当てられたりするのである。また、表が風の出入りと日射しにさらされた住宅の開放的側面に当てられるのも、自然ななりゆきである。

　これらの位置関係語彙が地域社会の日常生活においてどのような適用例を持っているか、民俗語彙体系の一部として観察をしよう。今回は、九学会連合の沖縄総合調査のあとをうけ、同じく第2次奄美総合調査において筆者の親しく触れることのできた沖永良部島の全集落、瀬戸内町古仁屋、喜界島全集落での知見をもとに論ずるものである。

　対比のためにさきの沖縄総合調査で得た宮古島の例も引いて示すことにし

た。この試みで、多少なりとも奄美あるいは宮古島の地域的性格で浮び上がるものがあるとしたら幸いである。

1. 住居の間取り

南島各地の民家は、全国の習俗と変わりなく平屋が伝統的である。そして、母屋に対して台所が別棟になっている。中屋といわれるものがあって、それも別棟になっている大きな邸があることもあったが、一般的ではない。

台所もかまどや流し元と人の起居できる床張りの部分と分割ができるが、母屋の間取りには地域によって特徴があり、またその様式が地域で統一的な所や不統一が見られる所がある。

以下、念のため住居の平面のごくあらましを見てみよう。

(1) 宮古島の家

宮古島の民家の平面は、どの家も基本的に似たり寄ったりである。表座敷の配置と関連して、家の向きも一様にパイ（民俗方位の「南」。おおよそ自然方位の西南）になっている。その正面から家を見ると、左手にトーッヴァ（台所、トーグゥラからの転）、右手にウプゥヤー（母屋）が並ぶ。ナカザというのは、別棟ではなく、母屋の最左翼の土間のことであった。

ナカザから右手の部屋は、表と裏とに二分されて続く。裏側がムッグゥーズ（味噌庫裡）、ウッバラ（またはッシグゥーズ後庫裡）、ウラザと並び、表側がサンバンザ、ウプゥグーズ（大庫裡）、クゥザスク（小座敷）と並んでいる。小座敷が表座敷で、祖先をまつるカムタナ（神棚）はウプゥグーズのッシグゥーズ側に設けられている。

(2) 沖永良部の家

沖永良部の民家の平面は、ほとんど島内一様である。しかし、家の正面を自然方位に照らしてみると、少数の南面、いくぶんかの東南面、多くの西南面とあって、不統一である。

正面から見て、右手にあるのがウムゥティ（母屋）、左手に後退してトーグゥラ（台所）がある。大きな家ではその中間にナカヤー（中屋）がある。母屋は、二分して表座敷をファー（外）またはファンマ、裏部屋をウチ（内）またはウチンマと呼び分けている。

祖先をまつったシンスゥダナ（先祖棚）は、ファーの向かって右手奥寄りに設けられる。

第 11 章　空間関係をあらわすことば

(3)　瀬戸内の家

古仁屋を中心とする瀬戸内の民家は、比較的多く自然方位の南に正対しているが、必ずしも、家の向きについて統一的ではないし、集落によっては、祖先をまつる向きが入れかわる。また、間取りについても不統一で多様な変化が見られる。次に間取りの一例を示そう。

南正面にまずホンドゥ（母屋）があり、その奥の北に当たって、東にずれてトーグゥラ（台所）が置かれている。

母屋は、正面から見て、手前のウモテ（表）から順にネーショ（内緒）、ナンドン（納戸）が続く。ウヤガッムサマ（祖先）は、ウモテの左手にまつる。つまり、西に向かって拝むことになる。

(4)　喜界島の家

喜界の民家の向きも、自然方位の南に正対する例は少ない。そして、東に振れるのが西北向き沿岸に多く、西に振れるのが東南向き沿岸に多い。つまり、島内の家の向きが不統一である。

住居の平面も、比較的不統一であるが、瀬戸内ほど多様ではない。先山の例をとると、ここではまさしく南面しているといっていいウムゥティ（表つまり母屋）の西北にネーシュー（内緒）がある。

母屋を南正面から見た手前のウムゥティンマ（表の間）と奥のサルマ（下の間）とで二分している。表の間の右手よりに祖先をまつってウヤフゥジダナがあり、その右手裏は東の間になるが、そこはクゥダと呼ばれる。くわしくいうと、「表の間」の東側にウィンクゥダ、下の間の東にサ（シャ）ンクゥダがあるのである。

2.　表・裏

上述した4地域の家の平面について言い表す語彙の中で、本来空間の相対的な位置関係を示すものとしては、「表・裏」と「内・外」の2対が拾い出される。

宮古では、母屋表側の小座敷と大庫裡をイッバンザ・ニバンザと呼び変えて三番座と並べることがある。それも位置関係を示しているし、中座とか中屋というのも相対的位置を示すが、それらはしばらく置いておく。しかし、喜界の裏部屋がサルマ（下の間）と呼ばれているのは、捨てておけない。その状況を表示してみることにしよう。

201

表1　表と裏

	宮古島	沖永良部	瀬戸内	喜界島
主　屋	——	ウムゥティ	——	ウムゥティ
表座敷	——	ウチ	ウモテ	ウムゥティンマ
裏部屋	ウラザ	ファー		サルマ

　こうしてみると、比較的ととのっているのは、沖永良部の呼び方における空間語彙の用い方である。喜界島の場合は「表」と「下」の組み合わせでつりあいを失している。

　なお「表・裏」の対は、紙や布の類にはともかくとして、位置関係については、南島では対をなさないものである。家邸の表・裏について言うには、向かいと裏の家を呼ぶのと同様に前・後を表す語が用いられるのである。

　沖永良部のウチに対するファーは、「ほか」から転成したものであって、本土諸方言では内と対を成していないが、南島諸方言ではごく一般的な対である。

　表1で見る通り、「表」は、宮古島で用いられないのに対して、奄美諸島では、家の平面の呼び分けに固定して用いられている。宮古島では、間取りについて「裏」が用いられていることが、それとつりあいの取れない主屋に「表」を固定することの障りになっているのかも知れない。

3.　上座・下座

　喜界島で裏部屋をサルマ（下の間）というのは、表に対しての裏の方が低い位置にあるとされるからである。それは、ウィンハタ（上の方）・ッサンハタ（下の方）として方向を示す時のッサ（下）とその方向軸が実際上一致しないことがあっても、間取りの劣位に固定して用いられるのである。

　「うえ・した」は、南島諸方言においても、ごく普遍的な、高低の位置関係を示す一対である。これが座席の社会的優劣にも当てて用いられるのも当然と思われる。しかし、座敷にあがって同席した場合の席次について、上座と下座という場合には、別に特定の用語があっていいのである。

第11章　空間関係をあらわすことば

表2　上座と下座

	宮古島	沖永良部*	瀬戸内	喜界島*
上　座	ワーラ	ワーラ	ワーラ	ウィ（ハミ） ウワランマ
下　座	スムゥ	シマラ（シバラ）	シャーラ	ッサ（シムゥ） ッサランマ

* 沖永良部のワーラ・シマラ（時にワーラ・シャーラ）や喜界島におけるワーラ・ッ
サーラ（時にハディバナ・ハディッサラ）は、「風上・風下」を指すのに用いられる。
瀬戸内にもこの用法があるだろうと推測されるが、まだ拾っていない。
　喜界島（大朝戸・西目など）では、座敷についてウワランマ、ッサランマとい
う。
　また，ハミ・シムゥ（かみ・しも）は、よく田水を引くときに水筋について用
いられるという。

　表2で見ると、ワーラ・シマラ（うわら・しもら）またはワーラ・シャーラ
（うわら・したら）を席次専用語彙と認めたくなるが、実は、これらは風につ
いてその風上・風下を指すのに用いられ、野外・田園においてほこりや匂いを
避けられる位置を尊重したものである。これが室内の儀礼に及んだものかと思
われる。
　さて、単純なウィ・ッサ（うえ・した）は、喜界島で用いられるばかりでな
く、南島全域で一般的に席次の上・下に適用されるのである。しかし、これは
座席について限定されているものではない。むしろ、表座敷のある主屋と茶
の間ぐらいしかない台所とのふたつの棟を対比して、ウィ・ッサ（ッシャとも
スタとも）と呼ぶのが本来である。とくに、ッサをシムゥ（スムゥ）、すなわち
「しも」と置きかえると、そのような用法がまことにふさわしいと感じられる。
来客などにシムゥというときには、「端近か」というのに近いのである。
　沖永良部などには、「ウイシムゥ・シャーンシャ（シャーシャ）」（主屋・台
所などみんなそっくりきれいに）ととのえて家ができあがったという決まり文
句がある。
　なお、「かみ・しも」の対は、南島の全域にこのままで通用してはいない。
たとえば、上の沖永良部のように「かみ」の代わりに「ウイ（うえ）」を用い
るか、先に述べたようにすっかり「うえ・した」に置き換えてしまっているの
である。瀬戸内の古仁屋でも、「かみ」が容易には聞かれない。古仁屋では、
名瀬方面をウェホ（上方）、大和村方面を含めて瀬戸内方面をシャーホ（下方）、
そして徳之島以南をシモということがあるとのことである。宮古島でもウィ・

203

スムゥの対が用いられて、「かみ」相当の語は聞かれないのである。

4. 住居の前後

人間の身体や行動を基準とする場合には、右・左を落とすことができない。ところが、建築物・建築の工程については、「あがり・さがり」が左右に取ってかわる。その事情については、ここでは省く（笠原政治 1974）。

ところで、人の住みついた住居でも、左右が問われないのは、これは「かみ・しも」が取って代わっているからである。家の平面で表座敷は、おおよそなりともその正面を南にひらける庭に向けている。

奄美諸島の住居では、その正面から見て、表座敷の左右いずれかの側面に「祖先」がまつられる。そして、おのずから上座が定まる。したがって、住居については上下が左右をしのいでしまうようにもなるのである。

宮古や沖縄・八重山では、正面に祖先をまつり、上座・下座の軸と交差する指向性を示す。

さて、住居の左右に伴って当然前後があるわけである。これについては、すでに、表と裏として見たところだが、眼を住居の周辺にひろげると、向かいの家・裏の家を含む近隣地域があって、それらをどう呼び分けるかということがある。

「前・裏」にじかに当たる沖縄本島の用語が、メー・クゥシ（前と腰すなわち背）であることは、よく知られている通りである。喜界島のメー・フゥシもその例であるが、ウィ・ッサ（上・下）の例もあるのは、その地域の地勢を表わすウィ（山手）・ッサ（浜手）で代えてしまったのである。喜界島では、東西の両隣りを含め、隣家を呼ぶ用語の体系に島内の統一が見られず、「上下」や「前腰」の用例も混るという多様性において徳之島方言と一致しているようである（柴田武・学生有志編 1977）。

表3　隣家の呼称

	宮古島	沖永良部	瀬戸内	喜界島*
お向かい	マイバラ	メーヌゥヤー	メーヌゥヤー	ッサンヤー メンヤー
裏隣	ッシバラ	ウシュヌゥヤー	ウシリョヌゥヤー	ウィンヤー フゥシンヤー

* 喜界島には、なお、フェンヤーとニシン（ニッスゥ）ヤーの対を用いる少数例がある。

第11章　空間関係をあらわすことば

　なお、宮古島のッシバラは「しりばりや（後原屋）」から来たものであろう。

　こうして、表3を見れば、徳之島にはないと思われる「うしろ」という用語を沖永良部と瀬戸内で共有していることに着目される。今回の奄美調査で柴田らが奄美大島について得たところによれば、この特徴は住用村の大部分とその外、大和村や名瀬の一部地区にも存在する。それより北の大島はクッシの行われる地域といえるようである。

　これらの近隣の呼び分け方は、各集落内の特定の地点までの経路の指示や、地区の分割などにも用いられる。たとえば、沖永良部の国頭でも、メーアッタイにウシュアッタイ、アガリアッタイにイーアッタイという地区分割がある。これは、沖永良部の四隣の呼び方とそっくり対応しているのである。

　また、喜界島の西目や大朝戸では、自然方位のおよその東南が家の正面だが、そちらの隣りがッウィーヤーで、裏がッサンヤー、東北に当たる家がニッスゥヤーで、西南がペンヤーと呼ばれる。それに応じて、ッウィンカタ・ッサンカタは、方向や経路を定めるのに用い、ッウィンバーリ・ッサンバーリ・ペンバーリ・ニッスゥバーリは、その方面の地区を指すのに用いられている。

　これでも分かる通り、喜界島では、徳之島と同様に「前の家」という特定の語を用意していない地域も見受けられる。それだけ自由な近隣指示の語彙体系ができているかわりに典型を失っている。典型は、事例ごとに東西にずれるとはいえ、なんといっても、基本的に南を指向する家の正面をそのままに「前」とするものである。南北は住居を基準としたメー・クッシとし、東西は方位名のままアガリ・イリとするごときがその典型のひとつであって、その発音にいろいろあろうとも、沖縄本島から先島に及んで行われている。

5.　集落内の位置関係

　住居を中心として、その四隣、引いては近隣地域になんらかの位置関係を示す用語を当てるように、集落ごとにその中をいくつかの地区に分けるときになんらかの位置関係を示す用語を当てるのは、南島の一般的な習俗である。こうした場合にまったく固有名詞だけに頼って、位置指示の呼び方は少しも用いないという集落はめったにない。

　また、道案内などには、かならずしも固定的ではなく、現在位置から見た相対的位置関係が示される必要がある。そうしたときには、当然、方位名が——上・下などの言い換えを含みながらも——関与しないではいられないはず

205

である。

表4　集落内地区の位置的表示（「前後」の「後」相当の地区呼称例）

	宮 古 島	沖 永 良 部	瀬 戸 内	喜 界 島
方向	ニスムゥティ	ニシムゥティ*1	ウェブゥテ	ウィンハタ ニシンハタ*2
方面	――	ウシュ・アタイ（アテー）	――	ウィンアタイ ニシンアタイ
地区	ニスサトゥ ニヌパディ*3	ウシュブラルゥ*4	ニシバル	ウィンバーリ*5 ニシンバーリ

*1　島内で1個所ニシブゥティという。*2　ニッスゥハタという地域がある。またハタをカタという例も多い。
*3　十二支によって「子の方里」としたものである。*4　島内1個所でウシュフボロルゥという。
*5　バーリをバールという例もある。

　方面と地区の間の用語には、ほとんど差がない。方向を示すムゥティも、実際上一定の地区に適用されていることも多い。宮古の平良市街では、南北の町はずれの地区を概括的にパイムゥティ・ニスムゥティと呼んでいる。しかし、沖永良部では住居の四方の側面なども示し、方位名にムゥティを接尾した語形しかなく、地区名としては用いられない。その点で住居の前後に相当するメー・ウシュに接尾するアタイやブラルゥとは異なっている。瀬戸内のウェブゥテ、喜界島のウィンハタ（ニシンハタ）も方向の外、方面を指示することはあるが、一定の地区に固定することはない。

　沖永良部のアタイとブラルゥは、同じように地区に適用される。瀬戸内の古仁屋などでは、東地区の一部に俗称アガレがあるが、それと対になる地区名が発見されない。ところが古仁屋の隣りの清水では、アガレとイルィで集落を明確に二分している。アガルイとイルイで集落を区別する例は、加計呂麻と与路・請においてもよく見られる。

　宮古島の平良市街は、サトゥで大きく区分けされる公称名と俗称名を持っている。宮国などは、アガズザトゥ・イズザトゥに二分された上にウプゥバリが加わっている。同じ宮古島でも、与那覇は集落を四分割して、それぞれに方位を示す「子・午・寅・申」を当てている。その際にも、ンマヌゥパディのように、音読ながら「里（ディすなわちさと）」が接尾していることに気が付くのである。

　なお、こうした集落内の地区分割に「村」を当てて、アガリムゥラ対イリ

ムゥラまたはメームゥラ対クゥシムゥラとするのが沖縄本島である。八重山各地や与那国でも「村」を用いる例がある。たとえば、鳩間島では、アンヌゥムゥラ（東村）・インヌゥムゥラ（西村）と二分割している。八重山では、外にたとえば白保のアンタ・インタ・ペンタ・ニシャンタのように「タ」を接尾する形式が多く行われている。

奄美諸島の集落内地区割りには、沖縄本島における「村」や宮古島における「里」のような用例が認められないのである。

6. むすび

奄美における空間関係、とくに地域社会の位置関係の固定的表示に用いられる語彙は、多様な展開を見せている。宮古島との対比で奄美について概括的にいえることは、①住居について、「表」の特定的用法が固定していること。②「ワーラ・シャーラ」の原義あるいは、用法の全貌があらわな場合があること。③沖永良部と瀬戸内に「裏手」に相当する「うしろ」の体系的用法があること。④同様な場合に、徳之島と喜界島では、統一的な民族語彙体系がなく、それとともに「前・裏」に当てて「上・下」あるいは「南・北」を用いる例があること。⑤集落内区域分割に「里」あるいは「村」ではなく、「アタイ（アテー）」「バーリ（バール）」「ブラルゥ（ブラリ）」が用いられること、などである。総体に、奄美の民族語彙体系においては、その変動が多く、また特定化が徹底せず、その用法の幅を多く残す例が多いといえるのである。

付表 1　宮古音韻仮名

ア	イ	ズ	ウ	エー	オー	ヤ	ユ	ヨー	ワ
カ	キ	ク	クゥ	ケー	コー	キャ	キュ	キョー	クヮ
ガ	ギ	グ	グゥ	ゲー	ゴー	ギャ	ギュ	ギョー	グヮ
サ	シ	ス	スゥ	セー	ソー	シャ	シュ	ショー	
ツァ	チ	ツ	ツゥ	ツェー	ツォー	チャ	チュ	チョー	
ザ	ジ	ズ	ズゥ	ゼー	ゾー	ジャ	ジュ	ジョー	
タ	ティ		トゥ	テー	トー	チャ	テュ	テョー	
ダ	ディ		ドゥ	デー	ドー	ヂャ	デュ	ヂョー	
ナ	ニ	ヌ	ヌゥ	ネー	ノー	ニャ	ニュ	ニョー	
ファ	フィ	フ	フゥ	ヘー	ホー	フャ	フュ	フョー	
ヴァ	ヴィ	ヴ	ヴゥ	ヴェー	ヴォー	ヴャ	ヴュ	ヴョー	
パ	ピ	プ	プゥ	ペー	ポー	ピャ	ピュ	ピョー	
バ	ビ	ブ	ブゥ	ベー	ボー	ビャ	ビュ	ビョー	
マ	ミ	ム	ムゥ	メー	モー	ミャ	ミュ	ミョー	
ラ	リ	ル	ルゥ	レー	ロー	リャ	リュ	リョー	
ッ									

*ズの音価は$[z\text{ɨ} + /\text{z̩}]$
　ズ・ク列の母音は、中舌母音$[\text{ɨ}]$で、ときに無声となる。
*ウ・クゥ列の母音は、円唇母音$[u]$

付表 2　奄美方言音韻仮名

フェ	フゥ	フゥ	ホ	ハ	ヘ	フィ		ヘィ	ヒャ		ヒュ	
ウェ	ウゥ	ウ	オ	ア	エ	ノ	イ	エィ	イャ	イョ	イュ	
ヲェ	ワ	ヲゥ	ヲ			ヲィ	ウィ	ウェ	ヤ	ヨ	ユ	
クェ	クゥ	クゥ	コ	カ	ケ	クィ	キ	ケィ	キャ	キョ	キュ	ック
グェ	グゥ	グゥ	ゴ	ガ	ゲ	グィ	ギ	ゲィ	ギャ	ギョ	ギュ	ッグ
		スゥ	ソ	サ	セ	スィ	シ	シェ	シャ	ショ	シュ	ッス
		ズゥ	ゾ	ザ	ゼ	ズィ	ジ	ジェ	ジャ	ジョ	ジュ	ッズ
		ルゥ	ロ	ラ	レ	ルィ	リ	リェ	リャ	リョ	リュ	ッル
		トゥ	ト	タ	テ	ティ	チ	チェ	チャ	チョ	チュ	ット
		ドゥ	ド	ダ	デ	ディ						ッド
		ヌゥ	ノ	ナ	ネ	ヌィ	ニ	ニェ	ニャ	ニョ	ニュ	ッヌ
		ブゥ	ボ	バ	ベ	ブィ	ビ			ビョ	ビュ	ッブ
		ブゥ	ボ	バ	ベ	ブィ	ビ	ビェ	ビャ	ビョ	ビュ	ッブ
ン		ムゥ	モ	マ	メ	ムィ	ミ	ミェ	ミャ	ミョ	ミュ	ッム

*フゥ・ウ列音の母音は、円唇の$[u]$。
*ヘ・エ列音の母音は、原則的に中舌音$[\text{ə}]$。ただし、頭子音が舌先き音である場合には$[e]$。
*フィ・ノ列音の母音は、中舌音$[\text{ɨ}]$。
*ック・ッス列音の母音は無音。
*小書きのッが先行するか、右肩に1点を加えたものの頭子音は、喉頭化音。

第11章　空間関係をあらわすことば

付記

この報告の基礎資料を得た調査行に当たって、現地の役所、教育委員会とくに中央公民館関係諸賢や、筆者の質問に応じて快く語彙資料を提供してくださった各町村民各位やその他、各種援助をたまわった現地の官民諸方面の方々に心からの謝意を表します。ここに資料提供者のお名まえを掲げて記念といたします。

　　　　　資料提供者（順不同、敬称略）

瀬戸内町

　四本武俊、池田弘・マス夫妻、福田光吉、永井勝彦、（以上古仁屋）；里肇、清水広喜、鎌田政（以上清水）；林有沢（諸鈍）；倉元タミ（手安）；尾崎一（与路）；寿国一（嘉鉄）；その他、柳原勝二、田中徳夫、吉沢亮、柳沢茂平。

喜界町

　藤岡実基（上嘉鉄）、坂上豊三（浦原）、吉村克夫（浦原）、嘉ウツ（先山）、金岡とも（先山）、重田マツ（嘉鈍）、山下源七（蒲生）、横山太夫（中里）、小原喜美直（佐手久）、守内部仁吉（小野津）、勇賀一郎（荒木）、向井イシガメ（荒木）、三原昌嘉（伊実久）、開栄俊（坂嶺）、静常利（中間）、滝嶺山（手久津久）、向井行豊（伊砂）、岩切栄吉（伊砂）、満タツ（中熊）、永政敏（先内）、新島愛典（西目）、西元（西目）、豊田実秀（大朝戸）、正本国一（池治）、勝嘉（白水）、田畑玄庵（早町）、得本晃（赤連）、静岡忠八、山元マツ、渡瀬正、時本常忠（以上4名赤連）、星野嘉仁（川嶺）、山崎政元（川嶺）、長田幸道（羽里）、前田松志（城久）、矢野巌（滝川）、伏見巌（島中）、吉川毅（阿伝）、生島栄吉（阿伝）、前田忠彦（花良治）、中沢ヒデ（湾）、繁多喜頼（湾）、神谷実続（塩道）、前田貞吉（志戸桶）。

和泊町（沖永良部）

　吉田キク（和泊）、前田清盛（喜美留）、福山ツル（手手知名）、町田カメ（同上）、伊集院武一（大城）、皆村前清（皆川）、皆川前正（皆川）、小山前定（古里）、福峯哲麿（国頭）、東伊志郎（西原）、大佐貫武重（出花）、沖信一（仁志）、宮永繁（永嶺）、中村静造（瀬名）、仁志宮利（谷山）、前田ウメ（後蘭）、花田吉浦（玉城）、大山武重（根折）、大山大照（根折）、森カネ（畦布）、村田行定（和）、池田内義（内城）、東ツル（伊延）

知名町（沖永良部）

　遠矢知高（上城）、森兼元（新城）、永田英作（知名）、長谷川安弘（下城）、東栄輝（田皆）、武元内則（正名）、奥村伊江澄（住吉）、平山里嶺（小米）、徳中重（徳時）、武村イソ（大津勘）、高風栄沖（黒貫）、上村英二（竿津）、岡本経良（赤嶺）、泉里栄熊（瀬利覚）、宮当鶴行（余多）、亘富徳（屋者）、山本つる（芦清良）、平川甫（下平川）、上村良雄（同上）、粟田英業（久志検）、城村秀晴（上平川）、朝野中信（屋子母）。

参考文献

日下部文夫 1973「平良（宮古島）における所の呼びかた」『人類科学』25.

笠原政治 1974「琉球八重山の伝統家屋――その方位と平面形にかんする覚書――」『民族学研究』39.

柴田武・学生有志編 1977『奄美徳之島のことば――分布から歴史へ――』秋山書店.

209

日下部文夫 1978「古仁屋方言における空間関係語彙について――方位と風位――」『人類科学――九学会連合年報――』30.

中本正智 1980「奄美における方位語彙の比較研究」『九学会連合奄美調査委員会言語班報告・奄美のことば』(プリント冊子)

日下部文夫 1980「どちらが南、どちらが東」『九学会連合奄美調査委員会言語班報告・奄美のことば』(プリント冊子)

第12章

パラオとヤップの語彙に現われる方位のずれ
「パラオとヤップの空間──語彙記述的研究──」の第一篇

1.　パラオ諸島

　パラオ諸島（Belau）は、200ほどの島々から成り、広さが487平方キロメートル、人口がおよそ1万2,000人、その位置は、西部ニューギニアの北、フィリピンのミンダナオ島の東、西日本の南、ヤップ諸島の西南にある。そして、おおよそ、東北から西南に長く展開している。その島々は、東北からカヤゲル（Ngcheangel）、バベルダオブ（Babeldaob）、コロル（Choreor）、ペリリュウ（Beleliou）、アンガウル（Ngeaur）、その他こまかい島々がある。

　バベルダオブ 'bab（上）-el-daob（海）' とは、「かみの海、海のかみ」を示している。かつては、バベルダオブが島の名ではなく、パラオ諸島の北半分の地域名称であって、南半分の地域名称であるエヨウルダオブ（Eouldaob）、すなわち 'eou（下）-el-daob' 「海のしも」と相対してパラオ諸島を分けあっていた。そして、それら両地域の境界線は、現在のバベルダオブ島南部を横切り、ゲルトイ（Ngerutoi）、ゲモレイ（Ngemolei）両島を結ぶ。

　ふたつの小島、ゲルトイとゲモレイは、互にバベルダオブ島を挟んで東海岸と西海岸の両方から向かいあっている。このふたつの島を結んで、バベルダオブ島を横切る、かつての「かみ」と「しも」の境界線は、驚くべき正確さでパラオ諸島の東北端からも西南端からも等しい距離にあって、この諸島を二分しているのである（図1参照）。

211

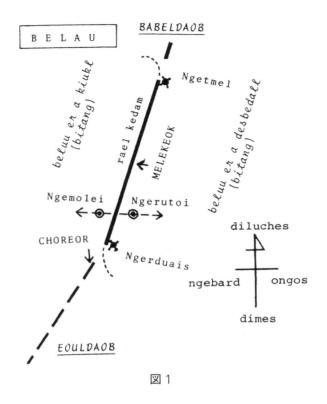

図1

　語り伝えられるところでは、おおよそ北に当たる「海のかみ」バベルダオブは、南の海、すなわち「海のしも」エヨウルダオブよりも高いということである。そして、潮流が北から南へと流れているのである。「海のかみ」、「海のしも」という名は、この言い伝えによっているわけである。そうして、このバベルダオブとエヨウルダオブが、まず手初めのビタン・マ・ビタン（bitang me a bitang）の例として南北の対立を成している。ビタン・マ・ビタンは、パラオ各所に見られるミクロネシア好みの片々一対である。

　東北から西南に長く延びたバベルダオブ島の背骨になる丘陵の草原 'ked' を走る道筋があって、ラエル・ケダム 'real（道）kedam（凧）' と呼ばれているが、それによって島を二分割している。東海岸よりの片側をブルー・ラ・デスベダル 'beluu（住地）er a Desbedall' とし、西海岸よりのもう一方をブルー・ラ・キ

ウクル 'beluu er a Kiukl' と言う。このデスベダルとキウクルも、また代表的なビタン・マ・ビタンのひとつとして、こんどはおよその東西の対立を成している。なお、付け加えれば、季節風としての東風 'elt(風)-el-ongos(東)' は、東北か東から吹き、西風 'elt-el-ngebard(西)' は、西南か西から吹くのである。

パラオには、マルキョク(Melekeok)のアリクライ(Reklai)と、コロール(Koror〔Choreor〕)のアイバドゥル(Ibdul)と伝統的に呼ばれるふたりの最高位の首長のもとに、ふた組に分割された全集落、いいかえれば村々の連合がある。アリクライがカヤゲルとデスベダル、アイバドゥルがキウクルとエヨウルダオブを、それぞれに取りしきっている。

こうした政治的地位についていう時、オゴス 'ongos(東)' は 'diluchus(北)' と一致し、ゲバルド 'ngebard(西)' は 'dimes(南)' と同じことになる。人々がふたりの最高首長のことを語ろうとするとき、北部のチーフとか南部のチーフとか言うのがしばしば聞かれるようになっている。しかし、「東のチーフ」とか「西のチーフ」というのがまだごく一般的な呼び方であることに変わりはない。その場合の 'ongos' と 'ngebard' は、実際にはそれぞれに東北と西南に当たるわけである。

2. マルキョクにおける村長の邸

マルキョクは、バベルダオブ島東海岸の中心部に位する村である。この村の首長、アリクライは、同時に 'ongos(東)' の村の連合の最高首長であるのがならわしである。現今のマルキョクの家並は、海岸沿いの一本道に断続しながら連なっているが、かつては、丘の上に向かう石敷きの道に沿って家並があった。村長、アリクライの邸も、丘の上のマルキョクととくに呼ばれる中心集落にあったのである(図2a 参照)。

マルキョク村には、八つの集落がある。北から南へ順に、ゲブルッ(Ngeburch)、ゲルリアン(Ngeruliang)、ゲルメレッ(Ngeremelech)、オクミーッ(Okemiich)、ゲラン(Ngerang)、ゲルエルッ(Ngerucheluch)、それにゲルベサン(Ngerubesang)が海岸に連なっていて、マルキョクが丘の上にあった。これらのうち、マルキョクとそれから下った海岸にあるオクミーッとゲランとゲルエルッを合わせた4集落が村の中央部を構成しているのである。

213

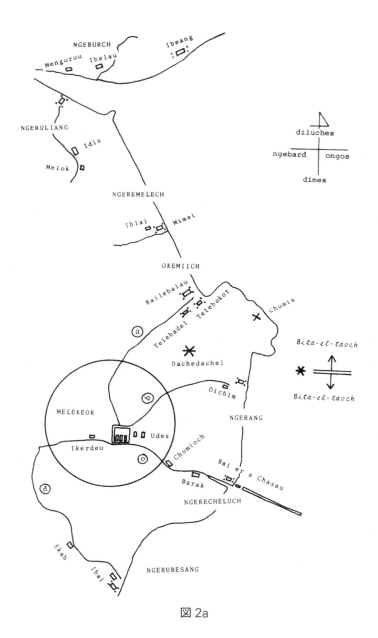

図2a

第12章　パラオとヤップの語彙に現われる方位のずれ

「片々」（bitang me a bitang）といつもいうように、パラオの人々は、何事につけても、好んでふたつに分けて、対に仕立てるのである。マルキョク村も、ゲランにあるダエダエル（Dachedachel）、つまり「余りもの」と言われている所で、北と南にビタン・マ・ビタンに分割されている。その片方は、互に「水路の片側」'bita el taoch'と呼ばれて、集落や親族や年齢集団などもその片方でとりまとめられている。

ダエダエルのあるゲランは、昔ゲラメシュ（Ngerames）と呼ばれたものだが、「村の真中」'metiud a beluu'とされ、ゲランの北隣りのオクミーッと南隣りのゲルエルッは、丘の上のマルキョクの外港とされていた。マルキョクからは、このふたつの外港と、ゲランに下る「石畳の道」'chades'がついていたし、南岸のゲルベサンからも丘の中を迂回する道がマルキョクに通じていた。

「村の集会堂」'baibeluu'は、三つの建物から成り、マルキョクの丘の上に建っていた。海岸の四つの集落から通じる道が「集会堂」で出会っている。オクミーッからは西南に向かい、ゲランからは西に、ゲルエルッからは西北に、ゲルベサンからはまわり道ながらおおよそ北に向って登ってきてちょうど「集会堂」の所で出会うようになっている（図2の道、ⓐ〜ⓓ）。

この集会堂は、まとめて「マルキョク集会堂」'Bai Melekeok'と呼ばれたが、そこには、オセブルガウ（Osebulugau）（A）、ゲルリアン（Ngeruliang）（B）、ゲルメアウ（Ngermechau）（C）という三つの集会堂'bai'と、四人いる村の長老の座席となる四つの「背もたれ石」'btangch'（1〜4）と、地面から頭を出して埋まっている大石、オルキョク'Olekeok'（D）がある（図2b参照）。

かつて、ミラド神Miladの二番目の子どもが西海岸のゲレムレグイ村（Ngeremlengui）のゲルア山（Ngerua）で生まれたが、あまりに乱暴だったので東海岸に追放された。それが、空を飛んできたオルキョクである。今日のマルキョクにはすでにワブ（Uab）の子が住みついていたが、オルキョクの飛来とともにマルキョク村が始まったと言われている。村の集会堂の近隣には、幾軒かの家がある。家々はパラオ風に前庭に石積みの墓地を備えている。これを目印に家の正面を決めることができるのである。

さて、集会堂の西南にある二軒、ミセベラウ Misebelau とルミーッ Lemiich とは、北を正面にしている。これを「北向きの家」'blai（家）diluches（北）'と呼んでいる。集会堂から道を隔てて西にある二軒、ミド（Mid）とウマラン（Umalang）とは、東正面なので、'blai ongos（東）'という。さらに西の方にあ

215

る一軒、イケルデウ（Ikerdeu）は、南を向いているので、'blai dimes（南）'である。これらの、北向き、東向き、南向きの家は、それぞれ自然方位の北や東や南を実際に向いているそのままに言われているのである。

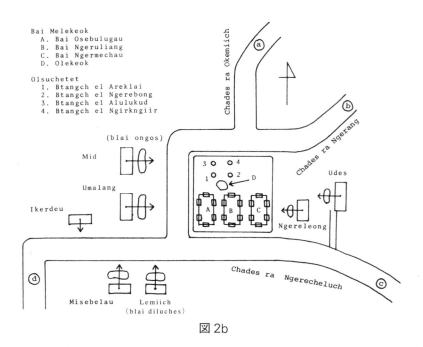

図 2b

　ここで、疑問となるのは、最高首長アリクライのかつての村の邸の向きである。その向きの呼称である。その邸の屋号はウデス（Udes）というが、集会堂に近く副村長家の邸とともに東側にあって、ゲルエルッからくる舗道の右側に西向きになっていた。

　大首長に、その家の向きをたずねたところ、'blai diluches'ことばのままには「北向きの家」だとの答えであった。家の実際の向きは、自然方位の西を向いているのだから、そのずれは直角 90 度に及ぶわけである。

　ひとまず、このずれを解き明かすと、次のようになるであろう。パラオでは西向きの家には不運が訪れると言い伝えが行われている。そこで、大首長も恐らくその家の実際の向きを承知の上で、伝統的に好まれる北向きの家と言い慣らわしに従ったものだろうと思われる。とすれば、大首長が自然方位について

216

第12章　パラオとヤップの語彙に現われる方位のずれ

承知の上だったかそうでなかったかは、当面の問題にはならない。パラオでどのような民俗方位が成立しているかが見極められなければならない。

　地理的条件から検討してみよう。ゲルエルッで上陸して西北に向って石畳みの道を登っていくとマルキョクに行く。その道を辿っていくと、やがて大首長の家が右手に現われるが、そこに行きつかないうちにその手前で道がほとんど丘を登り切ろうとする辺りで西に向きを変える。そのあとで、まず大首長の邸であるウデスが右手に現われ、次いでその先に副村長のサアルリヨン（Secharuleong）の家のゲルレヨン（Ngereleong）があるが、どちらも自然方位で見れば、西向きになるわけである。この道の海岸から登ってくる途中では西北に向かってくる区間が続いている（図2の道ⓒ）。丘の上の方で西に向きを変えることを無視するならば、総体では西北を指して登る道とすることができよう。そして、その道の右側にあって、その進行方向に一致した家の向きとあれば、それは西北ということになるわけである。

　さて、そこで、マルキョクから見て自然方位で東北にある外港、オクミーッが民俗方位では「東」に当たるとしてみよう。そうなれば、東南の外港、ゲルエルッも民俗方位でいえば、マルキョクの「南」に位置することになるのである。それに伴って、ゲルエルッからの登り道は、北に向かうと思えることになり、その道沿いにある大首長の家、すなわちウデスも、サアルリヨン家とともに北を正面にするという概念図ができあがるはずである。

　現にオクミーッの北隣りのゲルメレッで‘ongos（東）’の方を指差ししてもらったところ、それは自然の「東」より北の方にずれていた。

　この土地の人々は、冬至の頃には太陽が東から遠のくことを「グルドゥアイスする」‘oungerduais’と言う。バベルダオブ島の南端の東岸に位置するグルドゥアイス島（Ngerduais）の方に移っていくというのである。日の出の南にずれていくことを見ているのである。また、夏至のころには、その太陽が‘ongos（東）’に帰ってくると言うのである。このようなことばから見ると、東の中でもいちばん北によって日が出る所を‘ongos’としていながら、いちばん南に行ったときには、その日の出が東から外れていると思っているといえることに留意すべきである。そうした見方を人々がしているとなれば、オクミーッからマルキョクまで舗道は西に向かうことになり、ゲルエルッからの道は、おおよそ北に向かって登ることになる。その結果は、大首長の邸の正面が北を向いているとしていいことになるわけである。

217

3. 東に帰る

マルキョクの村人は、上述の通り、「グルドゥアイスする」ということばで冬至のころに日の出の位置が南に偏ることを言い表わしている。そのことばに用いられているグルドゥアイス島は、バベルダオブ島の南端にあることによって、マルキョクから見た南寄りの海面を指示できる（図1参照）。この小島の名に接頭辞 'ou' を付けて動詞化している。

夏至については、先にも言った通り、村人のうちほとんどは特定の言い方を忘れて、ただ単純に太陽が「東に帰る」とだけ言っている。しかし、もともとはお決まりの用語として「ゲトメルする」 'oungetmel' があって、太陽がゲトメルに偏ることを表わし、それが「東に帰る」ことに当てられるのである。

ゲトメル（Ngetmel）もデスベダル側の北の端に位置する小島の名である。それを動詞化したのである。こうした用語は、マルキョクを焦点としてできている。マルキョクは、バベルダオブ島のデスベダル側、すなわち東海岸の中程にあり、北端にゲトメル島が、南端にグルドゥアイス島があるからである。

このようなマルキョクでつくられたはずの用語であるにも拘らず、そのままがバベルダオブ島の南でも行われるのである。例えば、コロル（Choreor）などでも、「グルドゥアイスする」と「ゲトメルする」と言っている。コロルの長老 Iyar Tablok 氏は、マルキョクの Mongami Elechuus 氏が口にしたと同じことわざを次のように完成してくれたのである。これは、パラオの共通語彙として 'oungerduais' と 'oungetmel' が用いられ、それに伴って全島で同じ諺が行われていたことを示している。

Buik Tmur er a oungerduais ; Kedeb a llomes, kemanget a klebesei.
東（風の季節）の正月（ことば通りでは、「若い正月」）には、グルドゥアイス寄り（に日の出が偏る）；（そこで）昼間が短かく、夜分は長い。

長老たち 'rubak' は、どこでもこの文句を覚えているが、次の文句はたいていの人が思いだせなくなっているのである。

Chuodel Tmur er a oungetmel ; Osisiu a llomes me a klebesei.
西（風の季節）の正月（「老いた正月」）には、ゲトメル寄り（に日の出が偏る）；（そこで）夜も昼もおんなじ。

ここでいう「若い正月」 'Buik Tmur' と「老いた正月」 'Chuodel Tmur' はそれぞれわれわれの十一月と五月とに当たっている。パラオの年は、東西の季節風が入れ換わるごとに6か月で変わるからである。二つの正月は、それぞれ、

218

「東の正月」'Tmur Ongos' と「西の正月」'Tmur Ngebard'と呼ぶこともある。

パラオ諸島が赤道と北回帰線との間に位置していて、そのために、冬には赤道をこえて南回帰線まで南下する太陽が、夏には頭上に輝くのだから、冬至こそとくに太陽の遠出として印象に残るのが自然なのである。

村人にとっては、そうした印象を言い表わすために、「グルドゥアイスする」ということばこそ必要であり、「ゲトメルする」の方は、さほど意識されなかったのだろう。ゲトメルにまつわることわざの記憶の方は薄れがちなのである。

ところで、昇る日が「東に帰る」とデスベダルの沿岸線の描く基本的角度からみて、海の正面よりもつねに左よりから日が昇るのだし、その行きつく果ての北回帰線が帰りついた太陽の家と考えられるのも自然であろう。

これらの事柄を考え合わせてみると 'ongos' が自然方位の東より北にずれ、'ngebard' が西よりも南に偏る傾向を持っていることがわかる。一般に東北から西南に展開しているパラオ諸島の北半部を指そうとすると、それが同時にパラオの東半分を指すことになるのであり、北と東に対する南と西という組み合わせの並行した関係が成り立つのである。

こうして見てくると、最高首長アリクライの邸の向きをどのように呼称するかは、この諸島の展開に沿った一定の傾きに従って決定されるのではないかと思われる。諸島における「かみ・しも」が 'ongos-ngebard' と平行する。マルキョクから見て、北寄り左手にある外港、オクミーッが 'ongos' に当たり、南寄り右手の外港、ゲルエルッが 'dimes' に当たる。

大首長アリクライの邸、ウデスは、オゴス「東」とディームス「南」からの二つの道が交差する集会堂に向かって、「南」からの道に沿ってあることになる。最終的に、その家は、パラオにおいてもっとも望ましいとされている 'diluches'すなわち「北」向きの家と呼ばれるのである。

4. ヤップ諸島

ヤップ諸島は、西南の角がもっとも鋭くとがっている三角形にまとまった、四つの島で成り立っている。広さが約 100 平方キロメートル、おおよそ7000ほどの人口がある。その所在は、フィリピンのセブ島の東、ニューギニア西部の北、中部日本の南、パラオの東北に位置している。四つの島は、北からルムン（Rumung）、マップ（Maap'）、ガギル＝トミル（Gagil-Tamil）、ヤップ本島

（Wa'ab）と呼ばれる。互に近接してくっつきあいながら東北から西南に並んでいる。一般に、北の二つの島のルムンとマップは、ガリグチ（Galiguch）またはルムン＝マップと組んで呼び、真中の島はガギルとトミルと二つの地区に分けて言い、南の島も2地区に分けて、マラバ（Marbaa'）とニムギル（Nimgil）と呼んでいる（図3）。

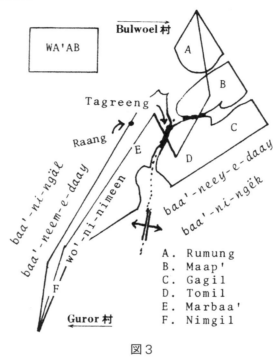

図3

ここに組み合わせ rabaa'「片側」を尊重する風習が現われている。ヤップは次のように地理的に三つの組に分割されているわけである。そのうちの二組、ルムン＝マップとガギル＝トミルはまとめてマラファチ（Marfach）と呼ばれて、ヤップ本島と区別されることがある。

第12章　パラオとヤップの語彙に現われる方位のずれ

```
         ┌ ガリグチ*     ┌ ルムン
         │ Galiguch    │ Rumung      ┐
         │             │ マップ      │
         │             └ Maap'       │
ヤップ   │ ガギル＝トミル ┌ ガギル     ├ マラファチ
Wa'ab ───┤ Gagil-Tamil  │ Gagil      │  Marfach
         │             │ トミル      │
         │             └ Tamil       ┘
         │ ヤップ       ┌ マラバ
         │ Wa'ab        │ Marbaa'
         │             │ ニムギル
         └             └ Nimgil
```

　集落内の地区分割は、どのようになされるか。例をラン村 Raang にとってみよう（図4）。

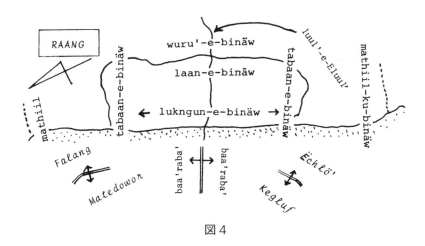

図4

　ファニフ (Fanif) 管区のラン村は、ヤップ本島西岸の北部にある。村は、バラバ・マ・バラバ (ba'raba' ma ba'raba') と言われるかたかた一対の組み合わせでつくられている四つのもやい集団に分けられ、それがいちおう各地区に所属する。

221

村内居住区は、まずエルール川（luul' e Eluul'）の流れでおおよそ二つに分けられ、さらにそれぞれが二つずつの地区に分けられている。川から南の地区には、アチュロ（Eachlö'）とケグルフ（Kegluf）があり、相対する北側には、フラン（Falang）とマテドウォル（Matedowor）がある。

　もやい集団は、これらの地区名で呼ばれ、そこに所属はしているが、歴史的継承の間にその地理的性格は、家系人脈的・人口動態的色彩で多分に薄められているのが実情である。過去に比べても相対的に極度に減少している人口の稀薄さがこの家系人脈的色彩をとくに強めていると考えられる。現在の状況としては、これらの四つの集団は、地理的分布よりも、むしろ相続による家督の継承が移り変わった結果、自然に生まれた社会的新協同集団の結集という一種の入り組んだ政治体制となってしまっている。それで、それぞれの組分け、つまりもやい集団の組員は、村内の各地区に、ひろく散らばってしまっているのである。それにもかかわらず、集団の名は、川の両岸に振り分けられた 4 地区のものとして存続しているのである。

　次に、住居 'tafean' 内の分割は、どのようになっているか。

　住居とする建物は、ナウン 'na'un' と言われる。その平面は、一方向に延長された六角形をしていてその一端の切妻を正面としている（図 5）。

　家の正面をどちらに向けるかには方位について一定していないようである。人々の言うところによると、家の正面は風上に向けるしきたりであるという。しかし、村内の実状を見る限り、家ごとにさまざまな向きを取っていて、そこに統一が見られない。

　住居の基本的な平面は、その前後、左右のいずれについても対称図形を成している。まるでへさきととものの区別のない舟のように見える。さきに述べた通り、風上に切妻を向けるのが原則であるとすると、へさきを風にさからって押し立てるもやい舟と形容してもよかろう。

第12章 パラオとヤップの語彙に現われる方位のずれ

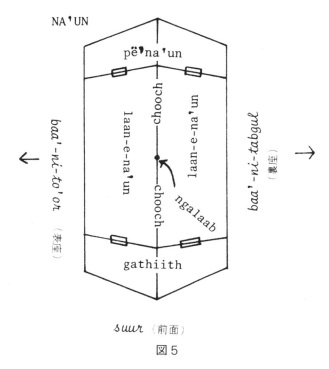

図 5

　へさきに当たるゲシス 'gathiith' は、床も屋根もあるが、戸障子のなく吹き抜けの、一種のヴェランダと言える。日中は、主人がここに出て、客に接したりする。とものペナウン 'pë'na'un' には、他人を立ち入らせない。ここに物置などしつらえることもある。ゲシスからペナウンまで縦長の延長に左右を分断するしきい 'chooch' が通っている。家の正面は、スール 'suur' というが、家の外に向かって右 'mat'aw' が「表座」'to'or' 側、すなわち 'baa'-ni-to'or' であり、左 'gilaey' が、「裏座」'tabgul' 側、'baa'-ni-tabgul' として、互に対立する一対を成している。
　表座側を男の座、裏座側を女の座として、表座側に婦人・子どもを入れないなどするばかりでなく、いろいろな面で表座が優位に置かれる。この対立は、室内 'laan-e-na'un' に限らず、邸内から田畑・植林に及ぶ日常生活面をひろく律している。基本的なかたかた一対 ba'raba' ma ba'raba' なのである。
　室内は、「編み壁」'taa' で囲まれていて、ゲシスやペナウンからは、「戸口」

223

'mab' を通じてはいる。その中心には「大黒柱」 'ngalaab' があって、ゲシス側とペナウン側に分割している。主人の座は、ゲシス側の表座に設けられるなど、室内には結果として基本的な四分割が認められる。こうした分割の原則は、その邸 'tabnaew' ごとにその建物 'na'un' を基準に設定されて、家族の働きの及ぶ生活空間を律するのである。その時、中じきいのチョーチによる「表・裏」の二分割がもっとも基本となるのである。

5. 水路の両岸

　日本の委任統治時代のヤップが便宜的に北部・中部・南部の3地域に分割されていた。しかし、当時も二分して、片かた（バラバ・マ・バラバ）にする慣行があった。

　かつて舟を引っぱってこえていたヤップ本島とトミルとの間の低湿地をタガレン（Tagreeng）といい、ドイツ領時代に運河が掘られて、今日も舟が通うようになっている。このタガレンを境界として、その一方の側は、「海のこちら側」 'baa'-neey-e-daay'、他方は「海のあちら側」 'baa'-neem-e-daay' と呼ばれる。これによってタガレンの南北につながる水道をも隔てて、ヤップの島々が二つに分割され、一方にルムン＝マップとガギル＝トミルが置かれ、他方にマラバとニムギルが置かれた。

　「海のこちらとあちら」として、対置される両側を指そうとして、人々はよく、「東側」 'baa'-ni-ngeak' とか「西側」 'baa'-ni-ngael' と言う。地図を見るとき、ガギル＝トミルとマラバとの相対的な位置は、タガレン運河を挟んで、確かに東と西とに向かいあっているとすることができる。しかし、ルムン＝マップは、ガギルとともに全島の東北部を成しているし、それに対してニムギルは全島の西南部に当たっている。全島を一括してその形態を見ても、その三角形は、東西の幅よりも南北の延長の方が長いのである。

　このような地理的配置ではあるが、その中に引かれる境界線がタガレン運河とそれにつらなる水道であり、一貫して南北に通うことを盾に取れば、それによって分割される両側が「東」と「西」とされるのにいちおう納得ができるのである。ただ、その場合、「東」すなわち 'ngeak' が「北」 'leel'uch' を含み、「西」の 'ngael' が「南」 'yumuch' を含むことになる。

第 12 章　パラオとヤップの語彙に現われる方位のずれ

6.　天に帰る道

ヤップ島を南北にたどっている山道があって、「鶏の道」'wo'-ni-nimen'と呼ばれている。その由来を語る次のような伝えばなしがある。

　鶏の道の由来あらまし

　　ギルマンのグロル（Guror）に仲のよい兄弟が住んでいて、兄は Sathalimar といい、弟は Giliway といった。二人は、両親とともに楽しく暮らしていたが、やがて弟が病気になって死んでしまった。残された兄は、両親とともにたいへんに悲しんで、弟に自分の腕輪をさせて葬った。兄はいつまでも弟をしのんで忘れることができなかった。

　　ある朝、兄は弟が天から体を洗いに下りてくる海に待ちうけていた。そして、弟と連れ立って天にのぼった。兄は、天神 Yälfath の許しを得て、弟といっしょに天の生活をつづけた。

　　やがて、兄が下界の家に帰るに当たって、天神は、天の鶏を二羽か四羽つかまえて連れていくようにすすめてくれた。ササリマルは、一日目に二羽、二日目に二羽と鶏をつかまえ、左右の肩と臂に一羽ずつとまらせて、それから体におもりをつけた。天から下りるとき、四羽の鶏がはばたいて兄を上手に運んでくれた。

　　家に帰った兄に飼われていた四羽の鶏は、しばらくして、天に帰りたくなった。そこで、四羽が連れ立って家を出ると、山 'kead' の中をたどって北に向かった（図 3）。

　　四羽は、いったんヤップ本島の北辺に行き着くと、むしろ東南に向きを変え、タガレンをこえてトミルに渡った。それから改めて北に向かって、マップ・ルムンへとわたり、ルムン北端のブリウォル（Bulwoel）に至った。そして、そこから天に帰っていってしまった。

　　人々は、いまにそのことを語り伝え、鶏たちの歩いた道筋を「鶏の道」'Wo'-ni-Nimen' と呼んでいる。

このように「鶏の道」が分水嶺に沿ってついていて、地理的にヤップ全島を貫く南北の軸となっていることは明らかだと言ってよかろう。そうであるならば、この道筋が左右に振りわける両側に総体として一括されたバラバ・マ・バラバが成立していいのではなかろうか。ところが、そうしたバラバの用意が見

られず、パラオにおけるデスベダルとキウクルのような特定の一貫した呼び分けも行われていない。

　ヤップにおいても、なにごとにつけても二分割して一対に仕立てることが好まれるのは、パラオにおけると同様である。しかし、たとえ地理的分割が当初の基本であったとしても、その一対の実際的内容に人間的要素が加わり、歴史的・社会的に複雑・巧妙に再構成されているので、単純な地理的図式には描きだせなくなる傾きがある。

　この「鶏の道」についても恐らく歴史的に幾度かの分断が起こった結果であろうが、ただ部分的あるいは臨時的に各地域ごとの東西両地域の区別を立てる境界線に用いられるのが現状である。その際、時に「鶏の道」の沿線の全部にわたって取りまとめて、東側と西側としたとしても、それは全く臨時的に地理的条件を説明する以上には出ない。

　もっともこの道の経路は、南北方向に通じるタガレン運河を横切りながら、タガレンの左右に振り分けられた東西方向の軸を貫くことになるのである。鶏たちは、天に帰るためになぜゼルムンの先端にまで行かなければならなかったのだろうか。もともと鶏は、夜明けを待ちのぞんで、ときをつくり、日を呼び出すものである。日の昇るのは、いうまでもなく東の方なのだし、そこには、天に通じる道がついていて当然であろう。鶏たちは、昇る日を慕い、天に登る道を求めて、タガレンの「東側」'baa'-ni-ngeak' の先端に向かったのではなかったか。それが鶏の足跡がタガレンと交差している意味ではないかと思われる。

　もし、そうであるとすれば、全島をつらぬく縦軸として、「鶏の道」の方向性が自然地理的に南北に沿っていながら、人文的に東西の方向へねじまげがあって、分断される結果になっているのではないだろうか。この道を潜在するヤップの東西軸と見る余地が認められるのである。

　「北」'leel'uch'（や「南」'yumuch'）という方位名が、地域を分割する地区名に当てて用いられることがあるが、それはおおよそ自然の方位に従って言われるといってよい。それに対して、「東」'ngeak'（または「西」'ngael'）という方位名は、その地域の地理的環境次第で東南から東北まで（または西北から西南まで）の間でそのいずれ寄りを指すか選択の幅が大きい。そして、全島から見るとき、「東」'ngeak' が北に傾き、「西」'ngael' が南に偏っているのである。

226

第12章　パラオとヤップの語彙に現われる方位のずれ

7.　方位名のずれの傾向

　これまで見てきた通り、パラオとヤップ両群島は、ともに東北から西南に展開している。自然の地勢は、磁石の示す東西や南北の軸に沿って整然とした展開をしているわけではない。当然なんらかの傾きを持っていることが多い。明らかにこうした自然の地勢の展開による方位上のずれが方位の軸の設定にくるいをもたらす傾向がある。また、東西の軸が南北の軸より好んで用いられる傾向がある。それらの傾向が生んだ結果として、パラオとヤップでは、「東」と「西」が「東北」と「西南」を指すようになっている。

　日本でも、西カロリン群島におけると同様に四方の名称に自然方位からずれた用法が認められる。日本列島は、西北太平洋にあって、東北から西南にかけて延びている。本州の中央部だけを見る限りでは、関東及び関西として関の東と西とに呼び分ける通り、文字通りに磁石の示す自然方位の東西に向い合っている。しかし、日本列島の全体については、東日本対西日本という呼び方があって、実際には、国土の東北の半分と西南の半分を指しているのである。つまり、「東」は日本の北部地域を含蓄としているのである。

　北半球の西太平洋においては、ほとんどの島々が経線に沿って南北に長く並び、さらにその北端は東にずれる。他方、それらの南端は、なんらかの程度西寄りにずれるのである。こうした地理的環境では、地域への方位名の適用に一定のずれを起こす潜在的な力が働くのである。

あとがき

パラオ語とヤップ語の表記法は、現行の正書法によった。ただし、ヤップ語の長母音表記には、必ずしもつねには従わなかった。また、'q' は ' ' で置き換え、語頭からは省くことにした。

この論文執筆の資料を得るに当たって、パラオ島とヤップ島で各方面の方々にお世話になった。次の方々には特にご協力をいただいた。ここに記して謝意を表する。

　パラオの最高首長 Areklai Kilian Lomisang Ngira Telebadel 夫妻、Secharuleong Kitalong Ngira Iulei、Klotraol Santos Ngodrii、アンガウル大首長 Ucherbelau K. Joseph、Mongami Elechuus Ngira Metotoi、及び Iyar Tablok 氏、各位。

　ヤップの最高首長 Andrew J. Roboman、ラン村長 Waath、前ヤップ博物館長 Raphael Uag、Fithinmeo、Alukan Fathale、Ayin Fanagalau、Paul Nuan、Gaangin Peter、Mangbuchan の各位。

これらの方々の親切なご協力によって、成果の得られたことをここに深く感謝いたします。西カロリンと日本との相互理解のよすがとしてこの成果が役立つよう願うものです。

第13章

語彙に構造があるか
―― 相関体系をめぐって ――（抄）

1. 相関

　現代日本語の母音体系は、まず拗（よう）・直で対立しているとして、拗音をそのなかに取り入れることができよう。ヤユヨの3音に対する、アイウエオ5音ということになる。そこで拗母音と直母音との対応付けをすると、ヤ対ア、ユ対ウ、ヨ対オとなって、直母音のイとエが対応する拗母音なしで手持ちぶさたで残される。拗音はイの響きを持った音であるので、その意味でイも拗音の系列に加えられる。すると、イとエの調音は近く、どちらも前舌母音なのだから、拗母音としてのイに直母音エを対応させることができよう。ヤユヨイの4音が拗、それに対してアウオエの4音が直である。これにさらに明・暗と鋭・鈍のふたつの対立を加えると、図1のような六面体の八つの頂点に各母音が配置される相関の体系が完成する。

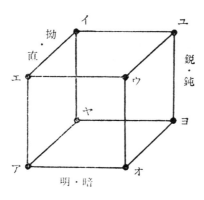

図1

この相関図によって、たとえば、母音「イ」は、〈明るく、鋭い、拗音性の（しめった）母音〉と規定できる。この場合、〈母音〉というのは、「言語音」という意味分野のなかでのひとつの語義特徴にもなぞらえられる。
　このような相関図は、フィリピンのハヌノオ語の人称代名詞の場合、おどろくほど適切に当てはまる。コンクリン（Conklin, 1962）によると、ハヌノオの人称代名詞は、八つあって kuh《私》、muh《おまえ》、yah《あの人》が単数、tah《わたしたちふたり》が双数、mih《（こちらがわの）わたしたち》、tam《わたしたちみんな》、yuh《おまえたち》、dah《あの人たち》が複数と分類されるようにみえる。
　ところが、それらが図２のように（α）〈話し手を含む・含まない〉、（β）〈聞き手を含む・含まない〉、（γ）〈人数が決まっている・いない〉、こうした三いろの項目（特徴）の二項対立できれいに分析される。たとえば、tah《わたしたちふたり》は、〈話し手と聞き手を含み、このふたりに限られた代名詞〉として規定される。
　このような相関の存在がどの程度まで語彙について認められるか、これから実例を示してみよう。

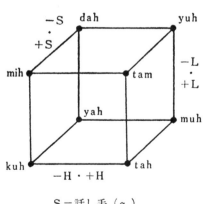

図２

2. アガル・ノボル

「アガル」と「ノボル」は、類義語として『ことばの意味』(柴田武・國廣哲彌・長嶋善郎・山田進、1976)でも、『基礎日本語』(森田良行、1977)でも取り上げている。それらの反意語「サガル」と「クダル」にももちろん言及され、さらに「オリル」や「オチル」、それに「ノル」も取り扱われている。

いま、これらの7語について、(α)〈発散〉と〈収束〉、(β)〈能動〉と〈所動〉、(γ)〈過程(延長)〉と〈結果(焦点)〉、三つの軸を立てて相関図をつくると、一つの頂点が空席になる。ところで、ちょうどその空席にぴったりと当てはまる語義特徴を持っている「ノッカル」という俗語が東京にはある。そればかりではなく、ちょうどその語義相当の「ノサル」が用いられている地方もある。

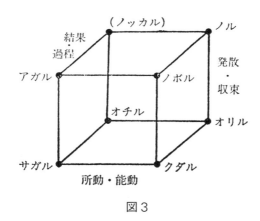

図3

ある一定の意味分野(概念領域)について一通り取り上げられた語彙の相関図で空席ができ、どう探してみてもその座席が埋まらないということもありうる。つまり、語彙体系の一部が欠けるのである。そうした場合のあることは認めなければならない。

しかし、「ノッカル」の場合のように、日常の用語のなかから空席を埋める語が発掘されることもある。相関図は、そうした語の存在を暗示するばかりではなく、その荷なうべき語義特徴をあらかじめ明らかにして、その語をさがしあてる手助けをする。俗語である「ノッカル」は、そうした手順がなければ、採録されることもなく、見逃されてしまうおそれもある。人々は、こうした語の必然性をさぐりとって、黙って用意をしていたのである。ひっくりかえして

いえば、「ノッカル」の存在することは、「アガル」「ノボル」についての図3のような解釈が暗黙のうちに支えられていることになる。

「アガル」と「サガル」のような反意語は、もともとその語義特徴をとらえやすいものだが、それも意味分野を共通にする類義語と束ねて相関図を立体的に組み上げることによってはじめて語義の分析の基礎を据えることになる。語彙体系の最小単位は、反意語にその典型を見るような2語の対立・相異であるが、それから分析される語義の内容は単一の語義特徴で終わってしまう。それで、複数の対立を重ね合わせてこそ、語義内容がはじめて分析され、それを語義特徴の束として規定することができる。そしてまた、それらの特徴をよすがとし、軸として語彙体系が組み上げられるのである。

（この論文は12の小項目でなっているが、ここには1、2だけを掲載した。）

参考文献

Conklin, H. C. 1962 "Lexicographical Treatment of Folktaxonomies" in Households, F. W. and Saporta, S. eds. *Problems in lexicography*, Bloomington.

森田良行 1977 『基礎日本語』角川書店.

柴田武・國廣哲彌・長嶋善郎・山田進 1976 『ことばの意味1』平凡社.

基本図書（論文末掲載）

1　日下部文夫 1977 「助詞の意味体系」『言語』63
ここでは、現代日本語の基本的な 12 の助詞が、4軸・3階層の相関体系を成すことを示している。

2　日下部文夫 1959 「動詞本来の相について」『岡山大学法文学部学術紀要』11
ここには、四面体のつくる六つの稜線上にそれぞれ一定の形態論的意義を配する試みがある。

3　日下部文夫 1976 「生活のなかの地名——宮古島平良市街を中心に——」『言語』52

4　柴田武 1965 「言語における意味の体系と構造」『科学基礎論研究』26
これには、色名の音韻表象も扱われている。

5　柴田武 1970 「語彙研究と方言語彙」柴田武編『日本方言の語彙——親族名称・その他——』三省堂
これは、語彙体系の意味について解説するところがあるとともに、身体語彙についての音韻表象も扱われている。

なお、意味論についての基本的文献としては、次の二著を挙げておく。

6　服部四郎 1974 「意義素論における諸問題」『言語の研究』6

第13章　語彙に構造があるか

語義の分析についての基本理論と諸概念を確かめるために必読の論文である。
7　John Lyons 1977 *Semantics* Vols. Ⅰ、Ⅱ、Cambridge.
意味論の諸説と諸部門の紹介がもっとも行き届き、詳細にわたっている。理論的構築も
確実である。巻末の索引・文献目録も整っている。

第14章

沖縄のことば

1. 沖縄の孤絶

この土地は、奈良の昔からすでに全国の各地方と並んで阿児奈波（オコナハ）として知られ、先島の石垣島さえも信覚として認められていました。奄美から沖縄へかけては、大陸への「道の島」となっていて、今から思うほど便りまれな辺境地方ではなかったようです。琉球という呼び方は、隋書に現われている、東海の流求を沖縄に引き当てたわけで、中国風の名です。沖縄の人たちは、中国語に浸っているわけではないこともあり、あまりこの呼び方を歓迎していません。

どちらにせよ、地元には 13 世紀からの歴史しか残っていないし、またそのころの英祖以来、この島々の統治者が王を名のったということもあるでしょう。また、17 世紀初頭（慶長年間）以来、鎖国のもとで、薩摩藩の特殊な通商拠点とされたこともあり、徳川期には、かえって日本全国の目からかけ離れた囲いの中に入れられてしまったのです。

さて、そこではどんなことばが使われているのでしょうか。

2. 琉歌

　　てんしゃごの花や爪先に染めて
　　　　親の寄せ言や肝に染めれ

このような琉歌があって、よく放送されてもいます。こう書いてあれば、沖縄のことばも、そんなにかけ離れたものとは思えないし、文章も幾分かは、理解できるように見えましょう。「てんしゃご」というのは、九州で「とびしゃこ」つまり、鳳仙花のこと。鳳仙花の花は、爪先に染め、親の訓戒は肝に銘じ

235

よとの趣旨は、およそ汲み取れるでしょう。

　しかし、これを、

　　　ティンシャグヌ　ハナヤ

　　　　チミサチニ　スミティ

　　　ウヤヌ　ユシグトゥヤ

　　　　チムニ　スミリ

と発音したら、すっかりわからなくなってしまうのではないでしょうか。

　　　恩納岳あがたさとが生まれじま

　　　　もいんおしのけてこがたなさな

という絶唱も、「さと」というのが女性から見た愛する人を差し、「もい」が
森、つまり山を差していると知れば、何かこの歌の趣きが腑に落ちることで
しょう。しかし、愛人や山がわかったとしても、

　　　ウンナダキ　アガタ

　　　　サトゥガ　ウマリジマ

　　　ムイン　ウシヌキティ

　　　　クガタ　ナサナ

となったら、およそ見当も何も付かなくなるに相違ありません。

　このように沖縄のことばの独特ななまりは、本土諸方言と対応する元来のつ
ながりを表面からおおい隠してしまいます。だから、本土のどんな音が沖縄の
どの音に対応するかを知れば、容易にその見せかけの背後になれ親しんだ語形
を発見することができます。

3.　三母音

　いま、身体名彙をとってみると次のようになっています。

　　　首里（沖縄）　　　　　東京

　　　ミー　　　　　　　　　メ

　　　ハナ　　　　　　　　　ハナ

　　　ミミ　　　　　　　　　ミミ

　　　クチ　　　　　　　　　クチ

　　　ハー　　　　　　　　　ハ

　　　フィジ　　　　　　　　ヒゲ

　　　クビ　　　　　　　　　クビ

236

第14章　沖縄のことば

カタ	<u>カ</u>タ
ウディ	<u>ウ</u>デ
ティー	<u>テ</u>
<u>ツ</u>イミ	ツメ
<u>ン</u>ニ	ムネ
<u>ク</u>シ	コシ
ムム	<u>モ</u>モ
<u>キ</u>ー	ケ
<u>チ</u>ー	チ
フニ	ホ<u>ネ</u>

（傍線部は高くいう）

　このうち、沖縄と東京とで相違のない語が、ハナ、ミミ、クチなどある一方で、ミーとメ、ティーとテ、ムムとモモのように相違しているものが見られます。その相違の多くは、東京のエ段とオ段のかな、言いかえれば、母音のeとoとについて、eはiに、oはuに、つまり、エ段からはイ段へ、オ段からはウ段へ移って、沖縄のことばになっています。ただ、かな書きにする時は、もとのエ段、オ段のかなのままで表わすのが普通です。それは、ちょうど英語でme としてミー、to としてトゥーと言っているようなものです。

4.　エーとオー

　こうして、本来の母音eとoが、それぞれiかuに同化して消えているので、ア、イ、ウ、エ、オ五母音はア、イ、ウ三母音になっています。このことを琉球語の三母音制といい、伊波普猷氏が精しく解説をしました。メやテにミーやティーが対応し、モモにムムが対応するのは、そういった背景があるのです。ここに挙げた首里のことばには、母音のeとoがひとつも使われていません。しかし、eとoとがないというわけではなく、別に二重母音のai などからe、au などからo が生じています。

首里（沖縄）	東京
ッエー（藍）	<u>ア</u>イ
ケー（貝・櫂）	<u>カ</u>イ
ケーナ	<u>カ</u>イナ
メー	<u>マ</u>エ

メーニチ	マ̄イニチ
ソー	サ̄オ
ッオー	ア̄オ

だから、eやoは、原則として長母音で現われます。

5. 子音のねじれ

なお、母音のeとiが、どちらもiになっているのですが、元来のiに隣接する子音がねじれて現われていることがあって、そのねじれがあればもとからのi、ねじれがなければもとはeと見分けられます。

チー（血）	ティー（手）
ジー（地）	ディーグ（梯梧）
チー*（気）	キー（毛）
チク（菊）	キガ（けが）
ジ̄ー（義）	ギスィ（下司）
ムジ（麦）	カーギ（影）

＊キー（木）は、古代音 kï だったのでねじれなかったといわれている。

本土のチ（血）やジ（地）も、元来のティやディが、母音のiのせいでねじれて、チやジになったものです。こうしたねじれが沖縄では、元来のティやディの外に、キやギに由来して起こっているばかりでなく、母音のiのあとにある子音にまで起こるほど予想外に強力に働いています。

イチャ（いか）

イチャ（板）

インチュ（隠居）

インジリー（イギリス）

これまで述べた、五母音と三母音、二重母音と長母音、直子音とねじれ子音の対応は、すべて本土の状態を原形に近いとして、（e＞i、o＞u、ai＞e、au＞o、ティ＞チ、ディ＞ジ、ギ＞ジと考えてこそ）説明できることで、その逆ではありません。

6. 東北なまり

元来の母音uについては、ス、ツ、ズ（ヅ）の場合にiになっていて、首里でスィ、ツィ、ズィ、沖縄一般でシ、チ、ジといいます。

238

第14章　沖縄のことば

　　ッウシ（牛）　　　　ッウースィ（臼）
　　ッイチ（一）　　　　ッイツィ（何時）
　　カジ（舵）　　　　　カズィ（数）

　これらの区別は、現在那覇市内の旧城下町、首里に限って見られ、一般には、スィはシ、ツィはチ、ズィはジになってしまいます。スとシ、ツとチ、ズとジが混同されたというと、東北方言を思い出させます。もっとも、現在のスとシ、ツとチ、ズとジの区別は、はっきりしているわけです。

　東北方言といえば、琉球語の方言である、奄美のことばにも、先島のことばにも、東北のような中舌母音ïが見られます。ただし、それが奄美では、五母音のeに当たり、先島ではiに当たるという相違はありますが、こんなことも東北方言を思い出させるわけです。

　こうした、南西の島々と東北地方のことばが似通うということから、そのつながりの要をかつての京都辺りに求めることになります。

7.　語形の短縮

　ひとつひとつの音が変質していることもさることながら、語形が縮まっていることも随分多いのです。

　　ッチュ（人）　　　　タイ（ふたり）
　　ティーツィ（ひとつ）　クィー（声）
　　シュー（潮）　　　　マックヮ（枕）
　　ンナ（皆）　　　　　ダーグ（だんご）
　　サーター（砂糖）　　ティーダ（太陽＝「天道」）

　ヒトの第一音節の母音iが第二音節の子音tをねじってチにしてしまい、さらに第二音節の母音oはuに移るので、まずヒチュができます。ヒトのヒを東京などで、息だけで声を出さずに軽く言っています。これを無声化といいますが、沖縄でも軽くなって、とうとうツメ音になってその痕跡を残したのが、ッチュなのです。

　ダンゴのハネ音、ンは、沖縄で消えています。また、かつてのサタウは、語末のウを失って、サーターとなっています。このふたつの例を見本にすれば、かつてのテンダウからテーダー、そしてティーダにもなることが理解できるでしょう。太陽をティーダというのは、南方系の語彙だとした説もありましたが、亀井孝氏や上村孝二氏によって、これが本土の天道に結びつけられまし

239

た。

　そもそも、沖縄の短縮語形の原形を知るには、本土のことばを見れば、見当が付くわけです。

8.　語頭のツメ音

　人をッチュ、皆をンナというように、語頭にツメ音があったり、ハネ音があったりします。本土では、ツメやハネは語中か語尾に限るように思っていますが、音声学的には、ツメに似た現象が語頭のいわゆる母音音節（ア・イ・ウ・エ・オ）に先立ってあったり、馬や梅の語頭のウが、実はハネ音に相当する m で発音されたりしています。沖縄では、それの語頭にあるなしが区別され、意識されているのです。次の表を見てください。

ッアー（泡）	ッエー（藍）	ッイー（ええ！）	ッオー（青）	ッウー（はい！）
ヤー（家）	イェー（八重）	イー（絵）	ヨー（よう！）	ユー（夜）
ッヤー（おまえ）	──	──	ッヨーイー（赤ん坊）	ッユン（言う）
ワー（私の）	ウェー（わっ！）	ウィー（柄）	オー（王）	ウー（緒）
ッワー（豚）	ッウェー（親＝）	ッウィー（上）	──	──

　オーは王で、ッオーは青。ヤーは家で、ッヤーはおまえ。ワーは私ので、ッワー（これはなき声から来たのでしょうが）は豚です。

9.　語頭のハネ音

　また、ンニは胸で、ッンニは稲です。

　さらに、ッンマ（馬）、ッンミ（梅）、ッンム（薯）、ッンマガ（孫）、ッンマリユン（産まれる）、ッンジャシュン（いだす）が一方にあるのと並んで、ジル（いづれ）──ドレ、ナーダ（いまだ）──マダ、ヌチ（いのち）──イノチ、ダチュン（いだく）──ダクのあることを見ると、文語の「いづれ、いまだ、いのち、いだく、いだす」などの語頭の「い」は鼻子音か鼻母音だったことが想像されるし、マゴ、バラの古語「うまご、うばら」の語頭の「う」もやはり鼻がかりだったので、鼻濁音の退潮とともに、いつか消えやすかったのだと思われます。つまり、かつての京都では、沖縄のように語頭にハネ音を発音して、ンドゥレ、ンマダ、ンダク、ンダス、ンマゴ、ンバラといっていた時があるのだ

と想像されるのです。

　元来の中国音で、清（シン）や上（シャン）は、ハネ音で終わっているのに、それを、セイ、ジャウ（シャウ）とイやウのかなで写したのも、当時のイやウが語頭でハネ音を示していた実績があったからだろうと、私は考えています。冷泉をレイゼイ、紫宸殿をシシイデンと書いて、実はレンゼン、シシンデンと言っていたのでしょう。

10.　京風のアクセント

　アクセントについて見ると、京都では語が高く始まるのと低く始まるのと二つに大別けされます。それが首里になると、京都で高く始まるものは、やはり高く始まり、低く始まるものはやはり低く始まるというように規則正しく対応しています。ただし、平安の低平調が現在の京都では高く始まるようになっているものがあるので、それには当てはまりません。

首里	京都
ユル̄	ヨ̄ル
フィ̄ル	ヒ̄ル
ヤ̄マ	ヤ̄マ（＜ヤマ）
カ̄ー	カワ̄

　このようにして、沖縄のことばは、長く都のあった京都のことばと引き当ててみることができます。京都あたりのことばといつごろ別れたかを、服部四郎博士が語彙統計法によって出されたところでは、古墳時代の初期から末期にわたるころと推定されています。また、分裂への傾斜の始まったのは、平安末、鎌倉初頭のころで、三母音制などの特色が定まったのは、室町だろうとも考えられています。

11.　琉球語と呼ぶこと

　沖縄のことばも京都のことばも同じ一つの言語の子孫なのですが、時に琉球語（南島語）などといって日本語と分けて扱うこともあるのは、江戸期のように中央政府の手が及ばない状態の続いた時代があったからともいえましょうが、それよりも沖縄じしんのことばで書かれた文書が堂々と通用していたからとすべきです。それらの文書は漢字は年月日などに限られ、その外はほとんどひらがなで書かれたことも興味深いことですが、それはそれとして、そのかな

書きが、沖縄の万葉集といわれる「おもろさうし」や、王府の辞令のような公文書にまで用いられて、独特のことばを記してきたのです。

　例えばゲルマン語の一派である北欧諸国語がそれぞれに別の国語と認められているように、また同じゲルマン語のドイツ方言といってもよいオランダ語が、ドイツ語とは別に一国語とされているように、別の正字法（沖縄の場合のかなづかい）で書かれた独自の文書の積み重ねを持っている場合は、それを一国語と認める習慣ができているといえます。まして、東京や京都と沖縄とでは、ドイツとオランダとの間よりずっとことばの隔たりも大きいのですから、琉球語とするのも当然ということになります。

12.　言語の豊庫

　沖縄の独特の文化圏は、その言語の特色とともに、北は奄美の喜界島から南西の孤島与那国にわたっています。さらに北の吐喝喇列島を経て九州までも繋ぐ弓なりの差し渡しおよそ1000キロ。その弓の東南に張り出した弧のちょうど中ごろの曲がりめが沖縄本島中南部の（首里、那覇のある）人口密集地帯。それ以外は、人口がずっと少なくなりますが、島々で方言が変わるばかりでなく、沖縄本島内でも、村々で、また集落ごとに、ことばが変わります。

　例えば、「昼の風」を、フィルヌ　カジというのが標準的ですが、ヒルヌ　カジ、ピルヌ　カジ、ピルヌ　カディ、ピルヌ　ハジ、フィルヌ　ハリなどというところが本島にはあるのです。まして、奄美の大島（特にその瀬戸内沿岸）、徳之島や先島の宮古島や石垣島や与那国島となると随分珍しい発音もあります。

　ハ行音をファやパとするところがあるのも珍しい例ですが、これはかつて明治の言語学界で「P音考」の論拠となりました。ハ行の頭子音がかつてはpで始まり、やがて両唇音のf(φ)を経て現代のhになったという説です。

　その外、カカ（書か）のような未然形のままを「書かむ」に当たる意志（推量）法に用いる奈良以前の語法を今に使っているとか、ストゥミティ（つとめて）が朝、カナシャン（かなし）が愛らしい、ミドゥリ（緑）が芽立ち、チュラカーギー（清ら影）が美貌といったような古義を残しているとか、昔に変わらない部分があり、古典や古代日本語の研究には、沖縄のことばを手助けに使わなければなりません。それというのも、日本語のはっきりした姉妹語がまだ決まっていないからですし、それをはっきりさせるためにも、琉球語をよく知ら

第14章　沖縄のことば

なければならないのです。

13.　現在唯一の姉妹語

　日本語の系統（血筋）については、朝鮮語を手掛かりにするウラル・アルタイ語族に結ぶ北方説と、マラヨ・ポリネシア語族に繋ぐ南方説と、どちらもまだ試論の段階で、この両者の混交説が可能性が高く思われています。そして、決定できないまま、朝鮮語と並んで、日本語は孤立したままになっているのです。そうした中で、琉球語は、古代日本語の純粋な別かれであって、そこで見られる特徴は現在の本土の日本語から見て物珍しくても、そのほとんどが一本の古代日本語に由来するといってよいでしょう。もちろん、漢語や僅かばかりの外来語がまじっていますが、その語彙のほとんどが純粋の和語からできているといえるのですし、漢語も（先の太陽のティーダのように）本土の中世日本語から取り入れたものが大部分です。

14.　極限の語形

　そんなによく本土の日本語を受け継いではいますが、本土でも近代日本語になっているように、特殊な地域として囲われている間に、沖縄のことばも独自な変化を遂げました。だから、三母音制も語形省略もあるわけなのです。そういう変化ということなら、沖縄のことばほど可能性の極限を見せたものはないでしょう。先島の方では、次のような例さえあります。

　　ッソーッソー（白白）
　　ッフォーッフォー（黒黒）
　　ッフ（櫛）

鍬のことをパーとかファーとかいうところもあります。kuwa ＞ kwa: ＞ pa: ＞ fa: という変遷のあとは、ラテンの quinque ＜5＞とギリシア語の penta ＜5＞の対応を考えに入れれば、決して不審なことではありませんが、やはり随分な変化です。

　手をシーという村もあります。ti: ＞ θi: ＞ ši:(ʃi:) と変遷したのでしょう。私たちが日本語の将来の姿をさぐるに当たっても、見逃すことのできないのが沖縄での実験の成果です。

243

15. 風土化した語彙

　沖縄でカー（川）が実は井戸や泉を差し、普通にいう川はわざわざナガリガー（流れ川）といわなければならなくなっているのは、山の少ない珊瑚礁台地という環境によるのです。

　それに、亜熱帯にあるので、気候風土の相違から、季節のめぐりや風物も本土と変わります。それで、語彙の上で、次のような変化が見られます。

　日常の語彙には、春と秋がなくなっています。フユとナツィが季節を交替します。琉歌などで春をうたうことはあっても、秋はまず使われることがありません。秋が来たことを示すには、ミーニシ（新北）が吹くといいます。

　北をニシというのには驚かされますが、南をフェーというのは、南風の呼び名、はえに対応します。ニシもフェーも風の名として起こり、あとで方位に定着したのでしょう。南北の名は、元来、風の方位です。そう考えれば、冬の寒風が西にかたよる本土の西国地方で、ニシが西方を差すようになった理由になると思います。

　西方じしんをどういうかというと、イリ。東方はアガリです。つまり、東西は日の出、日の入りの方位として定着しているわけです。このように四方が、東西と南北で異なった基準で意識されていることが、独特な語彙体系をつくっています。

　また、暖かい土地柄で、氷も張らず、雪もめったに降りませんが、クーリ（氷）という語もユチ（雪）もあります。クーリは氷砂糖、ユチはあられのことです。これも砂糖きびの作られる風土に合わせて語彙に改訂が加えられているのです。

　しかし、氷や雪という語を古くから持ち伝えてきたことを疑えないので、やはり琉球語としても、北に控えた本土かどこか、とにかく北方の風土で育って南下してきた結果と考えざるを得ません。

　日本語の親となる言語が南方から来た可能性があるにしても、少なくとも古墳時代に一本にまとまった古代日本語が北にあって、それが、南に琉球語、東に狭義の日本語と枝別れしたものと思われます。その展望の中心は、地域的にはどこともいま定められませんが、文化的には大和のものであることは確かです。

　そして、喜界、大島、その瀬戸内、徳之島、永良部・与論、沖縄北部（山原）、沖縄南部、宮古、八重山、与那国と縦ながに分布する琉球方言は、ゆう

第14章　沖縄のことば

に本土方言に匹敵する多彩な内容をもって研究者を待っているのです。

第15章

言語と社会環境
——歴史的・巨視的見地から——

1. 方言蔑視

　明治以来の標準語理念が退けられて、新しく共通語の実態が認められるようになってから、世間ではいわゆる標準語がそのまま共通語と呼びかえられるようになった。その背景としては、各地に強力な共通語の存在が認められるようになってきていた。このごろでは、町に行ってその地方の方言を聞こうとしても、明らかにそれらしいことばを話している人を見つけるのに苦労をする。それぞれの地方の特徴は残しながら、全体としては全国通行のスタイルを持って話されているのが今日の地方、とくに町方の日常語だといっていい。新世界の広い地域を開拓したアメリカ合衆国のようなばあいはともかくとして、多くの近代諸国家でも、このように全国にわたって方言が日常生活から遠ざかってはいないという。それに比べて、この島国がずっと単色のことばで、海に囲まれたその領域をひとつに結びつけている。

　実は、その単純さが成立しているというより、単純に至ろうとする心掛けが行きわたっているというべきだ。そして、それが、内には自治の弱さと結び、国の外に向かっては垣の高さをいたずらに大きく感じさせていないだろうか。

　海外の共通語は、政体や政治の中心に結びついたものであるよりも、もっと全体の民族文化に支配されて、方言の生活の根を脅かすことなく、それらの方言の存在の上にひろがっているので、方言を追いのけてはいない。そこには方言文学の伝統さえ見出すことがあり、ドイツのように方言についての正しい知識が教師採用の資格に加えられていたりする。そこには、地方民の自治の精神上の土台となる方言に対する意識された圧迫はない。そこでは、方言を指して「汚ない」「悪い」と十把ひとからげにいうことは少なく、もっと客観的で具体

247

的な「rがきつい」とか「音を引く」とかの評語を与える。

　ところが、日本では方言を捨てて政治中心地のことばに付こうとする動きが強く、その半面として方言の使用を極端に排撃し、その使用者を軽蔑する。たとえその方言の使用人口が多く、またその地域の文化的伝統が認められていても、その方言の方言である特徴そのものが笑いものになるのが一般だ。そこで、少年期のあとで転換しにくい方言の特徴を持ち、それに加えて経済的・政治的に恵まれない地域に属している時には、その地方の人々の間に強い劣等感・ひけめを感じさせる。人々の発言や行動はそれによってちぢかんでいく。

　このように、日本のいわゆる標準語は、方言を圧迫し、それに取って代わろうとしているのに対して、海外諸国では、共通語にそのような役割を与えてはいない。近年、多言語国のインドやセイロンにおける公用語政策で血を流す争いが起こったことや、中国では民国以来の国語政策で方言の取り扱いが重要な論争の的となったことなどが、この単純な島国ではすべて異境のこととして忘れ去られてしまう。方言の特殊性を尊重し、互いに対立しているものとして認識する。そういうことのない日本では、人間同士のことばである他国語の特殊性を、わたしたちのことばの特殊性と連続しているものとして、承認する土台を内側に持っていないわけだ。日本語じしん確かにその特殊性の面で他国語から遠く離れ、孤立したものであるには違いない。しかし、このような孤立した状態でさえ、諸民族との間のつながりから生まれて来たものなのに相違ない。そういうことは、国内では、明らかに日本語でありながら、相互に理解できないほどの相違を持っている方言を、その相違のままに尊重し、その相違の現象を理解することによって、やがて認識されてくるはずなのだ。

　しかし、またわたしたちの標準語というのは、相互に相違する方言の中のひとつが他のものを追いのけるという意味ばかりでなく、インドや中国における統一的な古典語の意味もその性格に含んでいる。そして、人々に密着して地域社会に息づいている方言そのものから離れて、上から臨む姿勢をその中に含んでいる。

2.　文書階級

　野口弥吉農学博士の話で、わたしたちの国では、農学を履修した人たちが、ごく少数を除いて、村に帰らず、官公吏、つまりヤクニンになったり、学校の先生になっている。東大でいえば、1935 年から 51 年までの卒業生、みん

なで 149 人のうち、たった 1 人が百姓をやり、いまの三重大学農学部でいえ
ば、1935 年から 41 年までの卒業生 224 人のうち、たった 8 人がようやく百姓
になっている。長野県の山地にある中条高等学校（もとの農学校）でも、1946
年から 48 年の卒業生 258 人のうち 50 人だけが百姓をしている。平地の学校
だと鉄道や警察に勤めるのがずっと増して、それだけ、百姓をやるものが減
る[1]。

　日本人の半分に当たっている農村、できるならば、そこで日本人の食べ物の
全部を支えてほしい農村が、進歩を生みだす教育や研究にじかに触れていない
事情は、上に述べた数字から直接に説明されるものではない。しかし、実用の
学科でさえ、文書を扱う仲間に加わるための踏台と考えられていることが、そ
の数字に現われている。踏台とされた学問が、農業のというより、農村の実際
面に触れることはひどく難しい。そのことこそ問題だ。

　それで、もう一度、野口博士の農学の研究についての話を聞くと、「……実
際上に応用されれば、農業は飛躍的の進歩をすることは疑いない。にもかかわ
らず、進んだ知識が農村に達するまでには予想以上の多くの年月を要したり、
時には、折角の科学的な有利な方法が結局農家の手で実行されないということ
さえ起こっている。」

　これらの事情は、みんな村の生活から生まれている。けれども、その一方で
は、役人生活への踏台とされたことで性格づけられたその学問のことばのせい
でもある。農学の文書を扱う仲間に通用する農学用語が生みだされ、そこでも
農学を実際の経営と結びつけることが難しくなってしまった。

　たとえば、シュシ（タネ）・ハシュ（タネマキ）・チュウコウ（ナカウチ）・ブ
ンケツ（カブハリ）・ビョウホ（ナエドコ）・バッカン（ムギワラ）・バンソウ（オ
ソジモ）・メイチュウ（ズイムシ）・カンシャ（サトウキビ）のような用語は、こ
の事情の端的な見本になっている。このことを経済界などに比べてみれば、な
おはっきりするが、経済用語では、文書上も日常の取引の用語がそのままに取
りあげられていて、文書階級の分裂を起こしていない[2]。同時にまた、そこ
には地域的言語生活が見当たりにくい。

　こうして、方言に対して現われたいわゆる標準語の性格には、東アジアの古

---

[1]　野口弥吉 1952「農業教育の刷新」『科学』4 月号、pp. 176–178 岩波書店
[2]　経済界がこのような自主的環境をいまも持っていることは、つぎの評論を見よ。梅棹忠
夫 1960「事務革命」『中央公論』10 月号、pp. 119–141 中央公論新社

典語の要素、つまり漢語が、文書階級意識とともに盛りこまれている。標準語をあやつる文書階級のひとりよがりは、くだいた物言いを女子どもに対する思いやりぐらいにしか考えていないが、新聞の記事にも、（大臣に）ナリテ、（嫁に）ヤリテ、モライテ、キテ、（商品の）ウリテ、カイテなどとじゅうぶんに使っているのに、なぜ、書評になると読者と筆者と言っても、ヨミテとカキテとは言わないのかという疑問[3]を出されてみると、読書を指標として、おとなたちの社会に思いやりのような甘いものでは動かされない既成の分割線がいつの間にかできあがっていることに驚いてよいはずだ。日本の読書階級は、職と知識とを求めたので、知恵を求めたのじゃないように見える。近代の良識を望むならば、デカルトのように、「まったく純粋な自然的理性のみをもちいる人々は、古い書物だけしか信じない人々よりも、よりよく私の意見を判断してくれるだろう」[4]からラテン語じゃなく当時の俗語、フランス語で『方法序説』を書くはずだ。

　漢語の問題は、あとでもう一度触れることにするが、とにかく、いわゆる標準語の普及統一のかげには、自覚されない分割線があちこちに引かれている。

3.　女・子ども

　いつか小学校で「左右を見てから横断しましょう」と安全交通の標語が貼ってあった。思いやりと思いやりのなさとの見本になる。文書人の頭には、常にじしんの幼年時代に努力の対象だった標準語の模型が置かれている。標準語からかけ隔たった方言地域であれば、あるほど、その模型には漢語調が強くなる傾きを持っている。この標語が漢語調の強いものだとは、言えない。ごく当たりまえのものだ。しかし、「左右」と「横断」は漢語であり、この標語の下敷きにはもっと硬い調子の模型があったのを柔らげたのじゃないだろうか。実際そういう疑いが当たるばあいが多いのだ。思いやりは形式の上にばかり働いて、「ます」体の表現として現われている。真実の思いやりは、「禁煙」に対する「タバコのむな」のばあいに見受けられる。左右という漢語は子どもたちになじまないばかりでなく、実際の道を横切るに当たって右を先に見なければならない事実と、右と左とを別々に順序をつけて見なければならない事実とに忠実でない。「ます」を着せることよりも、「右と左、見てから渡ろう」とした方

---

[3]　岡野篤信 1952「漢字と民衆」『ことばの教育』9 月号、p. 1（日本ローマ字教育協議会）
[4]　小場瀬卓三訳 1951　デカルト『方法序説』p. 81 角川書店

第15章　言語と社会環境

がおとなにとってもどれほどいいかわからない。

　だが、他国にはあまり見られない思いやりの組織がここにはできあがっている。その雑誌の種類と部数は多いが、それらが個人生活の各分野に分化しているというより、成功している大多数は、年齢階層別・身分別に分かれている。幼年から始まって学年別を登っていき、青年からおとなに至る。また、婦人雑誌、農民雑誌がその発行部数を誇り、その分割の一部分を総合雑誌がになっている。それぞれの言語生活の、そしてそれを含めた社会環境の相違に応じた親切な思いやりが営業化したものだ。このような階層雑誌の発行部数が多く、この方面での成功が出版界での大成功をもたらすことは、そのような階層分裂が社会にあることなのだし、人々がそれに甘えかかっていることなのだ。

　このような分割出版文化は、日本特有の発達で、近代諸国家の婦人雑誌は、家事、服飾、料理、住居というように技能の分野で区分けされて発達していて、雑誌の方から読者の身柄を拘束してはいない。まして、婦人用・農民用あるいは月給取り用の総合雑誌が用意されて、他を圧倒するような多量を占めていはしない。

　このような思いやりは、また、国民教育の課程に現われている。戦前の、一年生にはカタカナ、二年生にはひらがな、漢字はゆっくりと数を増し、かなから置きかえ置きかえしていく、そういう配慮が見られる。戦後一部修正されて、入門はひらがなから始まることになったが、漢字の学年配当という、小出し・出し惜しみ方式は今もそのまま残っている。

　この方式は、今日の正書法にともなう必然的な不信からも、また教育の使命と力量とに対する不当な自信の無さからも起こって、言語科学の貧しさがそれを受け入れさせ、その裏側に階層の別れを積みあげることを許している。漢字をこなし切れない子どもを多くつくりだすことに、根本からの疑問を抱かないで過ごしているとしか思えない実情なのは、知らず知らず、かなだけでたどたどしく物を書く階層の存在を大幅に承認して、気をゆるめているからではないだろうか。こうして、文盲の少ない日本で、官公庁の窓口と代書屋とが深い因縁でつながることにもなる。教育や社会生活の基礎として働く言語を思ったなら、許すことのできない人々の怠慢だが、すでに階層分割の枠組みが許されて、その上に立った言語商品まで成り立っているなかでいくら努力しても、それを、教育技術だけで抑えて勝ちぬくことは難かしいことも認めよう。

　この教育上の階層観は、職域や身分の階層観と結びついて、この現状を少し

251

も疑わせない。小学一、二年用の正書法があれば、それは、就職組の私生活用正書法として承認され、それはさらに家族用正書法として通用するといった風に、軽くあしらわれながら、すでに成立しているいくつかの微妙な差を持った文体と正書法との階層が、標準語とか共通語とかひとつの名のもとにまとめて一色に見られている。

　ところが、横に並んだ地方差などには、非常に敏感で、とくに本来相当に自由であってもいいはずの会話用語などにもその差異が強く意識され、それにまた中央から地方へと序列がつくられるから、現状でのいわゆる共通語意識は、共通語としてゆるやかな枠取りをのりこえて、標準語めいた排他性を含んでいる。辺境地方は、これによって序列の端から脱落しそうになるのだ。

4.　多産の言語

　このように、内に階層性と排他性とを含んでいる共通日本語が、一方で非常に大きな近代的生産力を持っている。年間刊行書目、新聞発行部数、放送局数などを諸外国に比べてみると、その使用人口で第6位の日本語が、第3位、第4位という高い順位を占めている。なお言語に関係の深い映画の製作本数で世界第一のことはよく知られている[5]。

　アジアとアフリカの新興国の指導者たちが、日本の大学教育では講義、教科書ともに日本語であることを知ると必ず意外に思うらしい。技術、科学、思想、芸術の各方面にわたって近代をになうのに不足のない文明語としても、優秀な論文や作品を数多く生みだしている世界有数の言語なのだ。

　これらはみな明治の生んだ標準語のたまものだといっていい。ところが、このような多産で高尚な言語で、世界で指折り数えられる言語が、国際的な流通性となると、全く周囲と断ち切られた状態にある。漢語によってつながる中国との関係は相互の借用でしかないので、言語じしんの流通じゃないし、朝鮮・台湾は植民地時代の名残りをとどめているが、いつまでそれが続くだろうか。近ごろようやく日本文学などの研究者が海外にも増えてきたが、それもまだまだ世界をひとからげに指を折って数える程度でしかない。また、在留外国人がやむをえず日常の会話ぐらいは話すようになるとしても、日本語の機能を全部受け入れて、たとえば新聞を読むという例がほとんど見られない。海外か

---

[5]　美濃部亮吉訳　国際連合統計部編『世界統計年鑑』原書房

第 15 章　言語と社会環境

らの留学生にとって、日本語習得という障壁がどんなに他の近代諸国語と相違した大きなものになっていることだろうか。その大きな原因が正書法にあることは、言うまでもないが、それに付け加えて、国内に向かって標準語で方言を抑えつけるように、外からは、わたしたちじしんが日本語の「原語」として西ヨーロッパ諸国語を進んで迎えるという独立心の無さにも遠い本質的な原因があるといえよう。そして、一歩外に出れば、世界における方言は認められないものと信じ、隣国に対してもつねに英語を通じて接しようとしたり、あえて日本語で語ろうとはしない。そこで日本語の力がたちまちに消え失せることに何の不審を打つまでもなく、移民でもして二世、三世ともなれば、日本の血を受けながら日本語を通じて高い教養を得ようとは考えなくなってくる例も多い。これらのすべては、日本語の国際社会での孤立を意味している。

　日本語の流通は国内のもので、国外へは向かない。文化の片貿易がそこにあって、日本は遠くから感性的にしか知られない代わりに、内側では、ヨーロッパ、アメリカを主とした翻訳、翻案の繰り返しにおぼれそうになり、じぶんたちの生みだした数量とともに空まわりを起こしはじめる。それは自慰的な生産力と呼んでもよかろう。その大きな力にふさわしからぬ孤立が現状なのだ。

　単純に見える共通語普及の内容には、予想外の分裂と孤独とが認められる。日本語の力は、この分裂の各分野の内側で、熱心な繰り返しを続けている。そして新しいものはほとんど一方交通の窓口からはいってくる原語の生産物なのだ。

5.　明治の遺産「国語」

　明治はまだ生き生きとその命を続け、わたしたちに現代の課題を突きつけている。国語政策は、維新が要求して慶応年間に生みだした宿題だが、明治30年代になって国家としての解答の形をととのえた。

　日本語を国語と呼ぶのは、南部義籌の『修国語論』に始まり、言語改良論者の間に受け継がれ、上田万年博士の著書『国語のため』、博士による文科大学言語学科国語研究室の開設などを経て、明治33年の小学校令施行規則の「国語科」公布によって世間に確立した。博士の題言「国語は国家の藩屏なり、国語は国民の慈母なり」が示すように、国語という呼び名の背景には、新しく国民国家として成長しようとする日本の国家主義がひかえ、富国強兵思想がただ

253

よっていた。新しい国家の要請に応じるには、欧米なみの標準語が成立し、普及しなければならないと考えられ、その標準語を国語と呼んだのだった。そして、また、それは中央集権の象徴だった。「国語」は、新しい支配形態の帯となり、上意下達の通路となった。この点で、今日の共通語普及の状況は、明治・大正期の標準語教育の成果と微妙にからみあって成績をあげているといってよい。これは、1869（明治2）年の新聞、電報の事始め、1871（明治4）年の郵便制度という文字手段による公開交通業務を時代背景とした明治国家の遺産なのだ。

　国内に向かって中央の権力を徹底させた国語尊重、標準語励行の動きは、明治維新の望んだ国民国家の国民語の成長した姿だった。

　分割された各藩の領民でしかなかった領民を統括して国民にしたてあげ、また、士農工商と身分で分割されていた人々を同じ歩調のとれる国民にまとめあげなければならなかったので、土地土地のことばや身分階層を克服するための努力があった。たとえば、明治初年の啓蒙学者に「ござる」体を著書に使用する試みがあったこと、新興の「です」が家庭内で浜ことばといって嫌われたことなど、戸惑いの時期を経て、明治20年代には、二葉亭の『浮雲』を先頭として、いわゆる言文一致を旗印とした統一言語の模型が世間に現われて、人々に認められるようになった。この成功が30年代の国語科とそこで取り扱われた標準語に至るころには、その文体や語彙に当時の指導層という供給源を持って、国家の公認の色彩を加えていたのだ。

　新時代を切り開く過程としてぜひ必要だったに違いないが、標準語は個人が社会的優位を追求するための技術となる一方、下層あるいは地方の民衆に強制でもって押し付けられる支配の用具となってきた。それは、役人や会社員などの目印となって、その活躍を助けるかたわら、それをこなしえない人々の行動を制肘するものとして働く二重性を持つようになった。つまりは、標準語が脱出と孤立の言語になったわけだ。

　このような社会環境が成立した中で、学校の役割は、人々の間から各個性の脱出する手助けをする場所となり、その成功者は仲間から離れていく。一方で、それに成功しない多数者は、あきらめて物蔭の孤独にひたるか、仲間うちだけのなぐさめを用意するようになる。たがいに隔てあい、孤立するから、表面の統一を見せている標準語支配の内容は、新たな分裂を含まないものではない。各地に見られた「方言札」のような罰は、統一のなかの分裂をわざわざ拡

254

第 15 章　言語と社会環境

大して見せるようなものだった。維新が国民の統一のために用意した国語は、同じ明治の半ばを過ぎて、中央集権の支配体制の一部になってきたのだ。

　このような強制的標準語は、教室で子どもたち同士の間や子どもと教師の間を裂く。しかし、それが、進学主義・出世主義の立場からはむしろ歓迎された。標準語教育は、そうしたばあい、寺子屋の「千字文」のように一般庶民のかなたにある文書階級の特殊技術であるかのような取り扱いを受ける部分をそだてた。というのは、言語の全体系あるいは言語活動そのものから出発しようとはしないで、それらから切り離された一部の技能の強調が目立ち、書き取り・振りがな・語彙の置き換え解釈がますますはびこったからだ。たとえば、教師自身の標準語理解度もその言語生活もほとんど問題にされることがなくて、教師は文書的知識において優れているゆえに教師だった。いわゆる標準語の中には、このような要素が強くまぎれこんでいて、言語の全体の姿を明らかにすることがなく、その機能にも目をつぶって、体系の一部の技術的強調に終わり、単位をその背景から切り離して孤立させてしまう。このように末端個々の現象を追いかけて、言語活動の能力を開発するために、多種多様な現象を統一操作している土台を尊重しなかった。このような機械的詰め込み指導法、言いかえれば、試験答案式教育を反省し改めることが少ないから、そのふるいにかけられて、教室では勝者と敗者とがはっきり振り分けられるようになる。

　中央集権の機構のなかで、文字言語、標準語の階段を登ったものと、登れなかったものとの間には、大きな間隙ができた。その文字階級の成立は、江戸期の士分の再編成が、秀才登用の形式で新しく行なわれたと見ていい。そして、江戸期の漢学に対して、明治以後には、洋学が新しい士分の教養内容となった。洋学によって中国風の「科挙」の精神がよみがえったともいえよう。今日の近代的技能あるいは思想を受け持つ語彙は、漢語の形をとっているとはいえ、その内容がほとんどヨーロッパ渡来のものだ。漢語となって現われたのは、漢学を教養としているさむらいたち自身が維新と明治期社会の完成者となったことによっている。このことについては、明治期の日本の近代国家への目ざましい成長が士族の力に負っているとする評価や、漢学の長年の訓練がなかったら、ヨーロッパの文物をあれほど手早く物にすることができなかったろうとする中村光夫の見解[6]が当たっていると考える。民衆的言語改革を目指

---

(6)　中村光夫 1957「日本人の知性」『中央公論』4 月号、pp. 241–249 中央公論新社

255

して「洋学ヲ以テ国語ヲ書スルノ論」を書いた啓蒙学者、西周じしんが、一方では「哲学」とか「範疇」とか民衆からかけ離れた漢籍を土台として舶来思想の訳語を定め、今日の哲学用語の基礎を据えたことにも、この矛盾がよく現われている。

6. 東アジアから西ヨーロッパへ

　この明治維新を国際的に見るならば、漢学を通じて東アジア文化圏に成立していた士大夫世界の崩壊、分割として見ることができる。そのころまで、東アジアの国際語は漢語だったし、それは教養のある支配層を横に国を越えてつなぐことのできるものだった。その漢語、漢文の位置は中世ヨーロッパのラテン語と同じだったといっていい。イタリアに始まったルネッサンス以来、ながくかかってヨーロッパ世界でのラテン語支配が除かれたあとを追って、ようやく東アジアでの古典語追放のきっかけが日本の明治維新から生まれ、それとともに東アジアからの日本の脱出あるいは脱落も始まったのだった。

　西周らによって漢語の衣を着せられたとはいえ、新しく用意された国語つまり標準語の語彙は、ほとんどがヨーロッパ原産の事物、技能、思想を内容としている。しかし、こうして民族語の段階に踏み切ったことが、古典語の中世的支配を押しのけえたからには、わが足もとの発掘に帰らなければならなかったのに、勢余って、その努力のいるしごとを省いたあげく、西ヨーロッパの位置にまで自然に押しのけられるままに過ごし、それがアジアの仲間はずれとなるそもそもの出発点になった。そうした横滑りを支える滑り板になったのは、洋学で新しく装ったさむらい階級の存在だったと考える。自国語の地盤をじゅうぶんに掘りおこす余裕もなく、無自覚に漢語の救援を西ヨーロッパ語による内容のすりかえの形で間にあわせて、政治経済革命の急場をしのいだ功績と、そのために精神の目覚めを取り残してしまった失敗とはさておいて、日本は漢語によってかえって楽々とヨーロッパ化し、そして内に思わぬ分割と、外に望まぬ孤立とを招いたのだった。先頭を切った日本は、孤立を招いたが、結局東アジアの全部の国々がやはり、そのあとを追って民族語の解放と古典漢文の追放とをしなければならなかった。こうして、「国語」という名称は、中国の標準語のためにも、越南のローマ字正字法のためにも使われた。これらは、近代化のために新体制の必要となった東アジア諸国の共通の運命といっていい。

　日本の士大夫は、こうして旧来の国際的きずなを断ちながら、国内のつなが

第15章　言語と社会環境

りを新しく組みあげていった。かれらは、啓蒙家として立って、西ヨーロッパ化の教師となることで自身を守り、民衆を導きながら、その中から新しい仲間を引き挙げる新しい科挙の制度をとって、次の時代の官僚支配体制を用意した。そこには、個人の立身、出世と、社会の富国、強兵との一致が見られた。昔の士大夫世界で漢学の素養が出世の最初の鍵となったのと同様に、洋学がその鍵を握り、その運用の面で新しい漢語群と連合した標準語を取り扱う能力が官僚組織あるいは企業体に参加してその階段を登る土台となったし、また民間の事業を開化の順風にのせる窓口でもあった。このようなコースで国語はひとつの糸として働き、中央の国家機構につながった。明治に一転回した世は、この方面からも手綱を掛けられ、黒船によってせきたてられ、政略家に利用されたさむらいの教養によって引きずられた権力的変革に終わったのだった。

　こういう社会の中で行なわれた教育理念は、一言でいえば、ものもらい的な面があった。功利的・実利的で、国家的利益と、それにつながった個人的利益としか考えなかった。

　明治二、三十年代にできあがった社会では、下からは文書階級へ参加する道程に、国語力がその道を敷きならすものとされ、上からは、上意を下達するための、言いかえれば、帝国臣民の受容力を増し、保証する、いわゆる皇化のためのよい手綱とされ、その両者の暗黙の了解の下に着々と標準語化が押し進められていった。そして、その蔭には、東アジアに対する無知と中央に対する劣等感、およびヨーロッパに対する信頼と地方に対する優越感が育っていった。

7.　共通語時代

　上から与えられ、人々がそれにすがりついていった標準語の時代は、戦争と敗戦の経験によって、新たな共通語、庶民同士の交通の具としてのことばの時代に移るようになった、と大ざっぱにはいうことができるだろう。

　それは、大きな移動と混雑の時だったから、標準語が地付きの安定した組織を通じて、地方の言語生活の上におおいかぶさってくるのではなく、人々にとって共通語が始めて自身からたがいの交通のために使わなければならないものになってきた。とくに戦争中の軍務と隣組、それに続く戦後の庶民生活で始まった混じりあいは、そののち開けた新時代によって家庭の分解が確かなものになり、そこから離れて外側の社会に強く影響されるようになった人々の分厚い層に支えられた。

257

町ばでは、月給取りが増え、家の中での父の座はそれだけ外向きのものとなったし、だいいち文書階層との間が埋められつつある。また、共かせぎが増えたために妻の座が外向きになったことが際立っている。男女とも日常が他所ゆきを意識し、広い社会に接しなければならないということは、自然、広い地盤に立った言語を扱うことになる。一方、家庭に残された子どもたちは、以前のように、祖父母が引き受ける例が少なくなってきた。子どもたちは子どもたちで、家庭外の子どもたちの集団にその日常を託することが多くなってきている。託児所とか幼稚園とかの普及もそれに加わっている。元来、個人の言語の土台は同世代の組織する集団の中にある。その自然な傾向を社会の現状は共通語の雰囲気の中でさらに押し進めるように動いている。

　町で多人数に没入する言語生活が増していっているばかりでなく、村にも変化がある。村では家庭の分解が活発でないとはいえ、二、三男などの離村あるいは戸主を含める通勤範囲の増しによる広域社会への参加がふえてきていて、これらを通じて、それぞれの地域集団の中に新しい自主的な地域共通語を形づくりつつある。それにしても村の家庭的生活が崩れ去ってしまったわけではないから、どうしても都会とは違って同族的・部落的環境に受け継がれた方言の束縛が強い。

　いまは、世代が新しくなるごとに、その生活環境の地理的広がりが増していっているから、その広がりの上に立つ同世代語が求められ、与えられていた国語科標準語に地域的修正を加えた共通語が、地域ごとの一致と、全国的な流通性を踏まえて支配的になっている。その潮の流れの中で、やはり村では伝統にひかされた取り残されも起こっているようだ。つまり、農村生活では、崩れがはじまっていて、その崩れの多くは町へ移っていき、それに取り残された伝統の拠点が遅れとなって現れつつあるのだ。

　調べによれば[7]、農家の一日の使用語彙数は、商家のそれの倍ほどになっている。消費生活をみたすのではなく、生産面を支える言語が、実質的に多くの語彙を必要としていることはもっともだといえる。本当に言語を必要としている村で、しかも実体を確実につかんだ語彙を持っている村の方言が、かえって都会中心の共通語よりも無視され、自らも劣等感を持ち、そして、その堅固

---

[7]　国立国語研究所編 1951『国立国語研究所報告 2　言語生活の実態——白河市および附近の農村における』p. 285 秀英出版、国立国語研究所編 1953『国立国語研究所報告 5　地域社会の言語生活——鶴岡における実態調査』p. 270 秀英出版

第15章　言語と社会環境

に持ち伝えてきた構造や単位を食い欠かれていっているわけなのだ。生産面に密着した本来の健やかな日本語は、ようやく姿を消しつつある。共通語は、こうして生産的な村の方言を荒らし、権力的な標準語を変質させて消費的中産階級的な国語を築きあげている。これを、ラジオ——口頭語複製——時代を背景として理解できるだろう。

8.　精神的風土

　明治以前は士大夫本来の時代であり、戦争までは標準語時代であり、いまは共通語時代なのだ。しかし、選ばれた階級の士大夫という性質と、それに由来する精神的社会構造とは、一貫して江戸時代から、いやむしろ維新によって大衆に解放され、一般化して日本の文化的風土を造りあげてきているのだと考える。とくに標準語時代の育んだ孤立と分割、対外的無知と劣等感、洋才と優越感とは引き続きこの社会の基本的構成要素として生き続けて、いろいろの障害を引き起こしている。

　言語教育を中心とする教育全般についての、いや全般についてはともかく、とくに今日までの言語教育の根本的な盲点があるのではないだろうか。国語教育が暗黙のうちに目指してきたところは、全般に言って精神的・権力的あるいは経済的士大夫階級への参加と迎合だった。子どもたちに漢学の下地としての漢字教育を国語教育の中で——ちょうど外国語教育につながるものとしてローマ字教育を誤解するように——与えようという誤った考えの見られたばあいさえあり、そのような夢想さえ含みうる文字教育中心が今日までの重要な柱となってやってきた。

　それの明治初年の制度は、そんなことをねらったのではなかったのに、いつの間にか、それらの内容となってきた文字教育中心主義は、庶民をふるい落として士大夫を養成することであって、当然国民教育とは矛盾することに気付かないできている。しかも、国語教育は、全体としてみじめな失敗を重ね続けているのに、その慢性化のために、人々の眼も開かれずにその現状に安住する傾きが常にあまねく存在している。そのような国語教育によってふるいをかけられて、幸いに拾いあげられたばあいにも、そこには優越感に立った官僚的・文書的無責任と事なかれがはびこり、ふるい落とされたばあいには、そこに劣等感に支配された消極的反抗の無力感が支配する。それによって機会を与えられなかったにもかかわらず野心のあるばあいは、得てして洋才をとびこえて懐旧

259

的反動に至りつくのが見られる。物にできなかった洋学漢語に対する劣等感とあこがれとは漢語の本もとに立ちかえることによって回復される。つねに漢字は「向上」の象徴なのだ。

　教育の場では、個性を伸ばすと言いながらも、国家社会の必要に応じているのだし、またそうするのが本当だろう。個性と社会とが矛盾するとは限らないので、むしろ子どもによっての社会の発見が個性の伸長でもあるのだが、今日の社会環境は、上に述べたような精神的科挙制度によって、仕立てられていて、そのわくから逃れることは、非常に難かしい。教師という職を手に入れることが、つまりは士大夫階級への参加のひとつの形であり、明治の教育そのものが、すでにその前の江戸時代に育った士大夫じしんによって出発した事情は先に述べた日本の哲学など諸科学の運命とひとつだ。実は、明治初年の国語教育制度は、比較的自由で庶民の必要をみたすべきもの、新しく登場した国民のための言語生活を準備すべきものだったのだが、それを運営したものは士分のものであり、その忠実な生徒は、また、新しい社会で立身出世の道を歩んでしまったのだった。これがいわゆるどこそこ出身者を送り出したあとの各地に地域的・階層的陥没を起こし、そしてそれの存在を当然としてほとんど了承させているのだ。

　後進辺地ほど案外にこのような権力中心の学習体制が強く現われる傾きがある。その地域の後進性は、他地域との広い地盤に立った共通語を自然に生みえないと同時に、成長のためには他地域への脱出がまず考えられ、そのための手がかりとして、地域言語との差異の大きい標準語習得がとくにいまも必要とされるからだ。地元の自立経済の不確かさから中央の権力上層階級に結び付こうとする少数者の努力がかえって非常に著しくなる。そして、その階梯に見込みのない多数者は向上の機会を不十分にしか与えられないのが一般だ。こういうことによって、地域差、学校差、さらに学級内にもある格差が拡大されている。

　このように格差は、標準語的中央集権の社会環境の中で当然として受け入れられているのであって、制度上、行政上の格差からだけで起こっているのではない。

9. 子どもにとって

　子どもたちは、外界に対して積極的であり、攻撃的でさえある。その中にじぶんの生活を打ち建てなければならない自然および社会環境に対して、手の届

第15章　言語と社会環境

く限りにおいて、できるだけ働きかけてみることは、子どもの本性なのだ。そして、働きかけながら発見した物的・心的な仕組みについては、真似あるいは試みという遊びをじゅうぶんに繰り返して、確かな経験にしたてあげる習性を持っている。こうした本性あるいは習性の中に子どもたちの学習の根があるわけだ。

　子どもたちのこうした積極的な働きかけが、ただそのまま物理的・社会的環境によって受け入れられるものではなくて、そこには必ず抵抗がある。子どもは、その力に応じてその抵抗を楽しむといってもよかろう。

　子どもたちの外界への働きかけの手を伸ばし、物理的・社会的抵抗の背景に大きな組織がひかえていること、それに対抗するために人々の伝統と協同の様式があることを教えるのがことばなのだ。ことばは、それじしん子どもたちの生まれる前から与えられていた社会環境の内容の大きなものであって、それに対して働きかけるべき対象であると同時に、子どもたちの対象に対する働きかけの手足となって、その活躍の領域を広める自我の延長でもある。

　子どもたちの学習の根から出ている働きを、とくに社会生活の面で、さらに延長するもの、時には子どもじしんでさえあるもの、つまり言語を教えることは、外部から与えることではない。社会環境の中に、環境のひとつとして、あるがままがすでになまなましい本来の言語教育なのだ。だから、その地域にとってはそらぞらしい物理的存在や社会的事象がそろっていなければ、言語教育が不完全になるというものではない。また逆に、言語が子どもたちによって使われる限りにおいて、それに当たる事物の、目の前にあるかどうかにかかわらず、順を追ってその内容をみたしていくように努めなければならない。言語が社会環境そのものと深くつながっていること、言語が子どもたちの自我形成にあずかる重要な要素だということを考えるならば、すでに地域社会から言語を学びとりつつあり、自我を形づくりつつある子どもたちに対して、教育はなにをしてやるべきだろうか。

　それは、外側から新しいものを持ってきて注ぎ込むべきものでなく、すでに子どもの内に社会から受け継がれているものを整頓し、磨きあげ、これから先にひかえている外界や言語に対して受け入れと働きかけの土台と足場を調えることでなくてはならない。たとえば、文字を与えるに当たっては常にそれに先立ってことばの理解がなければならず、その理解は地域言語によって最初の土台が置かれているから、そこから出発しなければならない。その理解は、語と

261

か文とかいった言語の要素についての社会的に組織された反応をいうのであって、その機能については、どのような言語についても同様なのだ。決して、文字を個々ばらばらに切り離された社会的・文脈的背景のない単なる図形として取り扱ってはならない。

意味にしても、それが具体的であれば、社会的・文脈的背景なしで取り扱われてはならず、それが抽象的概念に属するのであれば、言語じしんの体系の中での位置づけによる対照的・構成的な取り扱いが必要になってくる。しかも、意味というのは対象を射とめ、あるいはすくい取るためにこそあるもの、いやそういう機能あるいは働きかけこそが意味なんだから、そこにそういう行動が選び出される、その選びを具体化することが学習の基本になるのだ。

語彙についても、ただその数を増させようとして、平面的に新出語を紹介するのでは、かえって的を外してしまう。すでによくわかっている文脈あるいは社会環境の背景に当てはめてみれば、必ずその不明は不明なりに形を現わしてくるのであり、発言の最初の一語は必ずつぎの一語そのつぎの一語と、そのさきの予想を限定するのであって、言語の能力とは、そのような未知なり未定なりとして目前にある障害を確実につかみ取る力なのだ。その力はすでに手に入れているものでじゅうぶんに用意されていなければならない。それさえできていれば、新しい語彙はつぎつぎにつかみ取る力の方に加えられて、言語じしんがふとってくるのだ。

要するに、「言語」を与えるべきだということに尽きる。自然に対してであれ、人に対してであれ、しごとに対してであれ、人間的関心のあるところには、言語が現われている。その言語をつねに力とすることを忘れてはならない。

文字を、それが言語として社会環境を成しているままに与えることを惜しんだり、外側から注ぎこむもののように考えるのでは、寺子屋の素読にもおとる。また、教科書の言語を裏付けている文法はさておき、方言にすでに言語の力とその仕組み——体系——があるものを、それをないがしろにしているようではと思うのだが、これについてはわたしたち国語学者がなまけもののそしりをまぬかれない。

ながながと述べた、分割と孤立の言語環境の中で、それに打ち勝つものは、方言と共通語との協力による言語の再発見でしかない。それは、背伸びをするまえに、まず足もとを固めることなのだ。

業績一覧

＜音声・音韻＞

1. 「北京で日本語学習における訛音」『華北日本語』1(5)（復刻版：日本語教育史資料叢書第 7 期 2009 年 6 月　冬至書房）　　　　　　　　（1942 年 7 月）

2. 「切韻の韻母を解釈する」『岡山大学法文学部学術紀要』3　188-206
　　　　　　　　　　　　　　　　　　　　　　　　　　　　　　（1954 年 3 月）

3. 「アクセント核について―その位置の立て方―」『国語学会中国四国支部大会（岡山）』　　　　　　　　　　　　　　　　　　　（1956 年 6 月 18 日）

4. 「英語の母音構成―中国地区研究発表会発表研究―」『言語研究』32　137-138　日本言語学会　　　　　　　　　　　　　　　　　（1957 年 12 月）

5. 「アクセント核についてふたたび」『国語学会研究発表会（京都）』1-10
　　　　　　　　　　　　　　　　　　　　　　　　　　　　（1958 年 6 月 1 日）

6. 「日本語のアクセント」『言語研究』35　1-21　日本言語学会
　　　　　　　　　　　　　　　　　　　　　　　　　　　　　　（1959 年 3 月）

7. 「アクセントの現象二三」『言語生活』118　68-72　筑摩書房
　　　　　　　　　　　　　　　　　　　　　　　　　　　　　　（1961 年 7 月）

8. 「東京語の音節構成」『音声の研究』10　171-197　日本音声学会
　　　　　　　　　　　　　　　　　　　　　　　　　　　　　　　　（1962 年）

9. 「量と質　音節構造の斉一性と相関性の設定―シャム語・ベトナム語などの母音を材料として―」『岡山大学法文学部学術紀要』17　102-87
　　　　　　　　　　　　　　　　　　　　　　　　　　　　　　（1964 年 3 月）

10. 「拍から音節へ―日本語におけるトネームの座とアクセント核―」『岡山大学法文学部学術紀要』21　87-69　　　　　　　　　（1964 年 12 月）

11. 「長音節の 1 トネーム量への組み込みを試みる―日本語アクセントについて―（第 51 回大会研究発表報告要旨）」『言語研究』47　72-74　日本言語学会　　　　　　　　　　　　　　　　　　　　　　（1965 年 3 月）

12. 「語頭の音節形成通鼻音について」『音声の研究』第二回音声学世界会議発表論文集　12　286-307　日本音声学会　　　　　　　　　　（1966 年）

13. 「実験講座としての拡充を〈シンポジウム〉言語教育と音声学的基礎」『音

声学会会報』124　17-18　日本音声学会　　　　　　　　（1967 年 4 月）

14. 「複子音描写詞」『日本文体論協会岡山支部報』4-5　　（1967 年 4-5 月）

15. 「音節図式と諸方言」『日本方言研究会第 6 回研究発表会発表者論集』06
　　日本方言研究会　　　　　　　　　　　　　　　　　（1968 年 5 月）

16. 「藤村の詩「初恋」と「椰子の実」」『日本文体論協会岡山支部会報』10
　　　　　　　　　　　　　　　　　　　　　　　　　（1968 年 11 月）

17. 「英語の母音構成」『現代言語学』85-99　服部四郎先生定年退官記念論文
　　集編集委員会編，三省堂　　　　　　　　　　　　　（1972 年 3 月）

18. 「An Explanation of the Japanese Accentuation by the Dual-toneme Scheme」『13
　　回国際言語学者会議（The International Congress of Linguists）（東京）』1-
　　11　　　　　　　　　　　　　　　　　　　　　　（1982 年 9 月）

19. 「TOZI ONSET o TATERU」『Rômazi no Nippon』471　6　日本のローマ字
　　社　　　　　　　　　　　　　　　　　　　　　　（1992 年 8 月）

20. 「沖縄北部方言における一音節名詞アクセントについて」『講座方言学 10
　　沖縄・奄美地方の方言』461-497　飯豊毅一・日野資純・佐藤亮一編　国
　　書刊行会　　　　　　　　　　　　　　　　　　　（1984 年 5 月）

21. 「アクセントのミチビキ」『国文学解釈と鑑賞』特集：日本語のウチとソト
　　この百年　65(7)　190-195　至文堂　　　　　　　（2000 年 7 月）

＜文字・表記＞

22. 「文字の分布と変遷の関係」卒業論文　　　　　　　（1939 年 12 月）

23. 「シャム語転写案」松山納と共著『Tôyô go kenkyû』2　75-81　東京帝国
　　大学文学部言語学研究室会編　文求堂　　　　　　　（1947 年 3 月）

24. 「北平語ローマ字表記案」『Tôyô go kenkyû』2　54-64　東京帝国大学文学
　　部言語学研究室会編　文求堂　　　　　　　　　　　（1947 年 3 月）

25. 「Tyûgaku no rômazi 3 Kibô no Miti（日本式版）」平井昌夫・田中敏雄と共
　　著　文部省検定済教科書　ローマ字教育会　　　　（1949 年 12 月）

26. 「Chûgaku no rômazi 3 Kibô no Michi（ヘボン式版）」平井昌夫・田中敏雄
　　と共著　文部省検定済教科書　ローマ字教育会　　（1949 年 12 月）

27. 「Tyûgaku no rômazi 3 Kibô no Miti 希望の道（日本式版）」平井昌夫・田中
　　敏雄と共著　文部省検定済中学校国語科用　ローマ字教育会　（1952 年）

28. 「Chûgaku no rômazi 3 Kibô no Michi 希望の道（ヘボン式版）」平井昌夫・

業績一覧

田中敏雄と共著　文部省検定済中学校国語科用　ローマ字教育会

（1952 年）

29. 「絵から文字へ」『ことばの講座 1　世界のことば・日本のことば』 22-
67　石黒修・泉井久之助・金田一春彦・柴田武編　東京創元社

（1956 年 5 月）

30. 「ローマ字化の問題点」『言語生活』81　18-27　筑摩書房　（1958 年 6 月）

31. 「文字言語史観あらがき」『思想の科学』特集：社会科学の思想　40　52-
57　思想の科学社

（1965 年 7 月）

32. 「ローマ字論者の言いぶん」『思想の科学』特集：私はどのようにして日本
語を学んだか　7　61-64　思想の科学社

（1968 年 2 月）

33. 「ローマ字化のありかた」『ことばの生活 4　ことばと社会 III 国語国字問題』
181-200　筑摩書房

（1968 年 1 月）

34. 「現代世界の文字　比較文字論 」『Energy』特集：文字と現代社会　6(2)
19-21　梅棹忠夫・坂井利之監修　エッソ・スタンダード石油株式会社
弘報部発行

（1969 年 4 月）

35. 「三つの表記案—朝鮮語・安南語・ビルマ語の音節構造—」『岡山大学法文
学部学術紀要』開学二十周年記念　30　203-220　　　（1970 年 3 月）

36. 「文字の位置はどこか—記述と記録—」『言語学と日本語問題—岩倉具実教
授退職記念論文集—』290-300　岩倉具実教授退職記念論文集出版後援会
編　くろしお出版

（1971 年 9 月）

37. 「タイ語の転写と転字」『人類学研究所紀要』1　1-26　南山大学人類学研
究所

（1972 年 10 月）

38. 「この方がよいかも　言語時評」『言語生活』290　16　筑摩書房

（1975 年 11 月）

39. 「日本のローマ字」『岩波講座日本語 8　文字』341-383　岩波書店

（1977 年 3 月）

40. 「表意文字と表音文字」『講座言語 5　世界の文字』45-74　西田龍雄編
大修館書店

（1981 年 4 月）

41. 「漢字とは—文字論における漢字—」『言語生活』特集：漢字と日本人
378　16-24　筑摩書房

（1983 年 6 月）

42. 「世界の文字の勢力図」『ぱいぷ THE PIPE』39　14-15　日本専売公社広
報課

（1983 年 7 月）

265

43. 「言語単位意識に関するアンケート調査資料集」山口光・馬場良二・中道真木男と共著　昭和57〜59年度文部省科学研究費特定研究「日本語の正書法および造語法とそのあり方（代表者　林大）」,『音声に対応する表記に関する研究（分担者　日下部文夫)』グループ　　　　（1985年1月）

44. 「音声に対応する表記に関する研究　研究報告集」山口光・馬場良二・中道真木男と共著　昭和57〜59年度文部省科学研究費特定研究「日本語の正書法および造語法とそのあり方（代表者　林大）」,『音声に対応する表記に関する研究（分担者　日下部文夫)』グループ　　　　（1985年3月）

45. 「音声言語のとらえかたについて―表記単位設定の観点から―」清田潤・中道真木男・馬場良二・山口光と共著『特定研究『情報化社会における言語の標準化』成果報告』269-285　特定研究「情報化社会における言語の標準化」総括班編　　　　　　　　　　　　　　　　（1986年3月）

46. 「BUNKA to BUNMEI」『愛媛ローマ字国語』23　11-14　愛媛ローマ字国語の会　　　　　　　　　　　　　　　　　　　　　　　（1991年7月）

47. 「NANI O HATARAKIKAKERU NO KA　Rômazi undô ga naze aru no ka?」『Rômazi no Nippon』469　5-6　日本のローマ字社　　　　（1993年1月）

48. 「Wa-gyô no WU」『Rômazi no Nippon』476，3-4　日本のローマ字社　　　　　　　　　　　　　　　　　　　　　　　　　　（1993年1月）

＜語彙＞

49. 「学問のことばつくり」『思想の科学』特集：学問と学問言葉　3(9)　37-42　思想の科学社　　　　　　　　　　　　　　　　　（1948年11月）

50. 「虹は七いろか？」『国語協議』5　10-22　　　　　　　　（1957年1月）

51. 「生活のなかの地名〈宮古島平良市街を中心に〉」『言語』特集：日本の地名　5(7)　2-9　大修館書店　　　　　　　　　　　　　（1976年7月）

52. 「西カロリンにおける空間と時間」『日本言語学会大会』第76回大会　74　日本言語学会　　　　　　　　　　　　　　　　　　（1978年5月）

53. 「Inclination of Cardinal Direction in the Western Caroline Islands, Micronesia」『Report Cultural anthropological research on the folk culture in the western Caroline Islands of Micronesia in 1977』1-7 Committee for Micronesian Research, Tokyo University of Foreign Studies　　　　　（1979年）

54. 「語彙に構造があるか―相関体系をめぐって―」『講座言語1　言語の構造』

業績一覧

184-217　柴田武編　大修館書店　　　　　　　　　　（1980 年 7 月）

55.「方位の軸がずれる」『言語』特集：ことばの空間学　9(9)　50-54　大修館書店　　　　　　　　　　　　　　　　　　　　（1980 年 9 月）

56.「パラオとヤップの空間―語彙記述的研究―」『ミクロネシアの文化人類学的研究―西カロリンの言語・社会・先史文化―』3-38　ミクロネシア研究委員会編　国書刊行会　　　　　　　　　　　　（1982 年 2 月）

＜文法＞

57.「口語動詞の活用の考え方」『岡山大学法文学部学術紀要』7　84-69
（1956 年 12 月）

58.「動詞本来の相について」『岡山大学法文学部学術紀要』11　112-97
（1959 年 1 月）

59.「活用体系における概念形と叙述形」『国語学』国語学会中国四国支部大会研究発表会発表要旨　71　114　国語学会　　　　（1967 年 12 月）

60.「現代日本語における助詞分類の基準―助詞の相関―」『言語研究』53
40-68　日本言語学会　　　　　　　　　　　　（1968 年 3 月）

61.「アクセントと文法」『月刊文法』特集：文法の争点　2(1)　51-55　明治書院　　　　　　　　　　　　　　　　　　　（1969 年 11 月）

62.「分類上の問題点」『月刊文法』特集：助詞　助詞の問題点　2(5)　75-82
明治書院　　　　　　　　　　　　　　　　　　（1970 年 3 月）

63.「助詞の意味体系」『言語』特集："象は鼻が長い"―日本語の分析―　6(6)
48-56　大修館書店　　　　　　　　　　　　　（1977 年 6 月）

64.「北をミレ　南だけをミサセルな」『新潟大学国文学会誌』25　3-6
（1982 年 2 月）

＜言語＞

65.「言語理論」『国語学』特集：41・42 年における国語学界の展望　73　45-59　国語学会　　　　　　　　　　　　　　　（1968 年 6 月）

66.「クレジット・カード　言語時評」『言語生活』291　16　筑摩書房
（1975 年 12 月）

67.「言語の起源について」『言語』特集：ことば―この未知なるもの―　6(4)
8-15　大修館書店　　　　　　　　　　　　　（1977 年 4 月）

68. 「解説　言語本質論」『日本の言語学1　言語の本質と機能』634-641　川本茂雄・日下部文夫・柴田武・服部四郎編　大修館書店　（1980年8月）

69. 「解説　言語の場・敬語」『日本の言語学1　言語の本質と機能』646-651　川本茂雄・日下部文夫・柴田武・服部四郎編　大修館書店（1980年8月）

70. 「ユビキタス」遺稿　未完・ホームページ　　　　　　　　　　（2017年）

＜日本語＞

71. 「アメリカ渡りカナことば」『思想の科学』特集：アメリカ　6　97-100　思想の科学社　　　　　　　　　　　　　　　　　　（1967年11月）

72. 「俗な語感　言語時評」『言語生活』289　14　筑摩書房　（1975年10月）

73. 「しごく日本的な現象」『東京外国語大学特設日本語学科　年報』2　2-5　　　　　　　　　　　　　　　　　　　　　　　　　　（1979年6月）

74. 「風速計　コトバをウシナう」『思想の科学』24　88-89　思想の科学社　　　　　　　　　　　　　　　　　　　　　　　　　（1982年11月）

＜方言＞

75. 「小さな話題（ことば風土記)」『言語生活』16　29-30　筑摩書房　　　　　　　　　　　　　　　　　　　　　　　　　　　（1953年1月）

76. 「いまごろは―」「水がみてる」「おつけ」『お国ことばのユーモア』161-163　柴田武編　東京堂　　　　　　　　　　　　　　（1961年11月）

77. 「赤と青―沖縄，宮古，八重山をめぐって―」『国語学』58　60-75　国語学会　　　　　　　　　　　　　　　　　　　　　　　（1964年9月）

78. 「南島方言調査語彙表　親族篇（上)」『岡山大学法文学部学術紀要』25　78-67　　　　　　　　　　　　　　　　　　　　　　　（1967年2月）

79. 「沖縄北部方言アクセント調査語彙について―「水」と「氷」―」『言語研究』52　33-57　日本言語学会　　　　　　　　　　　（1968年1月）

80. 「南島方言調査語彙表　親族篇（下)」『岡山大学法文学部学術紀要』29　55-66　　　　　　　　　　　　　　　　　　　　　　　（1969年3月）

81. 「沖縄のことば」『国際文化』小特集：沖縄文化の一面　215　2-5　国際文化振興会　　　　　　　　　　　　　　　　　　　（1972年5月）

82. 「平良市（宮古島）における所の呼びかた」『人類科学―九学会連合年報―』共同課題：沖縄の自然・社会・文化に関する総合調査　25　133-162　九

学会連合編　　　　　　　　　　　　　　　　　　（1973 年 3 月）

83. 「宮古で出会った概念法―助詞「の」の特殊な用法―」『岡山大学法文学部言語国語国文学研究室同窓会誌』3　34-40　　　　　　（1973 年 9 月）

84. 「宮古島平良市方言における生活時間語彙」柴田武・加藤正信と共著『人類科学』共同課題：沖縄における人と行動　26　147-165　九学会連合編　　　　　　　　　　　　　　　　　　　　　　　　　　（1974 年 3 月）

85. 「人の一生を表すことば―人間生活と宮古方言―」『沖縄―自然・文化・社会―』451-462　九学会連合沖縄調査委員会編　弘文堂　　（1976 年 2 月）

86. 「奄美調査における語彙研究の意味」『人類科学』南島　奄美の総合調査に向けて　28　27-37　九学会連合編　　　　　　　　　　（1976 年 3 月）

87. 「古仁屋方言における空間関係語彙について―方位と風位―」『人類科学』奄美―2―　30　199-222　九学会連合編　　　　　　　　（1977 年）

88. 「どちらが南、どちらが東」『九学会連合奄美調査委員会言語調査報告』奄美のことば　5-8　九学会連合奄美調査委員会言語班　　（1980 年 2 月）

89. 「空間関係をあらわすことば」『沖縄―自然・文化・社会―』142-149　九学会連合沖縄調査委員会編　弘文堂　　　　　　　　　　（1982 年）

＜言語教育＞

90. 「言語と社会環境 ―歴史的・巨視的見地から―」『岩波講座現代教育学 6　言語と教育Ⅰ』48-65　桑原武夫・岩淵悦太郎編　岩波書店
（1961 年 2 月）

91. 「日本語教育と国語教育―その間から―」『日本語教育』特集：日本語教育への提言　44　13-14　日本語教育学会　　　　　　　（1981 年 6 月）

＜辞典・事典＞

92. 「文字」『国語学辞典』国語学会　　　　　　　　　　　　（1955 年 1 月）

93. 「一般言語学」「音韻」「音韻論」「音声」「音声学」「音節」「自然言語」「ソシュール」「文法」『社会科学大事典』株式会社鹿島研究所出版会
（1968 年 3 月）

94. 「文字」「象形文字」「アルファベット」「ローマ字」「漢字」「漢字音」「仮名」「仮名遣い」「中国語」『現代世界百科大事典』講談社　（1971-1972 年）

95. 「アルファベット」「エスペラント」『ブリタニカ国際大百科事典』ティビー

エス・ブリタニカ　　　　　　　　　　　　　　　　　　（1972 年 5 月）

96.「服部四郎」「金田一京助」「知里真志保」『現代人物事典』朝日新聞社
　　　　　　　　　　　　　　　　　　　　　　　　　　（1977 年 3 月）

97.「文字」「ローマ字」『国語学大辞典』東京堂　　　　（1980 年 9 月）

98.「表記」「文字」『日本大百科全書（ニッポニカ）』小学館　　（1984 年）

99.「時空を超えて伝えるもの　文字」『講談社大百科事典』講談社
　　　　　　　　　　　　　　　　　　　　　　　　　（1987 年 10 月）

＜書評＞

100.「『デカルト派言語学』N. チョムスキー著・川本茂雄訳」『英語教育』特集：
　　教科書の英語　20(3)　94　東京教育大学英語教育研究会編　大修館書店
　　　　　　　　　　　　　　　　　　　　　　　　　　（1971 年 6 月）

101.「書評・外山滋比古著『ホモ・メンティエンス』」『言語』1(3)　43-46
　　大修館書店　　　　　　　　　　　　　　　　　　　（1972 年 6 月）

日下部文夫 履歴

1917 年

2 月 8 日、金沢市に、日下部冨蔵、夫釵枝（ふさえ・旧姓多賀）の長男として生まれる。父冨蔵は、清洲城の果樹園だった名古屋市近郊の清洲町の「樹木（じゅもく・俗にジモク）屋敷」に、八人兄弟の長男として生まれたが、勉学のため東京に出る。東京帝国大学数学科卒業（1910 年）後、鹿児島中学を振り出しに、金沢中学で数学を教える。著書に、吉田好九郎との共著『算術講義』『平面三角法講義』『代数學講義』がある。

1919 年　　　2 歳

金沢から釜山、京城を経て名古屋に転居。父は第八高等学校の数学教師になる。

1922 年　　　5 歳

父が新設の松本高校に移り、長野県の松本に転居。この地で関東大震災に会う。

10 月、文部省語学教育顧問として招かれたイギリスの音声学者 H. E. パーマーの来日講演。

1924 年　　　8 歳

小学校の 2 年生のとき、新設の長岡高等工業学校に赴任する父とともに松本から長岡に移る。

1926 年　　　10 歳

父冨蔵が、工業数学の在外研究のため、翌年 1927 年までドイツのゲッチンゲンに留学する。

小学校のときは、家にあった本は限られていたが、友達の本や、母の読む婦人雑誌から新聞まで読み漁り、友達からかりた「子どもの科学」、「科学知識」、「科学画報」などの雑誌を好み、山本有三に親しむ。

271

中学校で IPA の音声記号を叩き込まれ、英語や物理など、手製の教材で進められる授業を多く受ける。地理学概論、製図など印象に残る授業もあり。生理学概説は生命・種などについて考える足場を確実にする。

中学校になって小遣いがもらえるようになってはじめて買った本は島崎藤村『千曲川のスケッチ』。H. E. パーマー、D. ジョーンズ、トルベツコイらの名前に触れたのは中学校時代。

中学三年生のときに、満州事変が起こる。

1934 年　　　17 歳

3 月、新潟県立長岡中学卒業。

4 月、父の蔵書、仏教の神髄を説いた『理学者と阿弥陀経』に感銘を受け、著者の椎尾詞（しいおひとし）氏が数学を教えている第八高等学校に入学。

椎尾氏が顧問を務める「八高ローマ字会」に入り、幼稚園のローマ字教室のために、全文ローマ字テキストを作って教える、大阪の街頭でローマ字のパンフレットを販売する、などの活動に参加する。柴田武氏はこのときからの朋友。鬼頭礼蔵、平井昌夫、加藤久兵衛らが先輩。

学校の授業としては、ゲシュタルト心理学と量子力学の不確定原理に強い影響を受ける。寮にあったジード全集に感激、スタンダール、フローベール、トーマス・マン、ドストエフスキーを読みふける。ベルグソンに哲学の根を得る。小林英夫『言語学通論』、クローチェの『言語美学』を通じてソシューリアンとしての出発点を踏む。また、詩作、助詞に関する論文「言葉を調べる材料のひとつ」執筆、仏映画に夢中になったり、キャサリン・ヘップバーンに憧れたり、の高校時代を過ごす。

1937 年　　　20 歳

4 月、東京帝国大学文学部言語学科に入学。指導教官は小倉進平氏。

金田一京助「アイヌ語」、服部四郎「蒙古語講読」、小倉進平「龍飛御天歌」、福島直四郎「印欧比較文法」、S. クラーエ「Indogermanen」、八杉貞利「ロシア語」、神田盾夫「ラテン語」、竹田復「中国語」、パーマー「音声学」、池田亀鑑「源氏物語」の講義を受ける。演習でドーザの「言語地理学」講読、橋本進吉「国語学演習」。中島健蔵「フランス語入門」にも出席したが、語学はそれでは足りず、学外でもフランス語、中国語を学ぶ。ヨーロッパの言語理論を中

日下部文夫 履歴

心に、日本の音韻論や文体論としては、土居光知、佐久間鼎や小林英夫、波多野完治に親しんだ。このころ岩波文庫をよく読む。愛読したのはゴーギャン『ノアノア』、フレーザー『サイキス・タスク』、ハドソン『緑の国の博物学者』、ソログープ『かくれんぼ・白い母』、プーシキン、マンスフィールドの短編集など。

　東大ローマ字会に入会。日本ローマ字会の活動をボランティアで続けるとともに、日本エスペラント学会にも参加。ローマ字やエスペラントへの関心は、父冨蔵の影響もある。冨蔵は恩師の田中舘愛橘や田丸卓郎のローマ字論に共鳴し、小冊子「栄ゆく文字」というローマ字を広めるための小冊子を 1925 年に作っている。

1940 年　　　23 歳

　3 月、東京帝国大学文学部言語学科を卒業。卒業論文は、小倉進平氏、金田一京助氏の指導を受け、イェンセンの『Die Schrift』をもとにデータを整え、文字は発生したところで音節の性格を備えるが、異なった系統の言語で使用されることによって音節文字の体系を作り、さらに他民族に借用されることによって字母文字となる、ということを歴史的に論じた『文字の分布と変遷との関係』であった。

　10 月、北京興亜高級中学校教員に招聘される。

1941 年　　　24 歳

　北京興亜高級中学校教員、北京中央日本語学院講師、華北日本語教育研究所研究員の 3 職を兼務する。

　北京滞在中に、恩師小倉進平氏の衣鉢を継いだ河野六郎氏が視察にみえる。

　華北日本語教育研究所の書庫にはアジア全域に及ぶ専門書が揃っており、利用させてもらう。

　現地で中国語を学びながら、四声についてのカードを作成したが後に東京で消失。時枝理論や石垣謙二の助詞研究、有坂音韻論を読み込み、「動詞本位の相について」をまとめる土台もこのころ築かれる。

　テニス、スケートなど学外でのレジャーも充実して、夏休みも帰国せずに過ごす。

　1943 年に入ると、「自警団」が組織されるなど、次第に不穏な情勢となり、

273

帰国を決意。

1944 年　　　27 歳

2 月、北京興亜高級中学校教員、北京中央日本語学院講師、華北日本語教育研究所研究員の 3 職を依願退職。帰国し、財団法人国際文化振興会日本語辞典編纂室編集事務嘱託となる。

3 月、東京帝国大学東洋文化研究所研究嘱託を兼務、のち編纂室主任となる。

日本語辞書の編纂、タイ語の研究に携わる。このころ、ブルームフィールドやサピアに触れる。

1945 年　　　28 歳

8 月、敗戦。長岡の実家は戦災で消失。父の蔵書、北京で集めた本、家財いっさい、すべてを失う。

10 月、戦後の処理に追われていた父冨蔵、61 歳で急逝。

1946 年　　　29 歳

9 月に財団法人国際文化振興会日本語辞典編纂室編集事務嘱託を、12 月に東京帝国大学東洋文化研究所研究嘱託を辞す。

ローマ字運動の仲間と「ローマ字同志会」をつくる。東大の言語学研究室の柴田武氏、小林胖氏と『Rômazi Bunshôhô ローマ字文章法』、プリント『ローマ字の綴り方について』、月刊リーフレット『UGOKI』を刊行。柴田氏とソシュールを読み返す。『UGOKI』を「思想の科学」に届け、鶴見俊輔氏と知り合う。「思想の科学」会員となる。

1947 年　　　30 歳

2 月、和田実の四女、光（てる）と結婚。和田実は日本の「幼児教育」の先駆者で『実験保育学』の著者。

5 月、ローマ字教育会編集委員を勤め、教科書『Kibô no Miti　日本式版』、『Kibô no Michi ヘボン式版』、などの初等教育用教科書を作成。

1950 年　　　33 歳

3 月、ローマ字教育会編集委員を依願退職。

5 月、日本大学文理学部言語学担当非常勤講師に着任。

1951 年　　　34 歳
1 月、日本大学文理学部言語学担当非常勤講師を退職。

2 月、岡山大学法文学部に助教授として着任する。

岡山では主に国語学を担当する。

現代日本語の音節構成と、上代日本語の音節構成通鼻音についての研究をまとめる。

また、エスペラント会の顧問を務め、ローマ字会の例会をもって、月報を出すなど、活動を続ける。

1957 年　　　40 歳
「国語協議」5 号の「虹は七いろか？」で、国語ごと時代ごとに異なった色のたてかたがあることを論じる。これは、後の沖縄での色相環調査の下地になる。

　　　　岡山大学在任中
1959 年　　　42 歳
10 月から 1 年間、財団法人琉球国際短期大学兼任助教授。

1960 年　　　43 歳
9 月から 1 年間、琉球国際大学国語学教授として招聘される。

休暇中はフィールド調査に出て、ことばを採集する。

沖縄での色相環カードでの調査などで、日本語観が実感を持ってふくらみ、cognitive anthropology の分野にまで仕事が及ぶようになる。

病気や草木が大和言葉を中心に組み立てられていること、沖縄北部に平安末期のアクセントが存在し、南に下るほど単純化していることが見られ、方言としての分離が進んでいることなどから、沖縄は考古学的な時代から現代にいたる時の断層を目の前にそろえていると考え、日本文化の可能性を考えるとき貴重な存在と認識する。

1961 年　　　44 歳
9 月、岡山に戻る。

1962 年、1963 年　　　45 歳、46 歳

　文部省科学研究費の助成を受けて、夏休みを使って沖縄本島北部の全集落の 80 パーセントに当たる 145 地点と、本島中部 13 地点、合わせての方言調査をして歩く。

1964 年、1965 年　　　47 歳、48 歳

　自費で、奄美大島の方言調査。

　1964 年に出版された、ウォーフ Whorf の Language, thought, and reality を講義にとりあげる。

1966 年　　　49 歳

　春と夏に自費で奄美諸島全集落の 14 パーセントに当たる 43 地点の方言アクセント調査をする。

　12 月、日本文体論協会岡山支部会の第一回を開く。代表を引き受ける。

1967 年　　　50 歳

　7 月、東京言語研究所が第 2 回理論言語学国際セミナーに招待したヤコブソンとの出会いで、助詞の分類についての示唆を得る。

1970 年　　　53 歳

　3 月、岡山大学を依頼退職。

　4 月、南山大学文学部人類学科「言語学」担当教授となる。

　5 月、南山大学人類学研究所所員を兼任。

1971 年 –1973 年　　　54 歳 –56 歳

　「沖縄の自然・社会・文化に関する総合研究」（代表　窪徳忠、斉藤正二、鈴木尚）の宮古方言の研究を分担する。宮古島の平良にでかける。

　沖縄調査の第二次から参加。柴田武氏をチーフに、加藤正信氏と組む。

　統制された古式が守られ、屋敷のあり方、村の都市計画が整然としている宮古で、時間空間語彙の調査を行い、方位の言葉と自然方位とのずれを確認する。

日下部文夫 履歴

1971 年 4 月 –1974 年 3 月　　　54 歳 –57 歳
愛知県立芸術大学非常勤講師を委嘱される。

1973 年　　　56 歳
2 月、学術審議会専門委員科学研究費分科会専門委員に、12 月末までの任期で委嘱される。

1973 年 –1975 年　　　56 歳 –58 歳
4 月、南山大学文学部人類学科長を併任。
大学院で、ソシュールについて 6 人のノートを照らし合わせた稿本 R. Engler『Edition Clitique』を講読。diachritique と langue との関わりに関しての収穫を得る。

南山大学では、学生を連れて津川村の語彙体系調査をする。

1974 年　　　57 歳
3 月、南山大学を依頼退職。
4 月、東京外国語大学日本語学科教授に着任。言語学の講義と大学院生の指導に当たる。
最初の一年間は、南山大学との実際上の併任。
10 月、11 月、自費でミクロネシア西カロリン諸島ヤップで予備調査。

このころから、在京中は、学外の審議会、委員会の仕事が多くなる。日本語教育推進施策調査会委員、留学生問題調査研究に関する協力会議委員、日本語教育母語別教材開発促進に関する連絡協議会委員、国際標準化機構（ISO）の TC（Technical Committee）46 国内対策委員会専門委員、朝日カルチャーセンター「日本語の概論」講座講師、など。

1975 年 –1978 年　　　58 歳 –61 歳
九学会の奄美大島調査「沖縄の文化と社会に関する民俗学的研究」（代表小川徹）に加わる。
喜界、沖永良部、瀬戸内の古仁屋で空間、時間語彙を調査する。

277

1977 年、1978 年　　　60 歳、61 歳

「ミクロネシア西カロリン群島民俗文化の文化人類学的総合調査」の代表として、パラオ、ヤップの空間、時間語彙を調査する。

神話時代を身近に感じるとともに、パラオの集落の生活ぶりとその情報交換の場面に、世界情勢に対処する少数民族の心意気を感じる。

1978 年　　　61 歳

12 月の 1 か月、高知大学教育学部に併任される。

1979 年　　　62 歳

3 月、東京外国語大学を定年退職。

4 月、新潟大学法文学部教授になる。社会言語学担当。

夏に、喜界島にフィールド調査。

1979 年 –1984 年　　　62 歳 –67 歳

拓殖大学の日本語教師養成講座の講師。

1980 年　　　63 歳

学部の組織替えがあり、新潟大学人文学部の教授となる。

1981 年 –1984 年　　　64 歳 –67 歳

特定研究「情報化社会における言語の標準化」（代表　柴田武）に参加して、表記単位について研究する。

1982 年　　　65 歳

3 月、新潟大学を定年退職。

4 月、東京教育専門学校校長となる。東京教育専門学校は、義父和田実が自論の幼児教育の実践の場として、東京女子高等師範学校をやめて創設した幼稚園と保母養成校を前身とする幼稚園教諭・保母養成校。

校長職のほかに、幼児教育の「言語」領域のなかの「言語発達」と一般教養の「言語生活」の授業を受け持つ。

学外から講師を呼び、夜間講座を開く。「宅間武俊発達心理学」など。

日下部文夫 履歴

9 月、国際言語学会大会発表。An Explanation of the Japanese Accenutation by the Dual-toneme Scheme.

さらに、日本女子大の特別講義「日本語学」、日本大学「言語学」、身体障害者リハビリテーションセンター、拓殖大学の日本語教師養成講座、学術審議会専門委員（科学研究費分科会）のほか、学研 GEM 事業で日本語教師養成講座の講師なども勤める。

1982 年 –1984 年　　　65 歳 –67 歳
特定研究「日本語の正書法及び造語法とそのあり方」（代表　林大）のスタッフとして、正書法『音声に対応する表記に関する研究』を分担。

1983 年　　　66 歳
音声学会世界会議（1983 年神戸）の運営に参加。

1983 年 2 月 –1985 年 1 月　　　66 歳 –67 歳
学術審議会専門委員（科学研究費分科会文化会）に就任。

1985 年　　　68 歳
4 月、心臓の病を得、東京教育専門学校を退職。

退職後は、住まいの近くで言葉についての講座を開くなど、自らの研究を続ける。

2014 年 2 月 14 日没　97 歳

あとがき

　このたび、父の遺稿集が出版できますことは、私たち遺族にとってたいへんうれしいことです。

　父は、亡くなるまでパソコンに向かい研究をつづけておりましたが、その成果をまとめた本を出すことなく、2014 年 2 月 14 日、97 歳で他界しました。論文の整理をすすめるうちに、声に出してコトバの音を確かめていた姿を思い出し、父の研究の中心に、人の声、音声があったことをあらためて感じました。また、研究の内容までは理解の及ばない自らの不勉強を悔やむとともに、コトバに関心を持つ方々の参考になることがなにかひとつでもあるのではないか、という思いを強くいたしました。

　この著作集をコトバへの、日本語への入り口としてお役に立てていただけましたら幸いです。

　出版にあたって、お世話になった方々がいらっしゃいます。

　父が亡くなった当初、残された膨大な紙の山を前に考えあぐねておりましたところ、東京外国語大学での教え子で、当時一橋大学の教授でいらした三枝令子さまから、大学院生の協力を得て父の論文リストを作成し、大半の論文は集めた、との連絡をいただきました。そこからなんとか、足りない論文を探し出す作業に入ることができたのです。三枝さまは、具体的な著作集の内容のまとめ、各章の紹介文など、最初から最後まで作業に加わってくださいました。

　また、出版を引き受けてくださったくろしお出版さんには、刊行に際してたいへんお世話になりました。

　三枝令子さま、さんどゆみこさま、岡野秀夫さま、荻原典子さま、ほんとうにありがとうございました。

281

待っていただいている父の教え子の皆さまにはたいへんお待たせしてしまいました。できるだけ多くの方にコトバ（日本語）への興味を持っていただきたく、今回の著作選といたしました。ご理解ください。

　本の出版と合わせて、ホームページ「日下部文夫　コトバのひろば」(https://sites.google.com/view/fumiksa/) を開設しました。父が集大成として取り組んでいました論文「ユビキタス」を中心にしています。元となる原稿は三枝さまが父のパソコンデータから作成してくださいました。ぜひそちらもご覧ください。

　コトバに関心をもってくださる方が一人でも増えますことを祈りながら。

2018 年 4 月
斉藤ユカリ
日下部カオリ
神保サユリ

人名索引

あ行
アストン Aston, William George 105
新井白石 106
上田万年 253
大槻玄沢 108, 115

か行
ケンペル Kaempfe, Engelbert 104
コリヤド Collado, Diego 102

さ行
佐久間鼎 112, 118, 120, 129
シーボルト Siebold, Philipp Franz Balthasar von 104
ジョーンズ Jones, D. 136
杉田玄白 108

た行
田中館愛橘 108–110, 119, 125
田丸卓郎 109, 110, 117, 119, 121, 127
チャンブレン Chamberlain, Basil Hall 105, 116

な行
中野柳圃 116
南部義籌 108, 129, 253
西周 108, 116, 256

は行
パジェス Pagès, Léon 103, 104
服部四郎 118, 120, 124, 136, 241
馬場辰猪 116
パーマー Palmer, H. E. 111, 117, 136
フィッスヘル Fisscher, Johan Frederik van Overmeer 103, 104

ブラウン Brown, Samuel Robbins 105
ブロック Bloch, Bernard 115, 136
ヘボン Hepburn, James Curtis 105, 106
ホフマン Hoffmann, Johann Joseph 103, 129

ま行
前島密 108
宮田幸一 119, 120

や行
ヤコブソン Jakobson, R. 72, 73, 136, 151, 155, 164

ら行
ロドリゲス Rodrigues, João "Girão" 102, 103
ロニー Léon-Louis 105

事項索引

あ行

あて字 92
アメリカ教育使節団 113, 114
アラブ文字 93, 94, 96, 97
「イ」（通鼻音）7, 9, 11, 13–19, 21–27
勢 155, 162
イリ（音節の）81, 82
インド文字 93, 96–98
「ウ」（通鼻音）7–11, 13, 15–19, 21–27
e（助詞）145, 147, 151, 153, 164
O式ローマ字 118, 129
音節 syllable 1, 11, 16, 19, 21, 22, 30, 49, 63, 66, 72, 87
音節文字 93
音素文字 93

か行

概念法 attributive 156, 158, 159, 161–163
下降調 35–41, 44, 45, 50, 51, 53, 54, 56, 57
片片 bitang mea bitang かたかた一対（カタ カタ ba'raba' ma ba'raba'）215, 221, 224, 225
かな カナ 仮名 7, 64, 93
kara（助詞）と yori（助詞）141, 146, 147, 149, 151–153, 164
カワキ（直）70, 71, 76, 83
漢字 91, 92, 94, 95, 97, 100, 101, 122–126, 134, 136, 137
期待法 optatives 156, 158, 162, 164
共通（日本）語 180, 247, 248, 252–254, 257–260, 262
強変化（子音語幹）動詞 79, 101, 135
キリル文字 93, 96–98
楔形文字 93, 94

さ行

子音語幹 2, 101, 170
指向性（内指向性, 外指向性, 汎指向性）147, 151, 152, 161–163
字母文字 93–95, 97, 98, 100, 124, 134, 137
シメリ（拗）70–72, 76, 80
弱変化（母音語幹）動詞 101
修正ヘボン式つづり 110, 114–116, 119
照応 2
上昇調 35, 37, 39, 41, 44, 45, 49–51, 53, 54, 56, 57
シラビーム syllabeme 音節図式 83
スミ（清）73
正書法 orthography 110, 112, 134, 251, 252
前提法 copulative 136, 156–159, 161

た行

dake（助詞）148, 164
単音文字 91, 93
単語文字 92–95, 100, 123
中立法 indefinitive 136, 156, 158, 159, 161, 165

訓令式 114, 115, 118, 119, 131
交替母音 101
高平調 35, 37–41, 44, 45, 48–51, 53, 56, 57
国語 コクゴ 1, 113, 114, 118, 123, 134, 135, 242, 253, 254
国際地理学会議 112
国際標準化機構（ISO 国際規格機構）96, 114, 115, 134
五十音図 2, 64, 101, 104, 108, 115, 116, 125
五十音図式つづり 104, 108, 109, 130
ことば拾い（ことば直し）120

285

長音節 1, 30, 36, 44, 122
朝鮮文字 93, 96, 98, 137
ツメ（促音）37, 63, 66, 77, 78, 87, 240
ツレ 66, 71, 77, 78
デ（音節の）80–82
de（助詞）149, 151, 164
提示法 indicatives 156–158, 162
「ティーダ（太陽）」239, 243
低平調 35–40, 42, 44, 53, 56, 57
転写法 transcription 96, 102, 110, 112, 130, 131, 134
to（助詞）149, 151–153, 156, 164
「トゲ」5

な行

内閣訓令 113, 114, 117
なまり 128, 134
ni（助詞）145, 149, 151–154, 156, 164
ニゴリ（濁）74
日本式つづり 110, 112–114, 117, 131
「ノッカル」231

は行

拍（モーラ）1, 29, 30, 45, 48, 63–69, 77, 80, 81, 86
破擦音化 assibilation 129, 130
撥ね音 撥音（ハネ）6, 11, 63, 66–71, 77, 78, 240, 241
「バラ」6, 26, 27
ヒキ ヒキ音 6, 66, 67, 69, 71, 77, 78
B. ブロック＝E. ジョーデン式つづり 118
百音図 2
表意文字 91, 92
表音文字 91, 92
標準語 125, 247–250, 252–260
標準（修正ヘボン）式（つづり）110
ヘボン式つづり 106, 112, 113, 115, 117, 118, 131
母音語幹 2, 101, 170

翻字法 96, 112, 131

ま行

「マダ」155, 162, 163
made（助詞）141, 142, 145–149, 151–153, 157, 159, 164
「ミレル」167
「モウ」155–157, 159, 162, 163

や行

有機式ローマ字 118, 129, 131
四つがな 117, 129

ら行

ラテン文字（ローマ字）93, 95–98, 100
立言法 predicative 136, 156, 157, 161, 163
臨時ローマ字調査会 113
例示法 definitive 136, 156, 159–162
ローマ字会式 105, 106

［著者］

日下部文夫（くさかべ・ふみお）

1917年2月8日、石川県金沢市生まれ。
新潟県立長岡中学、第八高等学校を経て、1940年東京帝国大学
文学部言語学科を卒業。
北京で日本語教育に携わる。
戦後すぐは、日本語辞書の編纂、タイ語研究、ローマ字教科書
作成などの仕事をする。
日本大学文理学部言語学担当非常勤講師を経て、岡山大学、南
山大学、東京外国語大学、新潟大学で助教授、教授を歴任する。
日本語を対象とする記述言語学者で、ローマ字論者。
独自のローマ字表記案をもつ。
沖縄・奄美・ミクロネシアの方言調査や、音声・音韻論にもと
づく、表記の標準化の研究などがある。
日本語教育や文法、語彙体系などについての論考もある。
2014年2月14日、97歳で没。

生きたコトバをつかまえる
―日下部文夫著作選―

2018年5月22日　　初版第1刷発行

著　者　　日下部文夫

発行人　　岡野秀夫

発行所　　株式会社　くろしお出版
　　　　　〒113-0033　東京都文京区本郷 3-21-10
　　　　　TEL: 03-5684-3389　FAX: 03-5684-4762
　　　　　URL: http://www.9640.jp　e-mail: kurosio@9640.jp

印刷所　　シナノ書籍印刷株式会社

装　丁　　折原カズヒロ

© KUSAKABE Humio 2018　Printed in Japan
ISBN 978-4-87424-767-9　C3081
乱丁・落丁はおとりかえいたします。本書の無断転載・複製を禁じます。